Politiker zur Zeitgeschichte in rororo aktuell

In vier Regierungen war Erhard Eppler Bundesminister für wirtschaftliche Zusammenarbeit. Der Schwabe aus Dornstetten im Nordschwarzwald ist in Asien, Afrika und Lateinamerika über viele Jahre Inbegriff des neuen Entwicklungskonzepts gewesen: Außenpolitik, orientiert am Interesse des anderen, zugleich orientiert am Interesse nicht der Mächtigen, sondern der Ohnmächtigen. 1974 trat er als Bundesminister zurück, schlug das Angebot auf einen hohen Posten bei den Vereinten Nationen aus und wurde Fraktionsführer im Baden-Württembergischen Landtag. Der Politiker Eppler war zugleich auch immer Schriftsteller: Zur Dritten Welt, zur Wachstumskrise hat er vielbeachtete Bücher vorgelegt («Ende oder Wende», 1975; «Wenig Zeit für die Dritte Welt», 1971). Kaum einem Politiker sind so viele Klischees angedichtet worden wie Eppler; «Pietist» wurde zum «Pietcong» verwehnert, womit die Orientierung am Glauben und das Engagement für die Entrechteten der Dritten und Vierten Welt in eine Spottformel gebracht werden sollte.

In mehreren Gesprächen versucht Freimut Duve, die Prägungen und Orientierungen, die Ziele und Hoffnungen dieses Politikers mit ihm zu besprechen. Dabei kommen interessante Details aus der politischen Zusammenarbeit mit Gustav Heinemann in den fünfziger Jahren, aus der Ministertätigkeit in der Großen Koalition, der Reaktion der SPD auf die Studentenrevolte zutage. Die Entwicklung des eigenen politischen und theoretischen Denkansatzes Epplers, der Weg vom Entwicklungspolitiker und Wachstumsskeptiker wird deutlich, vor allem aber das Leitmotiv dieses Politikerlebens: Glaubwürdig leben, gerade als Politiker.

Zwischen die Gespräche wurden Texte und Vorträge Epplers gestellt, die angesprochene Themen und Thesen vertiefen sollen. Die Gespräche wurden bereits im Spätsommer 1977 abgeschlossen, darum finden sich zwei Texte zum Terrorismus im Anhang, die Landtagsrede nach dem Stammheim-Skandal und eine Andacht zum gleichen Thema.

Erhard Eppler

Das Schwerste ist Glaubwürdigkeit

Gespräche über ein Politikerleben mit Freimut Duve

Rowohlt

rororo aktuell – Herausgegeben von Freimut Duve

Originalausgabe

Veröffentlicht im Rowohlt Taschenbuch Verlag GmbH,
Reinbek bei Hamburg, August 1978

Umschlagentwurf Werner Rebhuhn (Foto J. H. Darchinger)
Satz Aldus (Linotron 505 C)
Gesamtherstellung Clausen & Bosse, Leck/Schleswig
Printed in Germany
580-ISBN 3 499 14355 0

Inhalt

Vorbemerkung

Die hier abgedruckten Gespräche wurden an einem verlängerten Wochenende im Spätsommer des Jahres 1977 geführt. Noch vor jenen Wochen und Monaten – die mit der Ermordung Schleyers das Gesicht dieses Landes verändert haben. Die Gespräche sind Versuche, sich an die persönlichen, historischen und politischen Prägungen des handelnden Berufspolitikers heranzutasten. Insofern sind sie keine Interviews, wo im Schlagabtausch zwischen Frager und Befragtem die Stringenz einer bestimmten politischen Position herausgeklopft wird.

Zwischen die Gespräche wurden Texte von Erhard Eppler gestellt, die vor allem seine Positionen der jüngsten Zeit widerspiegeln. Bedeutsam hier die Rede in Erkenschwick – in der die Kontroverse um die Wachstumsprobleme innerhalb der linken Sozialdemokraten eröffnet wurde (s. S. 134)

Die Reihe dieser monographischen Gesprächsbände wird fortgesetzt.

F. D.

Eppler/Duve

I. Orientierungen nach 1945

Duve: Sie haben 1966 die Rezension des Buches von Karl Jaspers geschrieben und rückblickend diese Bundesrepublik verteidigt gegen das Verdikt des Philosophen Jaspers. Das war die erste öffentliche Äußerung von Ihnen, an die ich mich erinnere. Sie sind in der deutschen Politik aufgetreten mit der Frage: «Was ist Deutschland?» Der Einstieg für Erhard Eppler war nicht Engagement für die Dritte Welt, waren nicht ökologische Fragen, Bildungsfragen, Steuerpolitik, sondern war das Jahr 1952, genauer Mai 1952, das Vertun einer nationalstaatlichen Chance. Also deutscher Patriot?

Eppler: Ich weiß nicht mehr genau, ob das, was mich damals 1952 umgetrieben hat, mehr die Angst um den damals noch nicht sehr alten Frieden war oder die neue Chance zur Überwindung der damals noch nicht sehr alten Teilung. Ich weiß nur, daß ich so umgetrieben war, daß ich mein Staatsexamen im Frühjahr 1952 bald wie im Traum nebenher gemacht habe und mich dann Ende des Jahres 1952 mitten im politischen Trubel wiederfand.

Duve: Anlaß dieses Umtriebenseins war die Note, die Stalinsche Note, und die Ablehnung durch die Bundesregierung.

Eppler: Es begann eigentlich schon früher. Es begann mit der Frage nach der Wiederaufrüstung und den Alternativen zu dieser Wiederaufrüstung. Ich hatte das Gefühl, jetzt werden Weichen gestellt, und jetzt werden sie falsch gestellt. Und als dann die Stalinsche Note vom 10. März 1952 und die darauf folgenden Noten kamen, war ich der Meinung, daß eine Alternative sichtbar würde, wobei ich mir natürlich von Anfang an klar darüber war, daß das Testen der sowjetischen Bereitschaft auch negativ ausgehen konnte.

Duve: Das klingt jetzt schon sehr nach der politischen Analyse. Sie waren doch ein Student am Ende des Studiums, der zwar politische Eindrücke gehabt hatte durch Kriegsteilnahme und Kriegsende, aber waren Sie als Student ein politisches Wesen? Was war das soziale Umfeld, aus dem heraus sich nun plötzlich Engagement für die deutsche Frage entwickelte im friedlichen Tübingen?

Eppler: Ich bin 1945 so desorientiert und hilflos aus dem Krieg zurückgekommen wie die meisten anderen auch – übrigens in einem achtzehntägigen, ziemlich abenteuerlichen Fußmarsch von Soltau in der Lüneburger Heide nach Schwäbisch Hall.

Duve: Marschierte man damals allein?

Eppler: Wir waren zu zweit, ein Oberschlesier und ich. Wir hatten uns durchgeschlagen durch die amerikanischen Linien und hatten uns auf abenteuerliche Weise zerschlissene Zivilklamotten besorgt, sind dann zu Fuß querfeldein ohne Landkarte, aber mit Kompaß, Marschzahl 32, durch Deutschland marschiert. Mein Vater war tot, an einer Lungenentzündung 1941 gestorben. Die erste Orientierung nach dem Krieg habe ich von einem CDU-Mann bekommen, dem ich heute noch dankbar bin. Es war der Literaturwissenschaftler und spätere Kultusminister von Baden-Württemberg Gerhard Storz, der zusammen mit Dolf Sternberger damals das ‹*Wörterbuch des Unmenschen*› herausgegeben hat. Eine sehr viel stärkere politische Prägung habe ich dann bekommen von 1947 bis 1949 in Bern, wo ich anderthalb Jahre studiert habe und mit den interessantesten Leuten der Berner Nachkriegsgesellschaft zusammenkam.

Duve: Das war doch ein großer Unterschied zwischen dem kaputten Deutschland und der sauberen Geordnetheit der Schweiz.

Eppler: Natürlich, ich war noch keine dreizehn Jahre, als der Krieg ausgebrochen war. Ich kam mir im Bern des Spätjahres 1947 vor wie in einer anderen Welt, die ziemlich nahe am Paradies angesiedelt war. Entscheidend aber waren Leute wie Werner Näf, wie Arnold Gilg, ein altkatholischer Kirchenhistoriker, bei dem ich dann auch noch ein Semester gewohnt habe. Es war eine liberale, während der zwölf Jahre eindeutig antifaschistische Gruppe von Intellektuellen, alle stark politisch engagiert.

Duve: Gab es eigentlich ein Schweizer Demokratiebild als Vorbild für diese Zeit?

Eppler: Eigentlich weniger, denn diese Gruppe hatte auch zur Schweizer Demokratie durchaus kritische Distanz. Das Entscheidende war die Atmosphäre einer demokratischen Diskussion, die es damals auch bei uns noch nicht wieder gab. Eine Diskussion, die nicht hektisch, nicht verkrampft war, die aber doch kaum ein Thema ausgespart hat. Als ich dann 1949 aus der Schweiz zurückkam war wohl mein politischer Standort irgendwo zwischen SPD und linker CDU.

Duve: Mußte man überhaupt einen politischen Standort haben?

Eppler: Ja. Das war mir schon klar. Keineswegs klar aber war, daß die Politik für mich Lebensaufgabe werden sollte. Ich habe auch nie einen Entschluß gefaßt – jetzt gehst du in die Politik. Als dann in Frankfurt Ende November 1952 die GVP gegründet wurde und ich in Sigmaringen als Aushilfslehrer keinen Urlaub dafür bekam, las ich am nächsten Montag in der Zeitung, daß ich auf Vorschlag von Gustav Heinemann in den Bundesvorstand der GVP gewählt worden sei. Wir hatten im Winter 1951 bis 1952 in Tübingen Unterschriften für die Notgemeinschaft gesammelt, die Heinemann und Helene Wessel ins Leben gerufen hatten. Ich war dann nach manchem brieflichen Kontakt Gustav Heinemann im Juni 1952 in Frankfurt bei einer Zusammenkunft der Notgemeinschaft begegnet. Seitdem blieben wir in Kontakt.

Duve: Was war die Not für diese Gemeinschaft?

Eppler: Das war die Aufrüstung und ihre wahrscheinlichen Folgen.

Duve: Aber darin war nicht nur die pazifistische Tendenz, sondern auch gleichzeitig die Angst vor der Aufrüstung – als Fertigung der deutschen Teilung.

Eppler: Zur Notgemeinschaft und auch danach zur GVP stießen Leute mit den verschiedensten Motivationen. Es gab ausgesprochene Rechte – bis zu ehemaligen Deutschnationalen. Aber die Mehrheit kam aus der Barthschen Theologie und aus den traditionellen pazifistischen Gruppen. Ich hatte schon 1948 in der Schweiz, im Berner Münster, den Vortrag von Karl Barth über ‹*Die Kirche zwischen Ost und West*› gehört, der mir großen Eindruck gemacht hatte, weil mir der etwas behäbige, selbstgerechte Antikommunismus gerade in der Schweiz auf die Nerven gegangen war. Möglicherweise war ich von daher schon auf Heinemann vorbereitet gewesen.

Duve: Sich engagieren, zuhören, durch Leute überzeugt werden, etwas mittun. Könnten Sie sich erinnern, wie Sie sich damals am liebsten sahen? Hatten Sie irgendwelche Vorstellungen davon, welche Person Sie später sein würden?

Eppler: Ich habe mir nie Karrierepläne oder gar einen Lebensplan gemacht. Ich habe immer mit einer gewissen Wurstigkeit, die man auch Gottvertrauen nennen kann, die Dinge kommen lassen. Das einzige, was ich mir in jener Zeit überlegt habe, war, ob ich versuchen sollte, mich nach der Promotion zu habilitieren und an die Hochschule zu gehen oder ob ich, was meine ursprüngliche Absicht war, in den Schuldienst gehen sollte. Weiter gingen meine Überlegungen nicht.

Duve: Sie wollten weder berühmt noch mächtig, noch reich werden?

Eppler: Nein, die Absicht hatte ich damals nicht.

Duve: Damit auch kein Streben in die Metropolen der Bundesrepublik?

Eppler: Ich habe ja von 1946 auf 1947 in Frankfurt studiert. Aber keineswegs weil ich in die Metropolen wollte, sondern weil dies zufällig die Universität war, bei der ich angenommen wurde. Übrigens durch eine kuriose Laune des damaligen Dekans der philosophischen Fakultät, des Mittelalter-Historikers Kirn. Nachdem die Verwaltung mich schon abgelehnt hatte, sah er mein Abiturzeugnis an und entdeckte neben einigen recht guten Noten eine Vier in Mathematik. Das gefiel ihm. «Sie scheinen ja Charakter zu haben», sagte er. So hat mich diese Vier in Mathematik zum Studium in Frankfurt befähigt.

Duve: Und nicht daran gehindert, später Steuerexperte zu werden.

Eppler: Nein, ich stamme ja aus einer Mathematikerfamilie und hatte nur auf das Abitur hin Mathematik schleifen lassen, weil ich nebenher Spanisch lernte. Im übrigen habe ich mich in Frankfurt nicht sehr wohl gefühlt. Frankfurt war eine Trümmerwüste. Die Universität hatte noch keine Fensterscheiben. Wir saßen da, frierend, mit klammen Fingern, und haben eigentlich nur darüber nachgedacht, wo wir am Mittag eine nicht allzu dünne Suppe bekommen konnten. Was die politische Atmosphäre Frankfurts anging, so fühlte ich mich durch den etwas gereizten und oft wortradikalen Ton der damaligen Frankfurter SPD keineswegs angezogen.

Duve: Das waren damals prononciert Linke in der Frankfurter SPD.

Eppler: Das jedenfalls, was wir in der Universität mitbekamen, war für mich wenig überzeugend. Auch das, was die damals noch recht starke KPD geboten hat oder die zu der Zeit starken Freien Demokraten in Hessen. Ich war eher froh, aus diesem Frankfurt der hungrigen und gereizten Ruinenbewohner wieder herauszukommen.

Duve: Es gab ja durchaus in diesen Städten auch eine studentische Boheme der Armut. Für Sie war Karl Barth wichtiger als – sagen wir – Sartre oder Juliette Grèco, von der man damals wußte, daß sie in Pariser Kellern sang.

Eppler: In Frankfurt gab es weder das eine noch das andere. Die erfreulichsten Kontakte hatte ich mit der dortigen Studentengemeinde. Da war noch ein bißchen menschlicher Kontakt. Es kann auch sein, daß ich vieles versäumt habe, aber das wäre kein Wunder. Ich habe zeit meines Lebens nie so sehr physischen Hunger gelitten – auch nicht während des Krieges – wie in diesen zwei Frankfurter Semestern, es war eigentlich ein täglicher Kampf ums Überleben.

Duve: Ich frage das, weil man natürlich den Eindruck hat, hier ist ein Politikerleben, dem ein bißchen die Urbanität, die spezifischen Formen städtischer Verrücktheit, fehlt, der dafür auch wenig Verständnis hat.

Eppler: Das mag sein. Ich bin ganz von der Kleinstadt, und zwar fast ausschließlich von alten Reichsstädten geprägt worden. Das begann schon in Ulm, aber war dann noch viel stärker ab 1930 in Schwäbisch Hall, einer sehr traditionsreichen Kleinstadt mit all ihrem Charme und all ihrer Beengtheit. Ich habe mich in der Kleinstadt immer wohler gefühlt als in der Großstadt, auch weil alles menschlicher ablief. Sogar das Dritte Reich ist in einer Kleinstadt wie Schwäbisch Hall wesentlich menschlicher abgelaufen als in mancher Großstadt. Man kannte von früher die jetzt Mächtigen. Man kannte ihre Schwächen, man kannte die Leute, die mit ihnen notfalls reden konnten, wenn etwas schiefging.

Duve: Aber es gibt nicht die auch mögliche fruchtbare Anonymität der Großstadt, in der man mit anderen zusammen etwas ersinnt, in der verrückte Künstler Experimente machen, in denen Versoffene existieren.

Eppler: Ich will das gar nicht bestreiten. Ich glaube auch, daß mir da etwas fehlt.

Duve: Wie sieht die Großstadt aus, aus der Sicht eines Mannes, der von der Kleinstadt geprägt ist? Was ist das für ein Gefühl?

Eppler: Ich habe die Anonymität der Großstadt nie als Chance, sondern als eher bedrückend empfunden, und das ist, wenn Sie wollen, die

Begrenztheit des Kleinstädters. Aber man muß ja schließlich nicht versuchen wollen, jemand anderes zu sein als der, der man geworden ist.

Duve: Nein, nein, um Gottes willen. Wir wollen ja gerade herausbekommen, wer Sie sind. Weil natürlich viele der Fragen gerade Sie immer wieder ansprechen, Probleme der Ballungsräume sind. Sie sprechen ja die Konflikte zwischen Ballungsräumen und Land immer wieder an. Was ist die Großstadt für Sie und umgekehrt, wer sind Sie für die Großstädter? Ich glaube, daß viel von dem großstädtischen Spott in Kommentaren über Sie auch mit einem gewissen journalistischen Sarkasmus zu tun hat, der nur in großen Städten gedeiht.

Eppler: Zu Sarkasmus bin ich durchaus auch fähig, oft mehr, als mir und anderen lieb ist. Aber in der Tat haftet an mir ein anderer Stallgeruch, als ihn die meisten Journalisten, die über mich schreiben, gern in der Nase haben. Dabei bin ich manchmal ein bißchen erstaunt darüber, daß einem oft schon übelgenommen wird, daß man anders ist. Aber auch daran habe ich mich gewöhnt. Ich habe 1975 die Chance gehabt, in einem Stuttgarter Wahlkreis für den Landtag zu kandidieren. Ich habe das abgelehnt und habe einen sehr schwierigen ländlichen Wahlkreis vorgezogen, weil dieses Land Baden-Württemberg überwiegend eben aus ländlichen Bezirken besteht. Wer hier führen soll, tut wohl gut daran, sich in diesen ländlichen Bereichen auch zu bewegen.

Duve: Hatten Sie eigentlich Angst, als Heinemann Sie so rasch für eine so zentrale Aufgabe vorschlug?

Eppler: Nein, im Gegenteil. Ich fühlte mich unerhört animiert, heute würde man sagen «motiviert», durch diesen Vorschlag von Heinemann, der auf eine kuriose Weise auch noch angenommen wurde, obwohl ich gar nicht vorzeigbar war. Mich hat diese zentrale Aufgabe damals fasziniert, und ich erinnere mich heute noch gern an die Bundesvorstandssitzungen in der GVP.

Duve: Wo fanden sie statt?

Eppler: Die waren jedesmal wieder woanders. Die spannendste war wohl in Kassel, unmittelbar vor dem 17. Juni 1953, als der frühere Zentrumsabgeordnete Respondek neue Nachrichten aus Karlshorst, also von der sowjetischen Militäradministration, brachte, Berichte, die darauf hinliefen, daß Semjonow aus Moskau gekommen war und offenkundig die DDR gründlich umkrempeln wollte, um Einfluß auf die Bundestagswahlen im September 1953 zu bekommen. Daher habe ich den Aufstand am 16. und 17. Juni von der ersten Sekunde an – bei aller Bewunderung für die Arbeiter – für ein Unglück gehalten, denn er hat das Semjonow-Konzept, hinter dem offenbar starke Kräfte des Politbüros standen, gestört.

Duve: Wenn sich heute jemand organisieren würde in etwas, was nicht zu den großen etablierten Partnern gehört, dann würde er das mit einem gewissen Bangen tun, ob er nicht an den Rand der Gesellschaft diskutiert würde. Gab es dieses Gefühl damals auch schon?

Eppler: Ich will gar nicht bestreiten, daß ich damals auch Illusionen hatte. Aber ehe ich zur GVP ging, hatte ich schon einen sehr engen Kontakt mit Carlo Schmid in Tübingen. Ich hatte ihm sogar versprochen, in die SPD einzutreten für den Fall, daß auf dem Dortmunder Parteitag 1952 ein klares Wort zur Ostpolitik – etwa im Sinne Heinemanns – fallen würde. Ich habe bei der GVP nur mitgemacht, weil dieses Wort nicht gefallen ist. Im übrigen war mir schon nach der Bundestagswahl 1953 klar, daß das GVP-Experiment gescheitert war und daß es nur den Weg zur SPD gab. Das habe ich Heinemann schon damals gesagt.

Duve: Warum gab es nur den Weg zur SPD? Von der ganzen Prägung, die wir bisher diskutiert haben, hätte es da nicht ebensogut die CDU sein können?

Eppler: CDU konnte es damals nicht mehr heißen, weil ich mir inzwischen Gedanken darüber gemacht hatte, warum Adenauer seine Politik mit der CDU machen konnte. Da ist mir klargeworden, wie stark ökonomische Interessen alle Bereiche der Politik bestimmen. Denn die gesamte deutsche Großbourgeoisie war aus Angst vor dem Kommunismus – und ein großer Teil der Kleinbourgeoisie dazu – gar nicht bereit, eine Chance für die Wiedervereinigung auch nur auszuloten. Die CDU von 1953 war für mich nur noch der Gegner. Die FDP hatte ich zuerst kennengelernt in einem Vortrag in Tübingen, über den ich meine erste Glosse geschrieben habe. Dort sprach der damalige Bundestagsvizepräsident Schäfer zur Bundestagswahl 1949. Er ließ kein einziges der bourgeoisen Klischees des ältesten Liberalismus aus, so daß ich entsetzt vondannen lief. So blieb logischerweise nur die SPD.

Duve: Da ging ein Pazifist in die SPD.

Eppler: Darf ich mal unterbrechen? Ich bin nie im Leben Pazifist gewesen und bin es heute auch nicht. Ich bin nur der Meinung, daß die Erhaltung des Friedens noch größere Opfer verlangt als jemals in der Geschichte.

Duve: Die Grundorientierungen des Erhard Eppler waren also 1. Wiedervereinigung, 2. nie wieder Krieg und 3. nie wieder Faschismus?

Eppler: Ich ging auch zur SPD, weil ich in einigen Randerscheinungen der CDU-Politik – etwa in dem «Volksbund für Frieden und Freiheit», der damals mit viel Geld Propaganda machte, oder im Bund «Deutscher Jugend», der aus denselben Geldquellen gespeist wurde – Anklänge an faschistisches Gedankengut gesehen habe. Vor allem hielt ich die skrupellose Mobilisierung des Antikommunismus – wenige Jahre nach dem Zusammenbruch des Hitler-Reiches – für einen politischen Zynismus, von dem ich überzeugt war, daß wir ihn noch teuer bezahlen müßten. Unsere Generation wußte ja nach dem Krieg nur, was sie nicht wollte, nämlich das, was sie erlebt hatte. Was wir wollten, war weniger klar. Schon ehe ich zur SPD ging, ging es mir immer darum: wie kann verhindert werden für alle Zukunft, was ich noch in seiner schrecklichsten Ausprägung in den letzten zwei Kriegsjahren erlebt hatte.

Duve: Was wurde als schrecklich erlebt? Der Nationalsozialismus oder der Krieg?

Eppler: Beides. Ich muß hier gestehen: Das Schlimmste habe ich erlebt, als wir zurückkamen aus Holland, auf den Truppenübungsplatz Bergen. Da wurden wir immer wieder eingeteilt, Verwundetentransporte auszuladen, die von der Ostfront kamen. War schon dieser erträgliche Gestank von Eiter, Schweiß und Urin in den schmutzigen Eisenbahnwagen, das jämmerliche Sterben, das sich da vor aller Augen abspielte, schlimm genug, aber viel schrecklicher waren noch die Transporte, die auf derselben Verladerampe in Bergen-Belsen für das KZ ankamen, im offenen Güterwagen, im Schneetreiben, Februar 1945. Die noch Lebenden wurden herausgetrieben mit der Peitsche. Was drinnen liegen blieb, ob es noch lebte oder nicht, wurde auf Güterwagen geworfen. Viele aus meiner Generation werden noch bis an ihr Lebensende von solchen Bildern umgetrieben. Von daher also die alles beherrschende Frage: Wie kann man ähnliches verhindern? Das war ein Impuls, sicherlich nicht der einzige, der mich zur SPD getrieben hat.

Duve: Wenn ich jetzt diese Dinge zusammennehme: Wiedervereinigung, Patriotismus, Frage der Kriegsvermeidung, Frieden und Verhinderung von Diktatur, der militante Demokrat als Lebensaufgabe. Gab es da eine Rückbesinnung auf schwäbische Traditionen, an die wenigen Zentren, in denen es bürgerliche, revolutionäre Helden gegeben hat, in denen Geschichtsbewußtsein andere Chancen hat als in Preußen oder in Stadtstaaten oder in Westfalen?

Eppler: Indirekt mag das zutreffen, denn vor allem die Familie meiner Mutter, die einige progressive Pfarrer hervorgebracht hat, lebte im schwäbischen Liberalismus. Und das gilt, weniger ausgeprägt, auch für meinen Vater, der noch die ganze schwerfällige Gediegenheit des Alb-Bauern an sich hatte. Mein Vater hat, genau wie meine Mutter und ihre Eltern, im Ulmer Pfarrhaus, ‹*Die Hilfe*› gelesen – das Organ Friedrich Naumanns. Als Bub habe ich in diesen dicken gebundenen Jahresbänden geschmökert. Mein Großvater, der allerdings früh gestorben war, war mit Naumann befreundet. Ich habe vor einiger Zeit einmal den Brief geschenkt bekommen, den Naumann meiner Großmutter zum Tode meines Großvaters geschrieben hat. Da müssen schon sehr enge Verbindungen gewesen sein. Übrigens haben in diesem Pfarrhaus in Ulm auch Theodor Heuss und seine Frau Elly Heuss-Knapp verkehrt.

Duve: Es ist aber doch doppelt merkwürdig, daß Ihnen die FDP in ihrer großbürgerlich-ökonomischen Seite in den fünfziger Jahren entgegentrat und die stark ausgeprägte geistig, liberale Tradition Sie gar nicht packte und faszinierte.

Eppler: Spätestens in den fünfziger Jahren ist mir klargeworden – und ich habe darüber ja auch einiges geschrieben –, daß man von einem Naumannschen Erbe sprechen kann und daß dieses Erbe wohl im Godesberger Programm eher wiederzufinden ist als etwa damals bei Herrn Mende oder wie sie alle hießen, Euler, Schäfer oder auch Genscher.

Duve: Thomas Dehler auch?

Eppler: Auch. Thomas Dehler war für mich ein faszinierend sympathisches Exemplar eines Altliberalen. Aber kein Fortsetzer der Naumannschen Linie.

Duve: Wir haben jetzt schon vier Punkte: schwäbische Revolutionserinnerung, Friedenspolitik, Wiedervereinigung, Patriotismus und Kampf um die Demokratie gegen den Nationalsozialismus. Alles Elemente, die auf das Godesberger Programm zulaufen, auf die gewandelte SPD. Aber die *soziale Frage* Klassenkampf, Klassengegensätze, Arbeiterbewegung, all das konnte doch in der Struktur Ihrer Heimat keine starke soziale Basis haben. Was hat Ihnen soziale Frage über kirchliche Caritas hinaus bedeutet?

Eppler: Es stimmt, daß der Klassenkampf in Württemberg weniger erbitterte Formen annahm als etwa in Hamburg oder Berlin oder auch in München. Der schwäbische Arbeiter hat ja weithin bis zum heutigen Tage enge Kontakte zur bäuerlichen Welt. Trotzdem war mir schon in den fünfziger Jahren völlig klar, daß demokratische und vernünftige Politik in diesem Land nur da zu machen war, wo gleichzeitig Privilegien abgebaut und Benachteiligung beseitigt wurden.

Duve: Das hätte Friedrich Naumann bestimmt genauso formuliert.

Eppler: Ja, das will ich gern zugeben. In manchem war Friedrich Naumann linker als die heutige SPD. Nur habe ich den Kampf der Arbeiterschaft in unserem Lande immer erlebt als Kampf um konkrete Verbesserungen, und dafür konnte ich mich sehr rasch erwärmen.

Duve: Kannten Sie damals Arbeiter?

Eppler: Ich kannte viele Arbeiter. Ich habe schon im Krieg und dann übrigens nach dem Krieg noch einmal ein halbes Jahr in der Fabrik gearbeitet. Erst in einer Elektrogerätefabrik, dann in einer Pappfabrik, und hatte dann natürlich später in der Partei eine Menge von Kontakten zu Arbeitern. In Schwaben ist der Weg von einem sogenannten Bürgertum zum Bauern und zum Arbeiter kürzer als anderswo. Wenn ich heute fünf Stunden in meinem Garten wühle, mit dem Schubkarren Mist transportiere und nachher völlig verdreckt hereinkomme, so würde das vielleicht in Berlin oder Frankfurt auffallen. Hier in Schwaben hat man es auch zu der Zeit für völlig normal gehalten, als ich in Bonn Minister war.

Duve: Ja, zurück zur Mitte der fünfziger Jahre, Ende der Gesamtdeutschen Volkspartei, Entscheidung für die SPD. Das ist bisher sehr deutlich geworden. Entscheidung für die SPD mußte doch bedeuten, daß Sie von der Spitzenposition in der kleinen Partei in eine kleine Position in der großen Partei wechseln mußten. Das bedeutete ja nun in der SPD Arbeit vor Ort. Von der nationalen Ebene auf die lokale zurück. Also eine ganz andere Welt.

Eppler: Ich habe mir diese Welt ganz bewußt gewählt, noch anderthalb Jahre, bevor sich die GVP auflöste. Nach einer fast dramatischen Auseinandersetzung mit Gustav Heinemann . . .

Duve: Heißt Auseinandersetzung auch Streit?

Eppler: Ja nun, wir waren nicht derselben Meinung.

Heinemann und Trennung

Eppler: Im Spätsommer 1955 habe ich Gustav Heinemann erklärt, ich könne an der Landtagswahl in Baden-Württemberg im Frühjahr 1956 nicht mehr teilnehmen, weil ich den Versuch für aussichtslos hielt und nur noch in der SPD eine vernünftige Wirkungschance für ihn und andere sah.

Duve: Das hört sich sehr abstrakt an. Wie ist das konkret? Ein junger Mann, der mit anderen einen Weg gegangen war, haben Sie irgendwo gesessen, haben Sie sich beraten, haben Sie es sich überlegt, saßen Sie in irgendeinem Zug, erinnern Sie die Szene, in der Sie wußten, jetzt muß ich mit dem da reden?

Eppler: Das begann schon nach einer Vorstandssitzung in Darmstadt nach der Bundestagswahl 1953, als ich Gustav Heinemann sagte, er sei sich wohl darüber klar, daß damit das Experiment GVP als Partei zu Ende sei.

Duve: Womit?

Eppler: Mit der Bundestagswahl 1953. Er hat dem nicht widersprochen. Er hat auch nicht widersprochen, daß wir schließlich bei der SPD landen würden, aber er wollte offenkundig Zeit gewinnen. Ich habe dieses respektiert.

Duve: Das war nach dem 17. Juni?

Eppler: Es war nach dem 17. Juni 1953, es war vor allem nach der Septemberwahl 1953. Ich habe diesen Wunsch Heinemanns zwei Jahre lang respektiert, übrigens in einer Zeit, als ich gerade beruflich in Schwenningen anfing und bis über beide Ohren in Arbeit steckte. Ich mußte damals eine Klasse in vier Fächern zum Abitur führen. Im Spätsommer 1955 habe ich Gustav Heinemann geschrieben, daß ich keinen Sinn sehe in einer Teilnahme an der Landtagswahl.

Duve: Haben Sie lange für den Brief gebraucht?

Eppler: Ich habe sehr lange dazu gebraucht, und es gab dann auch noch ein Gespräch in meiner Schwenninger Wohnung mit Gustav Heinemann, das für beide sehr quälend war, weil ich meine Entscheidung nicht revidieren konnte und ihm gegenüber genau dasselbe Recht auf eine eigene Entscheidung geltend machen mußte wie er seinerzeit gegenüber Adenauer. Er hat natürlich versucht, mich von meiner Entscheidung abzubringen. Aber als er spürte, daß das nicht möglich war, hat er das akzeptiert. Im übrigen gestehe ich, daß ich in meinem ganzen Leben noch nie ernsthaft an Schlaflosigkeit gelitten, außer in den Herbstmonaten des Jahres 1955. Das war vor und nach diesem Gespräch. Ich bin dann am 26. Januar 1956 ohne viel Aufhebens zum Ortsvereinsvorsitzenden von Schwenningen gegangen, zu Walter Braun, der inzwischen bei der EG in Brüssel ist, und habe mir einen Aufnahmeschein geben lassen. Ich habe gleichzeitig darum gebeten, daß mein Beitritt in die SPD nicht vor der Landtagswahl bekannt gemacht wird, damit nicht in der GVP eine Dolchstoßlegende entsteht. Dann habe ich in Schwenningen Plakate geklebt und Einladungen verschickt und Parteiversammlungen besucht.

Duve: Darf ich noch einmal zu dieser Dolchstoßlegende fragen: Wer etwas verläßt aus innerer Überzeugung, hat zumeist auch gleich die Angst, es könnte als Verrat ausgelegt werden. Die Angst, Verräter zu sein bei einer Sache, die man verläßt, hat Sie gequält?

Eppler: Ich habe nicht umsonst gesagt, daß ich ein paar Monate fast nicht geschlafen habe.

Duve: Dazu gehört ja die zweite Frage. Warum mußten Sie denn überhaupt weiter Politik machen?

Eppler: Meine Schweizer Freunde hätten wohl gesagt: «Es hät em dr Ärmel inne-gno», ich hatte den Ärmel in die Maschine gebracht, ich kam nicht mehr los von der Politik. So wie die Auflösung des National-Sozialen Vereins von Friedrich Naumann, 1903, erst die Energien freigesetzt und fruchtbar gemacht hat, die in diesem Versuch steckten, war es auch mit der Auflösung der GVP. Das gilt für Gustav Heinemann selbst, aber das gilt auch für viele andere wie Dieter Posser, Johannes Rau und vielleicht auch für mich selbst.

Duve: Die kleine Organisation als Treibsatz für die großen Unbeweglichen, Selbstauflösung als Antrieb für die Schwerfälligen?

Eppler: Ich habe damals eine längere Begründung geschrieben für meinen Übertritt in die SPD, die ich dann nach der Landtagswahl verschickt habe. Meine These war erstens: Wir sind nun inzwischen in der NATO, keiner will dies mehr rückgängig machen, weder die Amerikaner noch die Sowjetunion, noch sonst jemand. Damit ist dieses Thema erledigt. Was ansonsten an Impulsen in der GVP steckte, kann in der SPD viel fruchtbarer werden als in einer solchen kleinen Gruppe.

Duve: Wie wird man mit einem Thema, das die Geschichte zu eigenen Ungunsten erledigt hat, und man ist Realpolitiker genug, dieses zu akzeptieren, also nicht gegen Betonwände zu rennen, wie wird man damit fertig? Wo ist der psychologische Trick oder wie immer man das nennt, mit dem der Idealist zum Realpolitiker wird?

Eppler: Ich bin ein bißchen unglücklich über den Begriff des Idealisten. Ich war schon durch meine Prägung von der Theologie Karl Barths her gegen eine bestimmte Form von Idealismus geimpft. Im übrigen wäre ich kein politischer Mensch, wenn ich nicht bereit wäre, jeweils von der Realität aus Politik zu machen.

Duve: Abgefahrene Züge also auch wirklich als abgefahrene Züge zu erkennen . . .

Eppler: Ja, abgefahrenen Zügen hinterherzulaufen, das ist weder Idealismus noch Realismus, das ist einfach unpolitisches Verhalten.

Duve: Vor allen Dingen ist es sehr ermüdend.

Eppler: Es ist ermüdend, aber vor allem gehört es nicht zur Verantwortung eines politischen Menschen.

Duve: Was war der Rahmen, in dem Verantwortung empfunden wurde? War das der Auftrag: Was du ererbt von deinen Vätern, erwirb es, um es zu besitzen? War das der Patriotismus: das Volk, in dem ich lebe? Was war der Rahmen, in dem dieser Typus von Verantwortung gedeiht, der eben dann auch irgendwann zum Bruch führt?

Eppler: Ich glaube, da gibt es keine generelle oder abstrakte Antwort, sondern nur eine von der jeweiligen Situation geprägte. Damals, 1955/56, war ich der Meinung, daß unser Land es sich nicht leisten konnte, Kräfte wie die Gustav Heinemanns im Abseits verkümmern zu lassen. Es hat sich dann auch gezeigt, daß es die allerhöchste Zeit war, den Schritt zur SPD zu tun. Es hatte mit der Initiative von meinem Freund Ostertag und mir zu tun, daß dann in den ersten Monaten des Jahres 1957 einige der in der GVP verbliebenen Freunde aus Württemberg sich in ein Auto setzten, zu Gustav Heinemann nach Essen fuhren und sagten: «Jetzt ist aber Schluß.» Insofern hat die sehr entschiedene, Gustav Heinemann gegenüber immer von sehr viel Sympathie und Respekt geprägte Haltung dann doch mitgeholfen, die GVP rechtzeitig zu liquidieren. Der letzte Anstoß zur Auflösung der GVP ist von Württemberg ausgegangen.

Duve: War Ihnen der innere Zustand der SPD hin zu Godesberg bekannt? Das Zusammenschmelzen dieser Nachkriegs-SPD, konnte Ihnen das in Schwenningen überhaupt bewußt werden?

Eppler: Ich war jedenfalls für Godesberg.

Duve: Waren Sie denn schon Delegierter?

Eppler: Ich war in Godesberg Delegierter. Es war dreieinhalb Jahre nach meiner Aufnahme in die SPD, ich war damals für den Unterbezirk Singen Delegierter geworden und bin heute noch stolz darauf, daß ich sogar an diesem Programm mitgebosselt habe, wenn es auch nur kleine Änderungen gewesen sind. Allerdings habe ich Godesberg nicht als Akt der Anpassung empfunden, sondern als Versuch, die Programmatik und die Theorie der Partei mit einer Praxis in Übereinstimmung zu bringen, die seit fünfzig Jahren kaum mehr angefochten war.

«Sind wir noch fähig, unsere Zukunft selbst zu formen?» Zum 17. Juni 1956*

Es gibt wenige Aufgaben, die so den Charakter verderben wie die des Festredners. Es könnte einem angst und bang werden, wenn man sich vorstellt, wie viele Festreden jedes Jahr allein in unserem Lande zu den verschiedensten Anlässen gehalten werden, und wieviel Übersteigertes, Schiefes, Pathetisches und wohl auch Sinnloses bei solchen Anlässen gesagt wird. Ganz wird das oft erst den Enkeln klar. Wenn wir heute manche Reden unserer Großväter zum Jahrestag der Schlacht bei Sedan oder zum Tag der Reichsgründung nachlesen – und es sind ja nur die besten gedruckt worden –, so fühlen wir uns erinnert an den 90. Psalm: «Wir bringen unsere Jahre zu wie ein Geschwätz.»

Auch heute werden landauf, landab Reden gehalten. Und unsere Enkel werden vielleicht über diese Festreden nicht anders urteilen als wir über die schwülstig-selbstgerechten Sedan-Reden vor fünfzig Jahren. Vielleicht nur mit dem Unterschied, daß das Erröten über manche Worte, die zu diesem jüngsten und problematischsten Feiertag unseres Volkes heute gesprochen werden, nicht erst nach fünfzig, sondern schon nach fünf oder drei Jahren beginnt.

Und so will ich mich heute bemühen, nichts zu sagen, worüber wir in wenigen Jahren rot zu werden brauchten, ich, weil ich es gesagt habe, Sie, weil Sie es ohne Widerspruch hingenommen haben, einfach weil man im Jahre 1956 eben solche Reden halten und anhören mußte. Denn wenn dieser 17. Juni uns eine ganz einfache menschliche Aufgabe stellt, dann doch die, nach unserem Gewissen zu handeln, wie viele derjenigen, die sich am 17. Juni gegen Unterdrückung aufgelehnt haben.

Vielleicht tun wir gut daran, uns zu Beginn noch einmal jene Junitage des Jahres 1953 zu vergegenwärtigen. Es waren Tage der politischen Hochspannung. Stalin war seit einigen Monaten tot. In den USA verkündete nach dem republikanischen Wahlsieg John Foster Dulles die neue dynamische Außenpolitik zur Befreiung der Satelliten. In der Bundesrepublik rüstete man zum Bundestagswahlkampf im Zeichen der Europäischen Verteidigungsgemeinschaft.

Da erschien in Ost-Berlin der sowjetische Hohe Kommissar Semjonow und brachte aus Moskau die Parole des neuen Kurses. Plötzlich war die SED-Presse voll von Selbstbezichtigungen, was man alles falsch gemacht

* Rede vor Schülern des Gymnasiums Schwenningen 17. Juni 1956 in L.

habe. Wir wissen heute noch nicht, ob jener neue Kurs von damals zusammenhing mit dem, was wir in den letzten Monaten im Ostblock erlebt haben, oder ob ein besonderer Plan für Deutschland zugrunde lag. Jedenfalls war Kritik plötzlich nicht nur erlaubt, sondern große Mode, besonders wenn diese Kritik sich nicht gegen die politischen Grundlagen des SED-Staates, sondern gegen das Versagen von Behörden und Planungsstellen richtete.

Für die Menschen drüben war es ein eigenartiges Gefühl; sie hatten sich seit 1933, also seit zwanzig Jahren, daran gewöhnt, daß die jeweilige Regierung unter allen Umständen recht habe, daß Kritik Verrat sei, und nun begannen die Machthaber plötzlich, sich an die Brust zu schlagen und zu beteuern: gerade daß sie keine Kritik ertragen hätten, sei ihr Fehler gewesen.

Unsere Landsleute drüben waren verwirrt. Sollte man dem allem trauen? War zum Beispiel der von Otto Grotewohl mit Bischof Dibelius ganz überraschend geschlossene Friede echt? War nicht alles eine Falle? Oder waren die Sowjets dabei, der SED wirklich den Stuhl vor die Tür zu setzen, um auf die westdeutschen Wahlen einzuwirken? Wer sollte das mit Sicherheit sagen können? Wir wissen es heute noch nicht genau. Aber eines war klar: Es tat sich etwas, und das war gut, besser jedenfalls als die Hoffnungslosigkeit der vergangenen Jahre.

Und so begann sich Hoffnung zu regen, und mit dieser Hoffnung ein neuer Wille, und dieser Wille hatte ein Ziel, mehr gespürt als durchdacht: ein einiges Deutschland, in dem jeder unbehelligt und ohne äußere Not seine Arbeit tun und seine Meinung sagen könnte.

Es wäre allzu selbstgerecht, wollten wir meinen, die Menschen drüben hätten sich dieses Deutschland vorgestellt als eine vergrößerte Bundesrepublik. Wir werden da von ihnen noch vieles zu lernen haben. Aber was sie vor allem anderen bewegte, war dies: Laßt uns wieder zusammenkommen, und laßt uns dann unsere Angelegenheiten so regeln, wie wir – und nicht wie die Funktionäre einer totalitären Partei – es für richtig halten.

Das war die Stimmung, aus der heraus der 17. Juni verständlich wird. Wir wissen heute noch nicht ganz sicher, wer die Bauarbeiter der Stalinallee am 16. Juni veranlaßte, gegen die überhöhten Arbeitsnormen zu demonstrieren. Jedenfalls lag eine solche Demonstration durchaus im Rahmen dessen, was nun an Kritik erlaubt war. Wir wissen auch noch nicht sicher, wer im Hintergrund aus dieser Demonstration heraus jene politische Rebellion gegen das Ulbricht-Regime organisierte, die dann im Sturm ganz Ost-Berlin und anschließend die ganze Zone erfaßte, die streikenden Arbeiter auf die Straße rief, Gefängnistore aufstieß und schließlich wohl wenig vom alten Regime übriggelassen hätte, wenn nicht die russischen Panzer ausgerückt wären. Es mag wahr sein, daß manche Fäden nach West-Berlin liefen. Kein Mensch aber wird behaupten können, ein Massenaufstand dieses Ausmaßes lasse sich von Agenten provozieren, wenn nicht ein großer Teil der Bevölkerung darauf wartet, ein Regime bei der ersten – sei es auch lebensgefährlichen – Gelegenheit zu stürzen.

Manchen von uns im Westen, die wir es damals leicht hatten, klaren Kopf zu behalten, drängte schon damals die bange Frage: «Und was wird nun werden?» Denn daß die Rote Armee sich nicht einfach abschieben lassen würde, verstand sich von selbst. Würde der Aufstand das Los unserer Brüder nicht eher verschlimmern als bessern? Konnte sich die Weltmacht Sowjetunion jetzt noch das geringste Zurückweichen leisten, ohne das Gesicht zu verlieren? Würden die Radikalen in Ost-Berlin und Moskau ihren vernünftigeren Kollegen jetzt nicht entgegenhalten: Dahin kommt ihr mit eurem neuen Kurs! Und hatte der Aufstand den Sowjets nicht allzu deutlich gezeigt, wie gefährlich diese Deutschen noch immer waren?

Damit stehen wir schon mitten in der Problematik dieses problematischsten aller nationalen Feiertage – bei seinen Auswirkungen.

Spätere Historiker werden eine Antwort auf die Frage zu finden haben, ob dieser Aufstand gegen ein verhaßtes Regime uns Deutsche der Einheit in Freiheit näher gebracht oder ob er gar – und das wäre die erschütterndste Tragik dieses Tages – uns davon entfernt hat. Aber schon heute, nach drei Jahren wissen wir so viel, daß die Opfer des 17. Juni vorerst vergebens waren.

Die Stellung gerade der Männer, gegen die sich der Aufstand besonders richtete, war am Ende des Monats Juni weniger gefährdet als am Anfang, und die Chancen für die deutsche Einheit waren am 18. Juni nicht größer als am 16. Juni.

Mögen auch noch so viele andere Ereignisse dabei mitgesprochen haben; die sowjetischen Angebote zur Wiedervereinigung waren jedenfalls 1952 und zu Anfang 1953 großzügiger als Ende 1953 oder 1954, und 1956 haben sie ganz aufgehört und einem selbstbewußten Achselzucken Platz gemacht: Wir haben es nicht mehr nötig, euch nachzulaufen. Wenn ihr etwas von uns haben wollt, so mögt ihr kommen und uns höflich darum bitten.

In anderen Worten, am 18. Januar wurde einst ein Tag der deutschen Einheit gefeiert, an dem sich unsere Väter daran erinnerten, wie Bismarck 1871 im Versailler Spiegelsaal den Kaiser des geeinten Deutschland proklamieren ließ. Der 17. Juni erinnert uns nicht daran, daß wir unsere Einheit gewonnen, sondern daß wir sie verloren haben.

Noch etwas Peinliches hat unser heutiger Feiertag: Wir, die wir heute feiern, haben an jenem 17. Juni nichts getan, als allenfalls am Radio gesessen. Und diejenigen, die an jenem Tag ihr Leben aufs Spiel setzten, feiern heute nicht. Wir stehen in der Gefahr eines billigen Spießbürgerheroismus. Es könnte sein, daß wir uns für die Taten anderer begeistern, ohne uns zu fragen: Was hättest du selbst in dieser Lage getan?

Und noch eine Gefahr liegt in diesem Tag: Er könnte uns zum Haß verführen. Zum Haß gegen die Träger einer Weltanschauung, die nicht die unsere ist und auch nicht die unsere werden soll. Oder noch schlimmer: zum Haß gegen ein ganzes Volk.

Einst wurde meine Generation zum Haß erzogen, zum Kollektivhaß gegen die Juden, die Kommunisten, die Liberalen. Und als wir dann erkannten, wie sinnlos, wie unfruchtbar solcher Haß ist, da nahm sich mancher von uns vor, nie wieder jemanden zum Haß zu erziehen, und sollte dieser Haß noch so plausibel sein und noch so gut in ein politisches Konzept passen. Das heißt nicht, daß man nicht auch gegen etwas Stellung beziehen müßte. Ja, wir müssen Stellung nehmen gegen Unfreiheit und Unterdrückung, geschehe sie in der DDR oder in Spanien. Wir müssen deutlich machen: Wir werden uns dagegen wehren, diese Ideologie entspricht uns nicht. Aber wir sollten uns nicht durch die blutigen Opfer des 17. Juni in einen blinden Haß hineinsteigern lassen.

Wir tun der Größe dieses Opfers keinen Abbruch, wenn wir nüchtern feststellen, daß keine Besatzungsarmee der Welt eine von ihr eingesetzte Regierung einfach wegfegen lassen kann. Wir tun diesen Opfern auch kein Unrecht, wenn wir feststellen, daß diese russische Besatzungsarmee offenbar so lange wie möglich versucht hat, nicht zu schießen, ja, daß eine deutsche Besatzungsarmee im letzten Kriege wohl geschossen hätte, ehe man ihr Balken in die Panzerkanonen gesteckt hätte.

All das entwertet solches Opfer nicht, aber es reißt uns von jenem hohen Roß pharisäischer Moral, auf das zu steigen wir durch die Geschehnisse der letzten 25 Jahre jedes Recht verwirkt haben.

Nun drängt sich die Frage auf: Wenn dieser Tag so fragwürdig, wenn da so wenig zu feiern ist, wozu dann all das Reden, all die Festlichkeiten?

Wenn es darauf eine Antwort gibt, dann wohl diese: Wir feiern in unseren christlichen Kirchen auch nicht nur Weihnachten und Ostern, sondern auch Karfreitag und Bußtag. Und solche Tage des Gedenkens und der Selbstprüfung sind uns heute heilsamer als laute Feste, in deren Trubel wir doch nur uns selbst davonlaufen.

Was uns heute als Volk politisch nottut, ist die Stille, in der wir all den Fragen standhalten müssen, die wir zu beantworten haben, wenn wir nicht in ein geschichtsloses Kolonialdasein versinken wollen. Und dazu ist kein Tag geeigneter als der heutige, an dem all die leidenschaftlichen, verzweifelten Fragen mitschwingen, welche die Deutschen drüben an uns zu richten haben.

Eine dieser Fragen: Wie oft denkt ihr eigentlich an uns? Nur für die paar Minuten, in denen ihr wieder einmal versichert, die deutsche Einheit sei das oberste, höchste oder gar erhabenste Ziel eures politischen Trachtens? Haltet ihr es dabei nicht genau umgekehrt wie die Franzosen, die nach dem Verlust von Elsaß-Lothringen 1871 die Parole befolgten: nie davon reden, immer daran denken! Heißt es bei euch vielleicht: immer davon reden, nie daran denken? Und wenn wir nun antworten, so sei es doch nicht, jedenfalls nicht bei allen, so hören wir schon die nächste Frage: Mag sein, daß ihr manchmal zwischen dem Geldverdienen ein paar Minuten findet, an uns zu denken, aber was für Gedanken habt ihr dann für uns? Etwas sentimentales Mitleid? Ein paar fromme Wünsche, wir möchten doch aushalten, bis ... ja, bis wann? Etwa bis die vier Mächte plötzlich ein überwältigendes Bedürfnis verspüren, ausgerechnet uns unsere Einheit als Geschenk in den Schoß zu werfen?

Wir werden uns daran gewöhnen müssen, daß man drüben auf Gedanken dieser Art gern verzichtet. Deshalb sind die Fragen, denen wir von dort ausgesetzt sind, noch viel radikaler:

Wie viele von euch sind denn noch bereit, politische Verantwortung zu tragen und dafür einmal weniger ins Kino zu gehen? Was habt ihr denn eigentlich schon getan für die Einheit unseres Landes? Hören wir von euch nicht immer kluge Reden darüber, warum die Einheit jetzt gerade nicht möglich sei und wer sie verhindere? Als ob wir die Schwierigkeiten selbst nicht viel besser kennen würden? Wir wollen von euch hören, wie ihr diesen Schwierigkeiten zu Leibe rücken wollt! Und vor allem: Wir wollen sehen, was ihr tut!

Wir könnten den Katalog der Fragen fortsetzen. Wir könnten vielleicht auf jede eine einigermaßen plausible Antwort oder doch Ausrede suchen. Aber wenn wir dann an den 17. Juni denken, sind wir lieber still. Diese Menschen hatten es viel schwerer, ihrem politischen Willen Ausdruck zu geben als wir, sie haben mehr riskiert, als wir überhaupt riskieren können. Und doch haben sie etwas getan! Gewiß, es hat nichts genützt, aber es hat der Welt bewiesen, daß wir Deutschen nicht einfach jeder beliebigen Obrigkeit blind gehorchen, daß wir nicht der Teig sind, den man beliebig in Stücke schneiden und in neue Formen kneten kann. Und genau denselben Beweis sind wir Westdeutschen heute der Welt schuldig, auch wenn dieser Beweis für uns anders aussehen muß als für die drüben.

Vor einem Jahr sagte mir in England ein politisch sehr unterrichteter Mann, er habe den Eindruck, unser politisches Leben werde von ein paar Leuten gemacht, die da auf der politischen Bühne agieren, reden, Forderungen stellen; aber was die große Mehrheit wolle, das wisse kein Mensch. Und besonders bei der Propaganda für die Wiedervereinigung habe er das Gefühl, dahinter stehe kein Wille eines Volkes, den man zu respektieren habe.

Ich habe diesem Mann nicht ernsthaft widersprechen können. Ich habe ihm nur gesagt: «Das mag sein, aber es kann auch plötzlich anders werden. Und dann werden die Großmächte sich nicht mehr darauf beschränken können, einander die Schuld an der deutschen Spaltung zuzuschieben. Dann ist das Gesellschaftsspiel am Ende, dann beginnt das ernsthafte Verhandeln. Da hat mein Gesprächspartner nicht widersprochen. Denn was uns noch nicht ganz klar ist, haben die Engländer längst begriffen: Ob es eine Wiedervereinigung gibt oder nicht, hängt nicht von Russen oder Amerikanern ab, sondern zuallererst von uns Deutschen selbst, so wie die Wiedervereinigung der Saar weder von der französischen noch von der deutschen Bundesregierung erreicht, sondern durch ein paar hunderttausend Saarländer erzwungen wurde.

Das klingt recht schön, werden Sie sagen, aber wie sieht das praktisch aus? Was sollen wir tun?

Die erste Voraussetzung ist die, daß wir uns um die Politik kümmern. Solange die Politik bei uns von ein paar abgehetzten Abgeordneten besorgt werden muß, denen man immer neue Arbeit aufbürdet, bis sie verschlissen sind, solange die Mitgliederversammlungen unserer politischen Parteien wohlmeinenden Greisenzirkeln gleichen, während die Jungen sich überlegen, in welchem Beruf sie sich zuerst den Opel leisten können, und welche Form von Hemdenkrägen jetzt modern ist, so lange werden unsere Mahnungen zur deutschen Einheit in Ost und West nicht mehr als ein wissendes Lächeln hervorrufen. Es heißt also, die politischen Positionen kennenzulernen, und wenn man sie kennt, Stellung zu beziehen.

Wir sind in Westdeutschland zum Beispiel in der unglücklichen Lage, daß Regierung und Opposition sich nicht einigen können über den richtigen Weg zur Vereinigung des Landes. Es ist hier nicht der Ort, die Gründe dafür zu untersuchen, jedenfalls haben wir diese Auseinandersetzung durchzustehen. Wir werden sie um so besser und rascher durchstehen, je mehr diese Fragen aus der dünnen Luft der Parlamentsausschüsse heraus und ins Volk hineinkommen. Denn schlimmer als dieser Streit ist die Tatsache, daß so kläglich wenige dabei Stellung beziehen. Die Welt soll wissen, daß wir ernsthaft und leidenschaftlich suchen, nicht nur ein paar Berufspolitiker, sondern wir alle.

Noch mehr gehört zu dem Beweis, den wir zu erbringen haben: Wir müssen uns um unsere Landsleute drüben kümmern. Es gibt bei uns Menschen, die sagen, laßt unsere jungen Leute nicht mit FDJ-Angehörigen diskutieren, sie könnten dabei angesteckt werden. Das ist genau der Geist der Angst, aus dem unsere Spaltung kommt. Denn wie kann man im Ernst mit diesen von der FDJ erzogenen jungen Menschen in einem Staat leben wollen, wenn man sich scheut, mit ihnen zu sprechen? Und deshalb kann es für uns nicht heißen, ängstlich zu kneifen, als ob da Aussätzige wären, sondern mit ihnen zu sprechen, und wenn sie uns dabei überlegen sein sollten, zu lernen.

Zu diesem Lernen gehört zweierlei:

Erstens: wir müssen ihre Sprache lernen, müssen uns mit der kommunistischen Ideologie beschäftigen. Mit den nebelhaften Vorstellungen, mit denen unsere Abiturienten gewöhnlich die Schule verlassen, ist nichts getan.

Zweitens: Wir müssen uns darüber klarwerden, was wir dieser Ideologie entgegenzusetzen haben. Denn allein mit unserem Wirtschaftswunder kommen wir da nicht durch. Man kann nicht mit dem krassesten und billigsten aller Materialismen – dem Pochen auf den Lebensstandard – gegen den dialektischen Materialismus angehen.

Und wenn wir dann wissen, was wir wollen, wenn unser Wissen nicht mehr aus ein paar antikommunistischen Schlagworten besteht, dann müssen wir das Gespräch mit drüben suchen, und zwar mit allen, Kommunisten und Nichtkommunisten. Und dann werden wir feststellen, daß der Vorhang, der Deutschland in zwei Teile spaltet, hauptsächlich aus Angst besteht, aus der Angst der Herrschenden drüben, der Kontakt mit dem Westen könne ihre Stellung untergraben, und unserer Angst, der Kontakt mit dem Osten könne unser Wirtschaftswunderidyll stören. Sehen wir zu, daß der Vorhang von unserer Seite aus sich hebt, und wir werden bemerken, daß er dann von drüben auf die Dauer gar nicht niedergehalten werden kann.

Ich weiß sehr wohl, was manche von euch jetzt denken: Laß uns in Frieden mit der Politik, mein Vater hat auch einmal die Finger verbrannt, und überdies ist das ein dreckiges Geschäft, bei dem ich als einzelner ohnehin nichts ändern kann. Sicher, man kann in der Politik schmutzige Finger bekommen. Aber man kann sie auch und gerade dann bekommen, wenn man sich zu gut für dieses Geschäft ist. Weil so viele vernünftige, kluge Leute bei uns einst das politische Geschäft anderen überließen, leben von meinen Klassenkameraden nur noch zwei Drittel und von den Klassen vorher oft nur noch ein Drittel oder gar nur ein Viertel.

Und wenn wir heute versagen, so werdet ihr das zu büßen haben.

Und wenn ihr nicht die Probleme des Atomzeitalters richtig anpackt, wenn ihr sie irgendein paar Managern überlaßt, dann ist es durchaus fraglich, ob es für die nächste Generation noch eine Lebensmöglichkeit gibt. Und dann habt ihr schmutzige Finger bekommen, viel schmutzigere als ein Politiker, der einmal nicht die ganze, sondern nur die halbe Wahrheit sagt.

Das alles mußte wohl gesagt werden, soll unsere Feier nicht unverbindliche Deklamation bleiben. Denn die Frage, ob wir in den nächsten Jahren unsere staatliche Einheit wiedererringen, ist zugleich die Frage, ob wir Deutschen uns damit abfinden wollen, als indifferenziertes Menschenreservoir den jeweiligen Weltmächten Techniker, Arbeiter und Soldaten zu liefern, oder ob wir noch fähig sind, unsere Zukunft selbst zu formen und zusammen mit unseren europäischen Nachbarn in West und Ost ein Europa zu bauen, in dem wir alle leben können, ohne unsere Vergangenheit zu verleugnen und ohne an unserer Zukunft zu verzweifeln.

Vorbilder

Duve: Wer war die bestimmende Figur für Sie in Ihrer neuen Partei?

Eppler: In dieser Zeit war für mich innerhalb der SPD die bestimmende Figur Fritz Erler. Erler hatte mich ja selbst in die Partei gebracht. Ich erinnere mich, wie er 1955 einmal nach einem Vortrag, den er in Schwenningen gehalten hatte, bei uns zu Hause war und mir dann sagte – wir waren damals noch auf Sie: «Sie müssen sich entscheiden, ob Sie einen Grabstein haben wollen, auf dem draufsteht: Er hat immer recht gehabt, oder ob Sie politisch wirksam werden wollen.»

Duve: Aber möchten Sie nicht eigentlich beides darauf haben?

Eppler: Nein, nein, denn Grabsteine, auf denen steht, man habe immer recht gehabt, damit ist niemandem geholfen.

Duve: Das war Erler.

Eppler: Erler war für mich damals derjenige, der am überzeugendsten und am rationalsten argumentierte, der sowohl innen- wie außenpolitisch das klarste Konzept hatte. Übrigens war er außenpolitisch derjenige, der das Thema der Bündnisfreiheit in die SPD hineingetragen hatte. Das waren nicht Wehner und nicht Ollenhauer gewesen, sondern Erler, Ende 1954. Er war für mich natürlich auch als Mensch überzeugend. Ich kannte seine Biographie, und ich habe ihm nie die etwas distanziert kühle Art übelgenommen, die nur die Kehrseite seiner überragenden Intelligenz gewesen ist.

Duve: Wenn man sehr stark durch ein protestantisches Elternhaus geprägt ist, dann ist man ja auch im kleinen moralisch geprägt. War da nicht ein großes Mißtrauen gegen die Winkelzüge der Politiker, die taktischen Finessen, die moralische Entleerung des Tagesverhaltens? Das war natürlich in der GVP nicht so, denn sie war nicht so nahe bei der Macht, und sie hatte mit der Macht auch nicht so viel im Sinn, sondern sie wollte ein Thema durchsetzen. Aber bei der SPD ging es um kleinere und größere Macht, um Schliche. Das blieb dann aus, wenn man sich um Godesberg stritt, dann konnte man sich mehr oder weniger wieder auf Ideen vereinigen. Aber so im Parteitagesgeschäft, da entblättern sich ja Charaktere und Charakterlosigkeiten. War das nicht etwas, wo Sie einen skeptischen Verdacht haben mußten?

Eppler: Für mich war Fritz Erler ein Beispiel dafür, daß die immer notwendige politische Taktik nicht auszuarten braucht in ein taktisches Sich-Hindurchwursteln ohne ein erkennbares Ziel. Wer zur politischen Taktik einfach «nein» sagt, der muß aus der Politik wegbleiben. Was mich heute noch abstößt, was ich unerträglich finde, ist ein politisches Taktieren, bei dem man auch beim allerbesten Willen nicht mehr herausfinden kann, woraufhin das zielen soll. Bei Fritz Erler gerade war mir immer klar, worauf er gezielt hat.

Duve: Sie empfanden diese SPD, in die Sie gekommen waren, nicht als einen Verein, in dem unter dem Mantel der innerparteilichen Freundschaftlichkeit und Solidarität bei näherem Hinsehen Hauen und Stechen erkennbar wurden.

Eppler: Schwenningen war ein alter, traditionsreicher Ortsverein. Natürlich gab es da manches Geplänkel, auch manche Gemeinheit, aber wo gibt es das nicht? Schon 1959 wurde ich für den Stadtrat aufgestellt und gewählt, sogar mit der höchsten Stimmenzahl, was bei dem Kumulieren und Panaschieren, das wir haben, möglich ist. Das hat mir dann innerhalb der Partei – ich war erst sechs Jahre in Schwenningen – nicht nur Freunde eingebracht. Es hängt vielleicht mit meinem lutherischen oder auch Barthschen Bild vom Menschen zusammen, daß ich alles, was ich an persönlichen Verletzungen und Verletztheiten, an spießigem Geltungsdrang und trüben Intrigen erlebt habe, eher als normal und menschlich empfunden habe. Darauf war ich vorbereitet, daß die Welt so ist.

Erler/Wehner

Duve: Haben Sie irgendwann einmal eine Auseinandersetzung mit Erler gehabt?

Eppler: Eine persönliche Auseinandersetzung habe ich nie gehabt.

Duve: Hätten Sie Angst gehabt später in der Fraktion, wenn Sie etwas falsch gemacht hätten, daß er hätte ungnädig sein können?

Eppler: O nein. Ich habe selten innerparteilichen Streit vermieden, wenn ich ihn für nötig hielt. So habe ich mich zum Beispiel wenige Wochen nach meiner ersten Wahl in den Bundestag 1961 in Freudenstadt – also in dem Wahlkreis, in dem ich kandidiert hatte – mich mit Herbert Wehner angelegt; es war auf einer großen Funktionärskonferenz, wo er mich dann mit der Brutalität niedermachte, die ihn gelegentlich auszeichnet.

Duve: War das das erste direkte Zusammentreffen mit Herbert Wehner?

Eppler: Es war jedenfalls das erste Mal, wo ich die ganze Härte spüren konnte, deren Herbert Wehner fähig ist. Inzwischen habe ich dazugelernt, daß er auch einer erstaunlichen Menschlichkeit fähig ist. Ich hatte an einigen Aussagen des Bundestagswahlkampfes 1961 Kritik geübt, nach meiner Überzeugung sehr vorsichtige. Herbert Wehner hatte offenbar das Bedürfnis, dem neuen Abgeordneten, der da aus der GVP gekommen war, erst einmal seine Grenzen zu zeigen. Ich erinnere mich an eine Formulierung, die ich dann später öfter gehört habe: daß man von einem Ochsen nicht mehr erwarten dürfe als ein gutes Stück Rindfleisch. Das hat er damals auf diejenigen bezogen, die den Wahlkampf zu verantworten hatten.

Duve: Hat sich das Verhältnis zu Wehner gebessert?

Eppler: Das hat sich immer wieder verändert. Das war manchmal gut, manchmal erträglich, manchmal miserabel.

Duve: Haben Sie unter Wehner gelitten?

Eppler: Zeitweise ja.

Duve: Haben Sie Angst vor ihm gehabt, vor der Konfrontation im Zweiergespräch?

Eppler: Davor nicht, eher vor dem Abgekanzeltwerden coram publico. Andererseits wollte ich nie den Eindruck erwecken, ich wolle mich ihm anbiedern. Ich bin ihm nie nachgelaufen. Herbert Wehner ist nun einmal die vielschichtigste Gestalt der deutschen Politik. Eine ordentliche Biographie über Ludwig Erhard kann ein mittelmäßiger Journalist schreiben. Eine gute Biographie über Fritz Erler verlangt schon einen erstklassigen Historiker und Publizisten. Aber wer einmal die gültige Wehner-Biographie zuwege bringt, kann wohl nicht ohne den Nobelpreis für Literatur ausgehen.

II. Studium – geistige Beeinflussung

Duve: Von allen Fächern, für die sich junge Menschen interessieren können, scheint die Psychologie Sie am wenigsten interessiert zu haben.

Eppler: Das hängt damit zusammen, daß ich einen Onkel hatte, der Psychologieprofessor war, den ich persönlich durchaus geschätzt habe, aber von dem ich den Nutzen der Psychologie nicht richtig erfahren konnte. Nein, fruchtbarste Zeit für mich, für meine geistige Entwicklung, war Bern, und dort vor allem meine Begegnung mit einem Mann, der nie so bekannt wurde, wie er es wohl verdient gehabt hätte, nämlich dem altkatholischen Kirchenhistoriker Arnold Gilg. Gilg war ein Mann, der von der Barthschen Theologie herkam, der politisch – wenn man so will – etwas links von der Mitte stand, der morgens um fünf Uhr aufstand, in seinem Studierzimmer noch ein paar Bücher nachschlug, um acht Uhr frühstückte, dann zu Fuß durch die Arkaden Berns zur alten Universität marschierte und dort zwei Stunden über Pascal oder Kierkegaard oder Augustin sprach, als hätte er ein Manuskript vor sich, ohne daß auch nur ein einziger Buchstabe auf seinem Pult lag. Ein Mann also von einer ungeheuren geistigen Konzentration und präsenten Bildung. Im Gespräch mit ihm am Mittagstisch oder am Sonntagnachmittag – er hatte mich in seine Familie für ein Semester eingeladen – sind mir ganze Welten aufgegangen: von Theodor Häcker bis Thomas Mann und von Marx bis Kierkegaard.

Duve: Also Fragestellungen des 19. Jahrhunderts?

Eppler: Nicht nur des 19. Jahrhunderts. Im Grunde hat er auch meine theologischen Vorstellungen mehr geprägt als irgend jemand sonst. Er hat mir vor allem deutlich gemacht, wie aus evangelischer Theologie und christlichem Glauben Impulse zu gesellschaftlicher Veränderung ausgehen können. Er war kein Revolutionär, aber er hat den Unterschied zwischen konservativer Ideologie und christlichem Glauben nicht nur erläutert, sondern vorgelebt. Für einen geistig noch vom Krieg her ausgehungerten Deutschen war dies eine Prägung, die bis heute geblieben ist.

Duve: Was ist denn das, was Glauben, Kirche, Theologie an Veränderungsschüben in die Politik-Institutionen und -Organisationen hineinbringen kann und wodurch unterscheiden sich diese Impulse zur Veränderung, die Ihr Mentor dort gemeint hat, von jenem Verhältnis zur Kirche, wie es etwa christdemokratische Politiker für sich in Anspruch nehmen oder auch manche führenden Politiker der Sozialdemokraten?

Eppler: Ich habe wohl nicht das Recht, anderer Leute Glaubenshaltung zu zensieren. Aber bei vielen Politikern der Union finde ich eine Haltung wieder, die es in Deutschland mindestens seit 1815 auf eine bewußte Weise gegeben hat: Zuerst und vor allem geht es um die Erhaltung bestehender Ordnung, sei sie ökonomisch, sei sie rechtlich, es geht um

Konservierung politischer Machtverhältnisse. Kirche, christlicher Glaube oder wie es dann meistens dort heißt, Christentum, ist ein ehrwürdiger, aber doch wohl auch sehr nützlicher Garant für die Erhaltung solcher Ordnungen und Machtverhältnisse. Das heißt, zuerst ist der Wille zum Bestehenden da, und dazu kommt eine christliche Ideologie, die sich theologisch legitimiert. Ich habe schon von meinem Großvater her – der für damalige Verhältnisse ein sehr linker Pfarrer war – einen anderen Ansatz mitbekommen: was ergibt sich, was folgt an Handeln, an Tun aus christlichem Glauben, und welche Machtstrukturen müssen verändert werden, weil sie dem im Wege stehen? In diesem Ansatz bin ich von Arnold Gilg bestärkt worden. Er hat mir auch den Zugang eröffnet zum christlichen Sozialismus, den es ja in der Schweiz – etwa bei Ragaz – am überzeugendsten gegeben hat. Gilg selbst hatte dazu als Barthaner seine Distanz. Ich habe diese Distanz vielleicht von ihm übernommen. Aber er hat mir – ehe er eine solche Geisteshaltung kritisiert hat – eine solche Strömung erst einmal dargestellt, als gehöre er dazu, und versucht, jedem dieser Ansätze erst einmal Gerechtigkeit widerfahren zu lassen. Dann erst hat er gesagt, was er dazu meinte. Gerade damit hat er einem jungen Menschen, der durch den Krieg, durch das NS-Regime doch wohl den Anschluß an das europäische Denken fast verpaßt hatte, mehr geholfen, als er selbst wußte.

Duve: Haben Sie von Karl Marx dann mal irgendwas gelesen, gab es Vorlesungen darüber schon in Bern oder spielte der noch gar keine Rolle? Sie haben ja Geschichte studiert.

Eppler: Sicherlich hat für mich in Bern Kierkegaard eine größere Rolle gespielt als Marx. Kierkegaard hat ja dann auch in meine Dissertation hineingespielt. Aber ich erinnere mich, daß wir damals in einer Gruppe – ich glaube, es war von der Evangelischen Studentengemeinde – zusammen mit jungen Sozialisten sehr intensiv das ‹*Kommunistische Manifest*› diskutiert haben, wobei ich jetzt nicht darüber streiten will, ob alles besonders klug war, was ich damals dazu vorzubringen hatte. Aber das Thema gab es sehr wohl schon, einiges vom jungen Marx hatte ich schon gelesen.

Duve: Damals gab es ja auch Existentialismus. Ist das etwas, was an Ihnen vorbeigegangen ist? Das betrifft ja wieder die großen Städte, hatten Sie Sarte oder Camus gelesen?

Eppler: Ja, gelesen habe ich sie, auch Jaspers, der damals in Basel war. Ich hatte einen deutschen Studienkollegen in Bern, der Assistent bei Jaspers gewesen war und der dazu beigetragen hat, daß ich in der Jasperschen Form des Existentialismus manches Hohle und auch eine elitäre Arroganz gespürt habe.

Duve: Gingen Sie zu Jaspers auf Distanz?

Eppler: Heidegger habe ich ernster genommen, aber ich fand trotzdem Kierkegaard wesentlich wichtiger und mir näher als beide zusammen.

Duve: Die fünfziger Jahre waren literarisch stärker durch das Theater bestimmt als heute. Spielte das eine Rolle?

Eppler: Es spielte eine Rolle, aber keine bestimmende. Dadurch, daß ich Philologie studierte und mich sehr bald mit den Zeitgenossen Shakespeares beschäftigte, habe ich vielleicht manche moderne Produktion nicht mit der Unbefangenheit aufgenommen, die sie verdient gehabt hätte. Ich fand Shakespeare und seine Zeitgenossen faszinierend – sogar unter den modernsten Fragestellungen. Nicht nur Shakespeare, auch Kyd und Webster, Marlowe, Tourner und Chapman und wie sie alle heißen. Ich fand einen ganz glaubwürdigen Existentialismus im ausgehenden 16., beginnenden 17. Jahrhundert und fand von daher Sartre gar nicht so erregend.

Duve: Sie klingt sehr heil, diese Welt. In einer Zeit, wo die aus dem Krieg heimkommenden gleichaltrigen Lyriker meinten, man könne nach Auschwitz kein Gedicht mehr schreiben.

Eppler: Nein, heil war gar nichts mehr. Borchert hat natürlich bei mir sehr stark gewirkt, ich habe selber damals sogar ein oder zwei Schauspiele verfaßt, die in eine ähnliche Richtung gegangen sind. Ich weiß nicht, ob sie noch irgendwo aufzufinden sind.

Duve: Darauf wollte ich hinaus.

Eppler: Das war von 1945 bis etwa 1947, in der Zeit, als ich da in der Pappfabrik Pappdeckel geglättet und getrocknet habe und das Abitur noch einmal nachmachte. Ich mußte ja – nachdem ich beinah zwei Jahre lang Uniform getragen hatte – nun noch einmal auf die Schulbank zurück.

Duve: Gibt es später noch einen Autor, der Sie sehr ernsthaft beschäftigt hat?

Eppler: Einen Autor, der bei mir zu wirklichen Verwandlungen oder Brüchen geführt hat, hat es wohl nach Beginn der fünfziger Jahre – also nach Kierkegaard, nach Barth – nicht mehr gegeben. Am ehesten noch Marx, mit dem ich mich in den fünfziger Jahren stärker beschäftigte.

Die Mehrheit links vom Zentrum
Theoretischer und praktischer Liberalismus – Friedrich Naumann
Vortrag Freiburg 1963

Wenige Tage nachdem die britischen Liberalen im Frühjahr 1962 im Londoner Vorort Orpington eine Nachwahl zum Unterhaus gewonnen hatten, sprach ich mit einem der Führer dieser ehrwürdigen Partei. Zu meiner Überraschung brachte er seinen Sieg mit dem *realignment on the left* in Zusammenhang, jenem Begriff, den die Briten sonst für die in Italien anlaufende «Öffnung nach links» gebrauchten. Für den Engländer war seine Partei ganz selbstverständlich eine Linkspartei, und er begründete ihre Existenz nur noch damit, daß sich die Reformer bei der Labour Party noch nicht durchgesetzt hätten.

Wenige Monate darauf hörte ich in der Harvard University Arthur Schlesinger über das «liberale» Sozialprogramm Kennedys sprechen. Schlesinger definierte: Liberalismus bedeute Reformen im Interesse des Gemeinwohls, Eingriff des Staates zugunsten derjenigen, die im freien Spiel der Kräfte notwendig am kürzeren Hebelarm stünden. Ein paar Tage später erläuterte der Herausgeber der ultrarechten *National Review,* ein Freund Barry Goldwaters, sein Programm. Unaufhörlich zitierte er Adam Smith, verdammte jeden Eingriff des Staates in die Wirtschaft, also auch jene für europäische Begriffe primitiven Sozialgesetze, die Schlesinger begründet hatte. Sie, die Leute um Goldwater, hätten sich jahrelang die *real liberals,* die waschechten Liberalen genannt. Nun sei es ihnen zu dumm geworden, nun nennten sie sich Konservative. Auf meine Frage, was er dann von Schlesinger und Kennedy halte, war die Antwort eindeutig: das seien Leute, die man in Europa demokratische Sozialisten nennen würde.

Das Bild müßte noch verwirrender werden, wenn wir Italien oder Belgien einbezögen. Die liberalen Parteien dort rechnen sich zur politischen Rechten, sie sind in den meisten Sachfragen konservativer als die katholischen Kräfte. Und in Japan wissen die «Liberalen» sehr wohl, daß sie Konservative sind.

Die Frage, was Liberalismus sei, wird nicht einfacher, wenn wir nach Deutschland zurückkehren. Liberalismus in Bayern war immer etwas anderes als im Ruhrgebiet, in Schwaben etwas anderes als in Berlin. Liberalismus war 1848 überwiegend eine geistige Bewegung, 25 Jahre später waren handfeste Unternehmerinteressen wichtiger als geschliffene Reden über die Freiheit. Und seit 1866 gab es in Deutschland immer mindestens zwei, manchmal auch drei oder vier liberale Parteien. Gibt es überhaupt einen gemeinsamen Nenner für Uhland, Lasker, Virchow, Richter und Theodor Barth, für Heuss, Preusker, Blücher und Mende?

Golo Mann hat 1958 in seinem Aufsatz über Reinhold Niebuhr versucht, eine «liberale Grundstimmung» so zu beschreiben: «Die Unterordnung alles Menschlichen unter den Naturbegriff, mit dem Ziel der Einheitswissenschaft; der Glaube an die zuverlässige, nur bisher durch falsche Einrichtungen, durch Überbleibsel einer unwissenschaftlichen Vergangenheit erstickte Güte des Menschen; die Gleichsetzung von Rationalität oder Bewußtsein mit Freiheit und mit Güte; der Glaube an den Fortschritt, an die Geschichte, die ihren Sinn erkennbar in sich trägt und kein Problem hervorbringt, das sie nicht lösen kann; die, sei es offen zur Schau getragene, sei es durch allerlei vorläufige Konzessionen verdeckte Überzeugung, daß Religion nunmehr ein veraltetes, schädlich gewordenes Anliegen sei . . . (‹*Geschichte und Geschichten*›, S. 367).

Diese Formel mag passen auf Rudolf Virchow, auf Eduard Lasker und Eugen Richter. Sie läßt sich übrigens auch auf Karl Marx und August Bebel anwenden, aber Männer wie Gladstone oder Attlee haben darin keinen Platz, so wenig wie John Kennedy und – Friedrich Naumann. Warum?

Die Formel Golo Manns ist eine sehr deutsche Formel, eine weltanschauliche Definition des Liberalismus. So hat Deutschland und der europäische Kontinent den politischen Liberalismus erlebt, als Weltanschauung mit dem Rang einer Ersatzreligion, die alle Lebensbereiche umfaßte. Und das konnte auch nicht anders sein in einem Land, wo der Landesherr gleichzeitig Landesbischof war, wo jede liberale Forderung im politischen Bereich auf den Widerstand der Kirche, jeder Angriff gegen die Kirche auf die Polizeimacht des Staates traf. Aber eben dies gilt – aus sehr verschiedenen Gründen – so nicht für die großen angelsächsischen Demokratien. Sie haben Liberalismus als politisches Ordnungsprinzip erlebt, oft getragen von gläubigen Christen anglikanischer, freikirchlicher und katholischer Herkunft. John Kennedy glaubte weder an die Lösbarkeit aller Probleme noch an den Fortschritt als Selbstverständlichkeit und erst recht nicht an die Nutzlosigkeit christlichen Glaubens.

Dies gilt auch für den Mann, dessen Verhältnis zum Liberalismus wir heute näher untersuchen wollen. Auf Friedrich Naumann, erzogen in einem konservativ-lutherischen Pfarrhaus in Sachsen, den Theologen, der im Rauhen Haus in Hamburg tätige Nächstenliebe üben wollte, der sich als Seelsorger in der Textilarbeitergemeinde Langenberg mit seinen Arbeitern solidarisch fühlte, der als Vereinsgeistlicher der Inneren Mission in Frankfurt am Main Tag für Tag dem Elend begegnete, auf Friedrich Naumann paßt kein einziger Satz der Mannschen Formel. Es gibt keine politische Strömung; die den 1860 geborenen Naumann in den ersten 35 Jahren seines Lebens kälter gelassen hätte als dieser Liberalismus. Da wirkten eher konservative Theoretiker, Stahl vor allem; und schließlich war der junge Naumann fasziniert von der Gestalt Otto von Bismarcks, dem die Liberalen ihre erste große Niederlage und ihre erste Spaltung verdankten. Fasziniert war Naumann vom neugeschaffenen Nationalstaat, so sehr, daß Hans Kohn – und dies sicher zu Unrecht – ihn noch 1962 einfach einen Chauvinisten nennen konnte. Ich kenne nur eine wirklich chauvinistische Entgleisung Naumanns, die Rechtfertigung der «Hunnenrede» seines Kaisers, den er bis zum Jahr 1908 nicht durchschaute. Das Buch über Mitteleuropa ist kein chauvinistisches Buch, wenn man es vergleicht mit dem, was Männer wie Class, Hugenberg, Ludendorff oder auch Stresemann und Erzberger in diesen Jahren zu Papier gebracht haben.

Sicher ist, daß es Naumann um die deutsche Nation ging. Nur hat bei ihm dieses Wort einen anderen Klang als bei Männern wie Helfferich. Für ihn war, wie für die westlichen Nachbarn, Nation eine Willensgemeinschaft freier, mündiger Staatsbürger. Naumann hat die Nation nicht besungen, er hat sie gefordert, für ihn war sie eine Aufgabe in einem Volk, das schon unmittelbar nach der Reichsgründung aufgespalten wurde in «Nationalgesinnte» und «Reichsfeinde».

Schließlich war es der Sozialismus, in dessen Sog der junge Naumann lebte. Es ist hier nicht unsere Aufgabe, den christlich-sozialen Politiker darzustellen, sein Mühen um Karl Marx, seinen Versuch, vor allem in der ersten Hälfte der neunziger Jahre, vom Neuen Testament her die Gesellschaft zu verwandeln durch einen christlichen Sozialismus. Was immer man von diesem erregenden geistigen Abenteuer des jungen Naumann halten mag, er durchlief und durchlitt es in einem Geist, der jener liberalen Weltanschauung genau entgegengesetzt war. Man denke nur an die Worte, mit denen er Konservativen wie Liberalen zugleich den Kampf ansagte: «Solange es Menschengeschichte gibt, wird es Sünde und Elend geben: aber ebenso lange wird es christlich sein, die Finsternis hell zu machen, Sklavenketten zu brechen und Höhlen in Häuser zu verwandeln.»

Da ist kein Glaube an die Lösbarkeit aller Probleme, erst recht nicht an ein Laisser-faire als unfehlbaren Motor des Fortschritts.

Auch als der 36jährige Naumann sich eingestanden hatte, daß sein christlich-soziales Experiment ins Leere auslaufe, hatte dies keine Wendung zum Liberalismus zur Folge. Auf die selbstgestellte Frage: Warum nennt ihr euch jetzt nicht mehr «christlich-sozial»?, antwortete Naumann im ‹*National-sozialen Katechismus*› schlicht: «Weil wir das Christentum nicht zur politischen Parteisache machen wollen.» Er ersetzt das anspruchsvolle Wort «christlich» durch das profane Wort «national».

Vielleicht wäre Naumann nie zum Liberalismus gestoßen, wenn er nicht den waghalsigen Versuch gemacht hätte, seinen «national-sozialen Verein» als Partei zu etablieren. Wahlerfolge waren dieser Partei kaum beschieden, zumal nicht beim Wahlrecht des Kaiserreichs. Nach sieben Jahren, 1903, stellte Naumann nüchtern fest: es war kein politischer Raum zwischen den Sozialdemokraten und den linken Liberalen, jedenfalls kein Raum für eine neue Partei. Und da Naumann kein Sektierer war, betrieb er nun die Auflösung seiner Partei, die es nie über 2700 Mitglieder gebracht hatte, die aber in der deutschen Innenpolitik tiefere Spuren hinterließ als mancher größere Zusammenschluß.

Mit 43 Jahren stand Naumann vor der Frage, ob er auf unmittelbare politische Wirksamkeit verzichten oder sich und seine Freunde in eine größere Partei einfügen solle. In Frage kamen nur zwei: die Sozialdemokraten und die linken Liberalen.

Naumann hatte den Sozialdemokraten seiner Zeit allerhand vorzuhalten. Er war Monarchist – und 1903 auch noch ein Anhänger Wilhelms II. –, die Sozialisten waren weder das eine noch das andere. Naumann war Theologe, bei den Sozialdemokraten dominierten die Männer, die in der Kirche ein besonders schändliches Mittel zur Unterdrückung des Arbeiters sahen (und von manchem wackeren Kirchenmann die Argumente dafür geliefert bekamen). Naumann ging es um soziale Reformen, den Sozialdemokraten auch, aber wichtiger war ihnen jenes Fernziel, das Naumann als den «wirtschaftlichen Utopismus der älteren sozialdemokratischen Schule» bezeichnete. Naumann kritisierte selten die praktischen Nahziele der Sozialdemokratie; was er ihr übelnahm, war auch nicht, daß sie nach Macht strebte, sondern daß sie es unterließ, hier und heute die politische Kraft der Arbeiterschaft praktisch wirksam zu machen; daß sie sich durch ein fernes Wunschbild davon abhalten ließ, hier und jetzt nach der Macht zu streben, die ihr zustand.

Trotzdem hat Naumann ernstlich überlegt, ob für ihn Platz sei in der großen Massenpartei der deutschen Linken. Wenn er schließlich – im Gegensatz zu einigen seiner Freunde – nicht zur Sozialdemokratie fand, dann dürfte wohl die Überlegung entscheidend gewesen sein, daß eine so straff organisierte Partei wie die August Bebels einem so ausgeprägten Politiker eigenen Profils nicht genügend Bewegungsspielraum bieten konnte.

Naumanns Vorbehalte gegen den Liberalismus waren nicht geringer. Er wußte, daß die große Zeit des Liberalismus in Deutschland bereits vorbei war. Er wußte, daß Bismarck das Rückgrat des Liberalismus gebrochen hatte. 1908 schrieb Naumann einen Aufsatz in der *Neuen Rundschau* über die «Leidensgeschichte des deutschen Liberalismus». Er ging der Frage nach, warum die liberalen Parteien vom Beginn der achtziger Jahre an immer mehr an Boden verloren hatten, nachdem sie bis 1878 immerhin in der Gesetzgebung des neuen Reiches bestimmend gewesen waren. Naumann spricht von drei Sündenfällen, die alle drei auf Grundschwächen des Liberalismus zurückzuführen waren: die Haltung im Kulturkampf, die Zustimmung zu Bismarcks Schutzzollgesetzen und schließlich ihre Billigung der Sozialistengesetze.

Man kann Naumann sicher keine besondere Vorliebe für die katholische Kirche nachsagen. Um so auffälliger ist es, wie hart er – schon 1903 in München und dann später wieder 1910 in der Berliner Philharmonie – die liberale Mitwirkung an den Kulturkampfgesetzen tadelt. Wo Liberalismus als politisches Prinzip verstanden wird, muß er nicht nur die Freiheit des einzelnen gegenüber allen Autoritäten, sondern auch die Freiheit der einzelnen Gruppen gegenüber dem Staat wahren. In Berlin hat Naumann das so formuliert:

«Der Liberalismus trat ein für das Recht des Einzelmenschen gegenüber der Kirche, er trat aber nicht ein für das Recht der Kirche als einer Gemeinschaft oder Körperschaft im Staat gegenüber dem Staat.»

Weil die deutschen Liberalen sich als Träger einer Weltanschauung verstanden, war ihnen jeder Bundesgenosse recht, der sich gegen die katholische «Weltanschauung» wandte:

«Der Kulturkampf war keineswegs bloß als Kampf zwischen Kaisermacht und Papstmacht geführt worden, sondern ebensosehr oder noch mehr als Anschauungskampf zwischen Aufklärung und Dogma . . . Damals sind zahllose alte Liberale klerikal oder konservativ geworden, nur um des Glaubens willen», schreibt Naumann in seinem Aufsatz über die Leidensgeschichte des deutschen Liberalismus.

So verrieten die Liberalen um der Ideologie willen ihr Ordnungsprinzip, das keine Sondergesetze gegen irgendeine Gruppe gestattet hätte. Wer im politischen Raum meint missionieren zu müssen, sei es für oder gegen eine Kirche, kann nie liberal sein in dem Sinne, den Naumann – genau wie die Angelsachsen – dem Wort Liberalismus gibt. Das war für Deutschland ein ungewohnter Gedankengang, und es hat ein halbes Jahrhundert gedauert, bis er von einigen verstanden wurde, und die wirkten nicht in einer «liberalen» Partei. Für Naumann ging es um die freie Kirche im freien Staat.

Eine andere Schwäche zeigt die Zustimmung von Nationalliberalen zu den Schutzzollgesetzen. In den siebziger Jahren war die Nationalliberale Partei zur Vertreterin industrieller, vor allem schwerindustrieller Interessen geworden. Als Bismarck 1878 zum Schutze der ostelbischen Landwirtschaft und der rheinischen Schwerindustrie – aber auch, um dem Reich eigene Einnahmen zu schaffen – auf Schutzzölle drängte, mußten die Liberalen sich entscheiden, ob sie an ihrem Grundsatz des Freihandels festhalten wollten. Die Mehrheit der Nationalliberalen tat es nicht.

Naumann kommentiert trocken: «Man wirft lieber die Prinzipien ins Wasser als die Gewinne.» Nicht nur weltanschauliche Verkrampfung, auch massive Interessen waren stärker als das liberale Ordnungsprinzip.

Der entscheidende Sündenfall war für Naumann die Zustimmung von Liberalen zu den Sozialistengesetzen:

«Man kann auch heute noch, nach dreißig Jahren [1908] nicht ohne schwere Erschütterung des Gemüts dieser Vorgänge sich erinnern. Was hat damals der deutsche Staatsbürger aushalten müssen: Wo es Freiheitssinn gab, wurde er als staatsschädlich verdächtigt. Alles, was matt und lau im Liberalismus war, verkroch sich unter den Schutz der staatserhaltenden Parteien. Und es war vieles matt und lau, denn der bürgerliche Liberalismus fürchtete sich vor den Arbeiterbataillonen, und der theoretische Liberalismus begriff nicht, daß die Freiheit der Unterschicht auf andere Weise gesichert werden muß als die Freiheit der Bourgeoisie. Der Liberalismus war eng und klein geworden, eine Klasse innerhalb des Volkes vertretend, keine Armee der Freiheit für alle Bürger . . .» (*‹Freiheitskämpfe›*, S. 41).

Liberalismus als Ideologie einer Klassenpartei, das war nach Naumann das Ergebnis der siebziger Jahre des letzten Jahrhunderts. Was Reinhold Maier später mit den Worten «klein, aber fein» sagen wollte, war nur der Versuch, der Naumannschen Diagnose «eng und klein» eine positive Seite abzugewinnen.

Friedrich Naumann war also frei von Illusionen, als er 1903 in die Freisinnige Vereinigung, eine von drei linksliberalen Gruppen eintrat. Er stand vor einer schwierigen Aufgabe. Er wollte sich einfügen in eine neue Gemeinschaft, gleichzeitig aber seinem eigenen Ansatz treu bleiben. Er wollte in der neuen Gruppe für seine Gedanken werben, aber er konnte es nur in der Sprache, die diese liberale Gruppe verstand. Alles, was ihm politisch vorschwebte, blieb unerreichbar, solange sich Sozialdemokratie und «bürgerlicher» Liberalismus unversöhnlich bekämpften. Also arbeitete er an der Aussöhnung all der Kräfte, die er unter dem Oberbegriff Liberalismus zusammenfaßte, jener deutschen Linken, die «von Bebel bis Bassermann», also von den Sozialdemokraten bis zu den Nationalliberalen, reichen sollte. Es ging um die «Mehrheit links vom Zentrum», und so interessierte es ihn wenig, ob die Liberalen irgendwo den Sozialdemokraten einen Wahlkreis abjagen konnten oder umgekehrt. In seinem zweiten Berliner Vortrag über die politischen Parteien im Jahre 1910 formulierte Naumann dies so:

«Wenn wir die Nationalliberalen einmal außer Spiel lassen wollen und nicht mit ansetzen, so haben wir einfach die Erscheinung, daß von 1893 bis 1906 durch eine Menge von Wahlkämpfen mit einer Fülle gegenseitiger Bitterkeit nur das eine erreicht worden ist, daß es im Anfang 76

Linksliberale und 35 Sozialdemokraten gab und am Schluß 36 Linksliberale und 81 Sozialdemokraten. Sie sehen, es ist eine sehr große Umschiebung für diejenigen, die die politische Entwicklung nur vom Standpunkt ihrer Parteigruppe ansehen ... Vom Standpunkt des Zentrums aus ist diese Verschiebung innerhalb der Linken ziemlich gleichgültig, denn vom Standpunkt des Zentrums aus interessiert schließlich nur die Gesamtziffer, was links an Abgeordneten aufgebracht wird, weil die ausschlaggebende Stellung des Zentrums an dem Tag zu Ende ist, wo sich links von ihm eine Mehrheit bildet. Wie die 150, die nicht ausreichen, eine Mehrheit zu schaffen, sich untereinander ihre Plätze verteilen wollen, das erscheint dem, der die Sache von außen her ansieht, als eine innere Familienangelegenheit der linken Seite unter sich» (‹*Die politischen Parteien*›, S. 45).

Kurz, es geht Naumann nicht um seine kleine liberale Partei, es geht ihm um die Mehrheit links vom Zentrum, die nur durch Zusammenwirken der «bürgerlichen» mit der sozialdemokratischen Linken erreicht werden konnte. Seine Aufgabe ist die des Dolmetschers zwischen den Parteien der Linken. Die ziemlich lose Organisation der Freisinnigen Vereinigung bietet ihm dazu den nötigen Bewegungsraum. Er beherrscht die Sprache des bürgerlichen Liberalismus, und in dieser Sprache sagt er den Liberalen, was die Sozialdemokraten mit Recht an ihnen auszusetzen haben. Er beherrscht die Terminologie der Sozialisten, denen er klarzumachen versucht, wo liberale Kritik an ihnen nicht einfach Ausdruck des Klassenkampfes sei.

Vor allem aber – und hier wird unsere historische Betrachtung hochaktuell – sucht Naumann nach einer politischen Formel für seine Mehrheit links vom Zentrum, einer Formel, die für die ganze Linke wenn nicht akzeptabel, so doch verständlich sein sollte. Ich will diese Formel, die ich schon einmal an Hand des Buches über die ‹*Neudeutsche Wirtschaftspolitik*› (1906) in den Griff zu bekommen versuchte, an Hand von drei kleineren Schriften darzustellen: an dem Aufsatz ‹*Liberalismus als Prinzip*› (1904), den schon zitierten Vorträgen über die politischen Parteien (1910) und vor allem an dem Aufsatz über ‹*Das Ideal der Freiheit*› (1908).

Hatte Naumann in seinem Buch ‹*Neudeutsche Wirtschaftspolitik*› unterschieden zwischen «älterem» und «neuerem» Liberalismus, so gebraucht er in ‹*Ideal der Freiheit*› in demselben Sinn die Begriffe «theoretischer» und «praktischer» Liberalismus. Gelegentlich findet sich für den älteren oder theoretischen Liberalismus auch die Bezeichnung «formal». Was meint Naumann damit?

«Der theoretische Liberalismus geht von der Forderung allgemeiner Rechtsgleichheit aller Staatsgenossen aus. Wo sie mangelt, setzt er mit seiner fordernden Kritik ein» (‹*Ideal der Freiheit*›, S. 17).

Das ist der Liberalismus, der den absolutistischen Herrschern ein Stück bürgerlicher Freiheit nach dem anderen abrang, Grundrechte erkämpfte, rechtliche Privilegien beseitigte und aus Untertanen Staatsbürger zu machen versuchte. In der Wirtschaft trat er ein für den freien Arbeitsvertrag, für die – formal-theoretisch – gleiche Chance eines jeden.

Naumann will diesem älteren Liberalismus seine Verdienste nicht streitig machen. Aber er reicht nicht aus:

«Es erklärte der alte Liberalismus: Ihr seid alle frei, denn ihr habt Freihandel mit allem, was euch gehört, auch mit eurer Arbeitskraft! Infolgedessen kann nun der Arbeiter seine Arbeitskraft so gut verkaufen, wie er will, und wenn ihm der Preis nicht paßt, dann verkauft er sie eben nicht. Wenn er in Arbeitsstätten arbeiten soll, die ihm zu dunkel und zu eng sind, so wird er das eben nicht tun, denn er ist ein freier Mann! Ja! Wir wissen aber inzwischen – damals sah man es noch nicht ganz –, daß nur der frei sein kann, der weiß, wovon er die nächsten vier Wochen lebt. Wer das nicht weiß, dem nützt die schönste Theorie darüber, daß man sich frei verkaufen könne, zunächst nichts» (‹*Die politischen Parteien*›, S. 92f).

Das alles sagt nichts gegen den «theoretischen» Liberalismus, es ist gemeint als Warnung an die vielen Liberalen, die dabei stehenblieben:

«Der formale Liberalismus ist ein Schritt zur Freiheit, aber nicht die Freiheit selber. Die formale Liberalisierung ist nicht das Ende aller Probleme, denn auch im liberalen Staate gibt es große Unfreiheiten» (‹*Ideal der Freiheit*›, S. 22f).

Und jetzt, im ersten Jahrzehnt des 20. Jahrhunderts, entsprach dieser theoretische Liberalismus nicht mehr den Aufgaben, die eine rasch wachsende Industriegesellschaft stellte:

«Der Einzelunternehmer, der der Mustermensch des wirtschaftlichen Liberalismus gewesen war, versank teilweise in Riesenbetrieben, Betriebsverbänden, Kartellen, Syndikaten und dergleichen. Die Parole ‹sei deines Glückes Schmied› verhallte im Gehämmer von Krupp und Stumm, und es zeigte sich, daß das Freiheitsideal des wirtschaftlichen Liberalismus im Grunde ein kleinbürgerliches Ideal gewesen war» (‹*Ideal der Freiheit*›, S. 26).

Man muß Naumann bewundern für die geschickte Art, mit der er seine Kritik an der politischen Praxis der liberalen Parteien vorträgt als kritische Erörterung einer Theorie. Und es ist ein pädagogisches Meisterstück, wie er nun seine Alternative – ebenfalls Liberalismus, «praktischer Liberalismus» genannt – seinen Parteifreunden in ihrer Sprache anzubieten weiß:

«Der praktische Liberalismus aber sieht, daß die Gerichte den Lärm des Studenten anders ansehen als den Lärm des Brauereigehilfen, daß die Vereine der Arbeiter anders beaufsichtigt werden als die Vereine der

Unternehmer, daß die Adligen rascher in höhere Beamtenstellen einrükken als andere Leute, daß die Reichen im Landtag besser vertreten sind als die Armen, daß die Hausbesitzer im Stadtrat mehr bedeuten als die Mieter usw. Aus solchen Kontrasten entsteht die allgemeine Stimmung des praktischen Liberalismus. Sind die Kontraste sehr groß, so schwillt sie an. Groß aber sind sie am meisten in der Tiefe, dort, wo alle einzelnen Benachteiligungen zusammenkommen, wo die Menschen nicht adelig sind, nicht privilegiert, nicht besitzend, wo sie eben einfach nichts sind als Menschen. Diese Menschen ohne Bevorzugung verlangen ‹Freiheit›, das heißt gleiches Recht. Hat man ihnen aber gleiches Recht gegeben, dann werden sie sagen, daß das eine magere Hilfe sei, denn von bloßen Rechten könne man nicht leben» (‹*Ideal der Freiheit*›, S. 19f).

Dem «praktischen Liberalismus» geht es also schlicht um die gleiche Chance, um soziale Sicherheit als Basis menschlicher Bewegungsfreiheit. Praktischer Liberalismus muß da Freiheit schaffen, wo Menschen leben und arbeiten, nicht nur in den – formalen – Bezügen der staatlichen Ordnung. Naumann will den Wirtschaftsbürger an die Stelle des Wirtschaftsuntertanen setzen:

«Das Zeitalter des kapitalistischen Maschinenbetriebs schafft vor unseren Augen neue Herrschaftskörper, die an Gefahren für die Einzelperson nicht ärmer sind, als es der Betrieb des Staates in seiner absolutistischen Periode gewesen ist. Ein Fürst der alten Zeit, den die Liberalen einen Despoten nannten, hatte über seine Untertanen keine größere Macht, als sie heute der Kopf eines starken Syndikats oder der Leiter eines industriellen Riesenunternehmens hat. Die Zahl der abhängigen Menschen wächst. Abhängigkeit ist das alte Problem des Liberalismus. Die neue Frage für den Liberalismus ergibt sich aus dem Gesagten: Sie lautet: soll er seine alte Doppelmethode auf alle Formen des Großbetriebes ausdehnen oder gilt sie nur für den Staat?» (‹*Freiheitskämpfe*›, S. 51).

Man muß schon ein sehr naiver Zuhörer – oder Leser – sein, um nicht zu spüren, daß diese Kritik am «theoretischen» Liberalismus, die Naumann im Namen seines neueren, praktischen Liberalismus vortrug, erstaunliche Ähnlichkeit hatte mit dem, was seit Lassalle die Sozialdemokraten an den liberalen Parteien auszusetzen hatten. Und da Naumann seine Hörer lenken, aber nicht hinters Licht führen will, fährt er fort:

«Der Sozialismus als Theorie besteht wesentlich in extremer Anwendung der altliberalen Formeln auf jede Art von Großbetrieb.»

Kurz, was Naumann bisher als «praktischen Liberalismus» anbot, nennt er jetzt schlicht Sozialismus. Sicher hatte Naumann schon in seiner christlich-sozialen Periode diesen Begriff etwas anders gebraucht als seine sozialdemokratischen Rivalen, aber über die folgende Formel konnte man schon damals mit manchen Sozialdemokraten reden:

«Der Sozialismus ist die denkbar weiteste Ausdehnung der liberalen Methode auf alle modernen Herrschafts- und Abhängigskeitsverhältnisse» (‹*Freiheitskämpfe*›, S. 52).

Das ist die Formel für einen «praktischen Liberalismus» und gleichzeitig für einen undogmatischen Sozialismus. Vor allem ist es die Formel für jene Mehrheit links vom Zentrum, für die Naumann kämpfte. Zu seinen liberalen Freunden gewandt, sagte Naumann: Ihr seid auf dem richtigen Weg, ihr braucht nicht umzulernen! Ihr braucht nur euer eigenes politisches Ordnungsprinzip ernst zu nehmen und zu Ende zu denken, ohne Rücksicht auf Klasseninteressen. Freiheit soll sein, aber eben überall und für alle. So empfiehlt Naumann seinen Parteifreunden, «bis zur untersten Tiefe der eigenen Prinzipien» hinabzusteigen und von dort aus «ein rechtes Verhältnis zum Liberalismus der Masse, der Sozialdemokratie», zu finden.

An die Sozialisten gewandt, kann Naumann sagen: Auch ihr seid auf dem richtigen Weg; ihr habt vieles begriffen, was meine Parteifreunde noch nicht einsehen wollen. Aber nun begreift auch, daß all euer Streben nicht ganz so neu ist, wie ihr glaubt, daß ihr Teil einer Freiheitsbewegung seid, der jüngere, der stärkere, der gesündere meinethalben, aber eben nur ein Teil.

Insofern es Naumann darum ging, die Front von Bebel bis Bassermann, die Mehrheit links vom Zentrum zu schaffen, ist er gescheitert. Es gelang ihm nicht, die Kräfte der ersten und zweiten liberalen Welle zusammenzufassen. Das lag an den Liberalen, die sich an ihren «theoretischen» Liberalismus festklammerten, fortfuhren, handfeste Wirtschaftsinteressen mit liberaler Ideologie abzusichern und dabei immer konservativer wurden. Aber auch die Mehrheit der Bebelschen Sozialdemokratie war nicht bereit, ihre Hoffnung auf eine völlig andere Gesellschaft, einen neuen, besseren Menschen der Naumannschen Formel zu opfern. Wer das Heraufkommen einer neuen Welt zu verkünden hat, ist Kompromissen abgeneigt.

Und doch hatte gerade Naumann Verständnis für jenen utopischen Zug des Sozialismus, der seiner Mehrheit links vom Zentrum ebenso im Wege stand wie die enge Interessenpolitik der Liberalen.

In einem der bewegendsten Aufsätze, die er hinterließ, hat Naumann über das Verhältnis von Utopie und Politik nachgedacht, wobei er – man mag ihn der terminologischen Unschärfe zeihen – die Begriffe Illusion und Utopie gelegentlich synonym gebraucht. (‹*Die Illusion in der Politik*›, 1904.) Darin vergleicht Naumann die politischen Utopien mit Wolken:

«Ganz falsch ist es zu sagen, daß Wolken nichts sind. Sie sind nur nicht, was sie in ihrer stolzen Pracht zu sein scheinen. Der Regen, der von ihnen kommt, beweist, was und wieviel sie sind. Sie sind keine ganz neue

Welt, sondern nur eine Befruchtung der alten, aufgestiegen aus den alten Bergen und Tälern, die dann wieder nach ihnen dürsten. Ohne sie wird das Land zur Wüste, vertrocknet, schattenlos und tot» (‹*Freiheitskämpfe*›, S. 242).

Das Land Utopia wird kein Mensch erreichen. Aber indem ganze Schichten immer wieder nach Utopia hin aufbrechen, hindern sie die Menschheit daran, satt, starr, verstockt, unmenschlich zu werden. Das gilt auch für die sozialistische Utopie:

«Wir sind uns also einig, daß die Sozialdemokratie voll von Illusionen ist. Daraus folgert nun der gebildete Unverstand, daß sie nichts ist. Die Wolke ist nichts! Graf Bülow schlägt den Zukunftsstaat tot, und seine Rede wird so eifrig verbreitet, daß die Flüsse voll weißen Papiers sind. Es hilft aber nichts, denn nicht so steht es, daß die Illusion aus sich heraus die Arbeiterbewegung geschaffen hat, sondern die Arbeiterbewegung entstand, und aus ihr wuchs die Illusion. Illusionen sind . . . soviel wert wie die Schichten, von denen sie getragen werden. Die Schicht aber, die diese Illusion trägt, wird durch Bülows nette Rede nicht um einen Mann verringert. Die Massenverbreitung dieser Rede ist darum eine Illusion im kleinen und gewöhnlichen Sinne des Wortes. Die große Illusion aber will ihren Gang gehen, das heißt, sie will langsam verblassen, indem sie Wirkungen schafft. Kein Bebel wird sie ewig frisch erhalten, und kein Bülow wird sie von heute auf morgen nach Sibirien blasen» (‹*Freiheitskämpfe*›, S. 247 f).

Daß die sozialistische Utopie in Deutschland verblaßte, indem sie Wirkungen schuf, mag heute ein Gemeinplatz sein. Im Jahre 1904 gehörte zu dieser Prognose nicht nur einiger Spürsinn, sondern auch eine innere Freiheit gegenüber der sozialistischen wie der antisozialistischen Propaganda, die wenigen eigen war. Geradezu prophetisch sind allerdings die folgenden Sätze:

«Als einst Israel durch die Wüste zog, da ging, wie die Bibel erzählt, tags eine Wolkensäule und nachts eine Feuersäule vor dem Volke her. So wandert die Illusion vor dem neuen Volke des Industriezeitalters. Wenn der Kampf um den Jordan wirklich beginnt, verschwindet die Säule» (a. a. O., S. 248).

Es wäre sicher geschmacklos, eine Gestalt wie Friedrich Naumann nachträglich für eine Partei in Beschlag zu nehmen, der er nicht angehörte, weil er ihr nicht angehören wollte. Trotzdem ist es heute wohl erlaubt, den historischen Vorgang, den Naumann als das Verschwinden der Säule und den Beginn des Kampfes um den Jordan beschreibt, mit dem Godesberger Programm von 1959 in Verbindung zu bringen. Es ist oft gefragt worden, ob dieses Programm Taktik, Täuschung sei. Wer Naumann verstanden hat, wird so nicht mehr fragen. Solange die Sozialdemokraten nach Utopia suchten, war der Kampf um die Macht Nebensache. Das Verblassen der Utopie und der Beginn des konsequenten – und keineswegs erfolglosen – Kampfes um die Macht sind zwei Seiten eines und desselben historischen Vorgangs. Man kann daher den Satz Naumanns auch getrost umkehren: Wenn die Säule verschwindet, beginnt der Kampf um den Jordan. Beides ist gleichzeitig geschehen, und zwar am Ende der fünfziger Jahre, mehr als ein halbes Jahrhundert nach dem Aufsatz Naumanns. Das Verschwinden der Säule erlebten die Sozialdemokraten in Godesberg. Der Beginn des Kampfes um den Jordan wird mit dem Namen Wehner verbunden bleiben.

Wer das politische Programm, das sich die Sozialdemokraten in Godesberg nach dem Verschwinden der Säule gegeben haben, mit den Augen des Naumann-Kenners liest, wird immer wieder darüber staunen, wie sehr dieses Programm auf weite Strecken genau der Formel des praktischen Liberalismus (gleich Sozialismus) folgt, auf die Naumann seine Mehrheit links vom Zentrum gründen wollte. Nicht weil die Verfasser dieses Programms von Naumann abgeschrieben hätten, sondern weil diese Formel geschichtlich reif, weil sie fällig war, als die Volkspartei der Linken – diesmal alleine – daran ging, eine breite Plattform für eine Mehrheit links vom Zentrum zu suchen.

Daß sie dies tun mußte ohne und gegen diejenigen, die auch heute noch im theoretischen Liberalismus befangen sind, mag bedauerlich sein, überraschend ist es nicht. Denn wo immer heute politische Trennungslinien in einer modernen Industriegesellschaft gezogen werden, sie verlaufen meist entlang der Linie, die Naumann zwischen dem «theoretischen» und dem «praktischen» Liberalismus gezogen hat. Wer darauf beharrt, daß der Staat nicht in die Wirtschaft eingreife, wer die Alternative Naumanns: «Entweder der Staat demokratisiert die Industrie, oder er beugt sich vor der industriellen Aristokratie» ignoriert, wer aus altliberalem Denken heraus Sozialpolitik für eine Gefährdung der Freiheit hält, wird notwendig konservativ werden, so konservativ wie Barry Goldwater, der verzweifelt seinen Adam Smith gegen die *liberals* im Weißen Haus ins Feld führt. Denn Laisser-faire bedeutet – auch in seiner abgewandelten Form – heute nichts anderes als Konservierung von Machtpositionen und Privilegien, auch wenn es vor zweihundert Jahren genau das Gegenteil bedeutet haben mag. Daher wird heute die Trennungslinie zwischen den beiden Formen des Liberalismus auch immer mehr zur Scheidelinie zwischen konservativ und progressiv, in den Vereinigten Staaten, in England, in Italien, vor allem aber in dem Lande, dem die Sorge Friedrich Naumanns galt. Wo immer aber zwei große Parteien sich diesseits und jenseits dieser Linie formieren, wird die Mehrheit links vom Zentrum möglich.

III. Schwabe mit Eigenschaften

Duve: Der Jugendliche fragt: Wer bin ich, und man fragt sich ja auch, wieso habe ich eigentlich bestimmte gefestigte, verfestigte charakterliche Eigenschaften? Jemand, der zurücktritt, hat bestimmte ethische Bedingungen, unter denen er etwas tut, aber er hat gewiß auch bestimmte Formationen, daß er zum Beispiel das dann auch wirkliche tut, was ihm sein kategorischer Imperativ sagt: etwa Toleranz, Besserwisserei, Lernfähigkeit oder Selbstgerechtigkeit, positive und negative Begriffe, die nicht unbedingt zusammengehören. Gibt es Erinnerungen, wo man Ihnen gesagt hat: so etwas tut man nicht, und Sie daraus gelernt haben oder bockig wurden oder nicht bockig wurden? Wo sind die Elemente, die das geformt haben, was heute Ihren Charakter ausmacht?

Eppler: Sie überfordern mich. Ich kann mich nicht selbst analysieren. Vielleicht hat eine Stadtratskollegin in Schwenningen etwas Richtiges getroffen, als sie meinte, ich sei eine Mischung aus einem schwäbischen Prälaten und einem schwäbischen Bauern. Dabei kannte sie meinen Stammbaum gar nicht: Die Tradition eines liberalen Pfarrhauses und einer Familie bettelarmer Albbauern. Mein Elternhaus war für die Verhältnisse der zwanziger und dreißiger Jahre erstaunlich frei. Da wurde viel gespielt, gesungen, musiziert, gespottet und gelacht, gestritten und gerauft. Im Grunde wurde ich mehr von meinen Geschwistern – wir waren sieben – als von meinen Eltern erzogen. Der Vater, Schulleiter, war ein so gewissenhafter Mann, daß er selten vor neun Uhr abends «vom Amt» kam, und meine Mutter sah es wohl nicht ungern, daß die Kinder sich aneinander abschliffen. Dabei gab es Grundregeln, die so selbstverständlich waren, daß man darüber nicht sprach. Vor allem mußten wir früh lernen, ein Mindestmaß an Rücksicht aufeinander zu nehmen, denn sonst ging es nicht. Vielleicht könnte man heute sagen, wir seien in einer gwissen Polarität aufgewachsen, und zwar zwischen einem kargen, sparsamen, schwerfälligen und sehr gewissenhaften Lebensstil beim Vater und einem eher lebenslustigen, weltoffenen und kulturell empfänglichen Lebensstil der Mutter. Das hat sich auf alle Kinder, also auch auf mich, ausgewirkt.

Duve: Waren Sie brav, als Sie in die Pubertät kamen? Hatten Sie da das Gefühl, Sie müßten raus aus dem Laden?

Eppler: Wir waren als Kinder alles andere als brav. Wir waren eine ungeheuer lebendige und wohl auch freche Gesellschaft. Meine Eltern hatten nie Angst wegen der Noten in Deutsch oder Mathematik, wohl aber wegen der Betragensnoten.

Duve: Aber ohne, daß der einzelne bedroht gewesen wäre, auszubrechen.

Eppler: Als ich in die Pubertät kam, war mein Vater schon tot. Er ist im April 1941 an Lungenentzündung gestorben. Mein ältester, 1944 gefallener Bruder war bereits beim Heer. Ich bin da, ohne es zu wollen, in eine Verantwortung hineingewachsen, bei der man nicht ans Ausbrechen dachte, sondern nur daran, wie man sich zusammen mit der Mutter und den drei kleineren Schwestern durchschlug.

Duve: Wie alt waren Sie, als Ihr Vater starb?

Eppler: Ich war vierzehn Jahre und gerade konfirmiert worden. Wobei es übrigens für meinen Vater ganz typisch war, daß er mich anderthalb Jahre vor der Konfirmation beiseite nahm und sagte: «Hör mal, willst du dich eigentlich konfirmieren lassen?» Ich sagte: «Warum fragst du danach?» Darauf antwortete er, er sei ja im theologischen Seminar gewesen und habe jeden Tag eine Religionsstunde gehabt mit dem Ergebnis, daß er das Seminar als Nichtchrist verlassen habe. «Wenn du willst», sagte er, «daß du konfirmiert wirst, werde ich dir nicht im Wege stehen, aber überleg dir das.» Ich habe dann geantwortet: «Ich will», und damit war der Fall erledigt. Immerhin im Jahre 1941, wo das alles nicht selbstverständlich war. Ich war damals alles andere als ein überzeugter Christ, und wenn es nicht Mode gewesen wäre, sich nicht konfirmieren zu lassen, weiß ich nicht, ob meine Antwort so klar ausgefallen wäre. Es gab da eine nonkonformistische Unterströmung in unserer Familie, die am überzeugendsten bei meiner ältesten Schwester durchbrach. Sie wurde erst als «hetzerisches Subjekt» aus dem BDM entfernt und stand dann wenige Jahre später vor einem amerikanischen Militärgericht, weil sie deutsche Landser mit gefälschten Entlassungspapieren aus dem Heilbronner Gefangenenlager herausgeholt hatte.

Duve: Sie haben an Ihre jüngeren Geschwister die Erziehung weitergegeben?

Eppler: Meine Leistungen auf diesem Gebiet waren wohl sehr begrenzt. Allerdings habe ich mich sehr um meine jüngste Schwester gekümmert, die noch keine drei Jahre alt war, als der Vater starb. Aber insgesamt habe ich wohl nicht besonders hilfreich auf meine jüngeren Geschwister gewirkt.

Duve: Jedenfalls ist zwischen dem Erzogenwerden und dem Erziehen als Rolle kaum ein zeitlicher Unterschied. Es fließt fast ineinander über.

Eppler: Ja, heute werde ich von meinen Kindern erzogen, und nicht ohne Wirkung. Ich warte auf den Zeitpunkt, wo diese Aufgabe meinen Enkeln zufällt.

Duve: Gibt es irgendeinen Charakterzug, von dem Sie wissen, daß Sie mit ihm leben müssen, ohne daß Sie davon überzeugt sind, ihn auch zu haben. Sondern einfach deswegen, weil irgendwas schon als Kind, als Jugendlicher und jetzt eigentlich immer noch von Ihnen gesagt wird?

Eppler: Nein, die Klischees, die in den letzten zehn Jahren von mir gemacht wurden, widersprechen allem, was man mir in meiner Kindheit vorwarf: daß ich an keinem Fußball vorbeikam, ohne ihm stundenlang nachzurennen, daß ich gelegentlich überdreht gewirkt hätte. Nur zwei Dinge sind wohl geblieben: Als Bub wollte ich Gärtner werden und habe den größeren Teil unseres Gartens besorgt, und manchmal soll ich mich in irgendeinen Winkel zurückgezogen haben zum Nachdenken und Grübeln.

Duve: Ich meine nicht die vielen Klischees des politischen Journalismus, sondern wie Sie als Junge waren. Waren Sie schüchtern?

Eppler: Seltsam – ich war als kleiner Bub zum Beispiel in der Schule schrecklich frech und gemein zu einigen Lehrern. Ziemlich genau bis zum Tod meines Vaters, und alle sagen, daß ich mich dann sehr stark gewandelt hätte, daß ich dann plötzlich in der Schule zu arbeiten begonnen hätte, daß ich für die Lehrer leichter zu haben gewesen und insgesamt sehr viel ernster geworden sei. Ob das nur der Tod des Vaters oder auch der Krieg oder die Pubertät bewirkt haben, weiß ich nicht.

Duve: Waren Sie ein Streber in der Schule?

Eppler: Nein, auch später nicht, zumal ich häufig nur das getan habe, was mir Spaß machte. Nachdem ich mit sechzehneinhalb Jahren zur Flak gekommen war, zwei Jahre nach dem Tod meines Vaters, habe ich mich fast nur noch mit Geschichte und Englisch beschäftigt. Als ich dann 1945/46 das Abitur nachmachen mußte, habe ich nebenher Spanisch gelernt. Als kleiner Bub, vor allem vom achten Lebensjahr ab, habe ich vor allem Fußball gespielt, bis ich O-Beine hatte.

Duve: Haben Sie im Verein gespielt?

Eppler: Nein, in der Klasse und dann nachher mit Kameraden oder im Jungvolk, aber ich schätze, daß ich in der Woche so meine zehn bis fünfzehn Stunden auf dem Sportplatz herumgerast bin.

Duve: Sie waren also überhaupt nicht der Junge, der viel las, etwas bläßlich war und eigentlich mit den groben Jungs, die sich auch später dann in die Männerzotensprache flüchteten, so mit dreizehn, vierzehn Jahren, was Jungs denn so tun, denn gar nicht mitkonnte.

Eppler: Ja und nein. Ich war zwar immer ein guter Sportler, nicht nur ein guter Fußballer, sondern auch ein guter Leichtathlet. Gleichzeitig habe ich von frühester Kindheit an, seit einer schweren Gehirnerschütterung mit dreieinhalb Jahren, an Kopfschmerzen gelitten. Ich war in Ulm einem Reichswehrsoldaten ins Fahrrad gelaufen. Der Mensch war völlig unschuldig, aber er hat mein Leben mehr bestimmt als er wußte. Es war übrigens ein jüdischer Arzt, der mich dann ungeheuer aufopfernd Tag und Nacht behandelte – wobei ich jetzt nicht darüber philosophieren will, wie dieses frühe Erlebnis, nämlich das Überfahrenwerden durch einen Uniformierten und das Gerettetwerden durch einen jüdischen Arzt –, sich später auf meine politischen Anschauungen ausgewirkt hat. Aber seither habe ich, wenn ich physisch und psychisch überfordert war, schlimme Kopfschmerzen bekommen. Das gilt bis zum heutigen Tag.

Und ich war also ein Bub, der sich sehr verausgabt hat und es immer wieder büßen mußte. Später habe ich ein bißchen gelernt, mit meinen Kräften zu haushalten, um nicht allzusehr büßen zu müssen.

Duve: Haben Sie Gedichte geschrieben?

Eppler: Aber natürlich.

Duve: Wollten Sie Schauspieler sein?

Eppler: Nein, Schauspieler wollte ich nie werden, aber möglicherweise einmal Dichter. Dann, schon relativ früh, hat mich die Diplomatie interessiert. Und ich habe, frech wie ich war, den Leuten erzählt, ich sei der Enkel vom Herrn von Neurath, der ja auch Württemberger war. Ich wollte Diplomat werden.

Duve: Also, darunter stellten Sie sich etwas gesellschaftlich sehr Vornehmes vor.

Eppler: Wahrscheinlich, ich bin von dem Gedanken, Diplomat zu werden, erst abgekommen, als mir jemand erklärte, da müsse man erst vier Jahre zur Waffen-SS. Da war für mich dieses Thema erledigt. Aber ohne ein politisches Interesse wäre ich ja wohl auf diese Idee nie gekommen.

Duve: Hatten Sie Fernweh? Wollten Sie irgendwie nach Asien oder Afrika, oder lasen Sie Friedrich Gerstäcker?

Eppler: Ja, Gerstäcker habe ich gelesen. Von Karl May habe ich ein oder zwei Bücher gelesen, dann hatte ich genug davon.

Duve: Waren Sie sehr sehnsuchtsvoll, früh verliebt?

Eppler: Ich war ziemlich früh verliebt, auch schon mit dreizehn oder vierzehn Jahren. Das war sicherlich eine ganz harmlose Geschichte, aber gelernt habe ich daraus, daß es nicht gut ist, solche mehr oder minder kindlichen Gefühle so einfach abzutun.

Duve: Sie hatten ja auch niemanden, der Sie aufklären oder beraten konnte in dieser Zeit.

Eppler: Das auch nicht. Aber je weiter ich in meine Kindheit zurückdenke, so stärker waren die Emotionen, für oder gegen bestimmte Menschen. Im übrigen habe ich meine Frau kennengelernt, als sie sechs und ich acht Jahre alt war. Wir haben damals, 1934, schon Hochzeit gespielt.

Duve: Sie haben erstaunlich viele stereotype Klischees durch die Presse verliehen bekommen. Zum Teil wurde behauptet, die Politiker hätten sie erfunden, die sind ja relativ konstant. Ich habe allein in der *Zeit*, dreimal glaube ich, im Laufe von zehn Jahren die Überschrift «Grübler» gefunden. Weiter Pietist und alle möglichen Dinge.

Eppler: Das Ärgerliche ist ja, daß sich die Klischees zum Teil widersprechen. Auf der einen Seite ein trockener Puritaner, auf der anderen Seite – in der *Welt* – eine Künstlernatur. Auf der einen Seite Pietist, dann wieder Marxist. Auf der einen Seite unrealistisch und versponnen, dann wieder unerhört machtbesessen. Eine irrsinnige Bezeichnung ist die des Pietisten. Die ist zufällig entstanden, als ich Minister wurde. Da hatte der

Spiegel jemanden nach Schwenningen geschickt. Der sollte mal einiges über mich auskundschaften. Dieser Mensch hat da offenbar zu wenig Skandalöses gefunden, so daß er froh war, kurz vor seiner Abfahrt eine Neuigkeit im dortigen Lokalblättchen zu finden. Dort hieß es: Ich stamme aus einer streng pietistischen Familie. Dieser Unfug ist dann über den *Spiegel* in die gesamte deutsche Presse gekommen. Einer hat es vom anderen abgeschrieben. Das hat meine Familie immer aufs höchste amüsiert und unsere Pietisten in Württemberg immer sehr geärgert.

Duve: Aber nun wollen wir es einmal nicht aus der württembergischen Sicht sehen. Ich nehme an, daß es keine protestantische Gegend in Deutschland gibt, wo so viele Leute leben, die noch bei Tisch beten. Von daher ist Pietist also etwas ganz Spezifisches. Aber aus der Bundessicht sind Sie in so vielen Elementen anders als viele Politiker, die in dieser Bundesrepublik zu Amt und Würden gekommen sind. Ich nehme nicht an, daß Sie die übliche kaputte Ehe haben, daß Sie die übliche im Jahresrythmus wechselnde Geliebte haben, ich nehme nicht an, daß Sie über Gebühr trinken müssen, weil Sie sonst mit Ihrer Sache nicht fertig werden. Sie sind also ein ziemlich normaler Mensch, und Sie beten bei Tisch. Es werden sicher auch Sachen auf einem relativ ernsten Niveau besprochen. Also für einen Journalisten kann, der sich das ganze Eppler-Panorama so ansieht, das Wort Pietist schon übrigbleiben, wobei er etwas anderes meint als die pietistische Gemeinde.

Eppler: Der schwäbische Pietist ist eine historisch klar umrissene Erscheinung. Heute ist ja der schwäbische Pietismus in die Orthodoxie und auch in die konservative Erstarrung verfallen, gegen die er ursprünglich vor zweihundert Jahren angetreten ist. Ich werde in Württemberg innerkirchlich als einer der Antipoden des Pietismus empfunden. Aber ich weiß sehr wohl, daß nördlich des Mains die Vorstellung herrscht, daß jeder Schwabe, der in die Kirche geht, ein Pietist ist. Damit will ich mich gern abfinden. Jeder kann über mich reden, was er will. Aber ich habe immer das Gefühl, daß man mir Schwächen und Stärken angedichtet hat. Die wirklichen Schwächen sind eher übersehen worden.

Duve: Was sind die wirklichen Schwächen, die Sie haben?

Eppler: Es ist bisher noch niemandem aufgefallen, daß eine meiner größten Schwächen die Neigung zum Zorn war. Meine Großmutter hat mir immer schon gesagt: «Bub, wenn du nicht besser lernst, deinen Zorn zu beherrschen, dann wird es einmal nicht gut mit dir enden.»

Duve: Ein Wutanfall?

Eppler: Zorn kann Wutanfall heißen, kann aber auch bedeuten, daß man in der Politik seine Irritation so deutlich zeigt, daß dabei nichts Gutes herauskommt. Daß man zum Beispiel auch Menschen dann einmal härter und ungerechter anfaßt, als sie es verdient haben oder auch ertragen.

Duve: Sind Sie auch ein zorniger Chef?

Eppler: Ganz selten. Ich habe das Gefühl, daß die Leute, die mit mir im Ministerium zusammengearbeitet haben – ob das nun Sekretärinnen oder ob das persönliche Referenten sind –, noch heute ein sehr enges Verhältnis zu mir haben. Ich glaube, daß sie sich freuen, wenn wir wieder mal zusammenkommen. Aber sie mußten alle einiges einstecken. Zorn kann natürlich auch im Parlament kommen. Irgendein dummes Geschwätz kann mich zu einer Reaktion bringen, die taktisch sicherlich nicht hilfreich ist.

Duve: Trotzdem, so wie Sie es schildern, ist es doch eine edle Eigenschaft. Es ist vielleicht eine Schwäche, aber was ist dann negativ? Das ist doch ein edler Zorn, andere schwätzen dumm und Sie . . .

Eppler: Ob das so edel ist, möchte ich bezweifeln. Ich empfinde: Dieses ist dummes Geschwätz, und dann werde ich zornig. Dann kann ich mehr verletzen, als gut und richtig ist.

Duve: Sind Sie zum Beispiel treu, nicht Ihrer Frau, sondern treu bei Freundschaften . . .?

Eppler: Das möchte ich nicht unbedingt behaupten. Ich weiß nicht, ob bei Menschen, die so gejagt und gehetzt werden wie unsereiner, bei denen Zeit und Kraft und Konzentration für persönliche Beziehungen so spärlich vorhanden sind, ob man da noch von Treue reden kann. Ich empfinde die politische Existenz, die ich nun einmal gewählt habe, mit achtzig bis hundert Stunden die Woche als etwas, was ich zu bezahlen habe. Auch damit, daß persönliche Beziehungen immer wieder abreißen oder nicht die Intensität erreichen, die sie verdient hätten.

Duve: Das kann so herum sein, und das kann auch andersherum sein. Es kann sein, daß Sie es möglicherweise ohnehin schwer haben. Es kann auch umgekehrt sein, daß man gerade so leistungsfähig als Politiker wird, weil es einem leichterfällt, Beziehungen wieder einschlafen zu lassen.

Eppler: Das kann sehr wohl sein. Was bei einem solchen Leben Ursache und Wirkung ist, das kann ich nicht auseinanderhalten.

Duve: Der Zorn scheint doch wahrscheinlich eine größere Dimension zu sein als etwa die Trauer, die Melancholie oder die Depression oder die sentimentale Abendstimmung.

Eppler: Deprimiert kann ich schon sein.

Duve: Waren Sie als Jugendlicher sehr deprimiert und von Trauer bestimmt?

Eppler: Als ganz kleines Kind wohl, das erzählt meine Mutter. Und dann auch wieder etwa mit vierzehn, fünfzehn, sechzehn. Es ist unendlich schwierig für mich, heute festzustellen, was bei mir ursprünglich angelegt war und was unter dem Zwang der Dinge so geworden ist. Es ist richtig, ich bin kein Mensch, der gern Nächte durchzecht. Aber warum das so ist, ob das deshalb so ist, weil ich am nächsten Morgen mit Sicherheit üble Kopfschmerzen habe und weil ich mir dieses wiederum nicht leisten kann, weil am nächsten Tag der Schreibtisch so voll liegt und zu viele Termine auf mich warten, ob das nun eine ursprüngliche Abneigung oder Zwang ist, der sich schließlich in ein Verhaltensmuster verfestigt hat, woher soll ich das wissen?

Duve: Sind Sie eitel?

Eppler: Ich glaube nicht, daß das mein größter Fehler ist.

Duve: Sie sind aber verletzbar?

Eppler: Das ist etwas anderes. Ich meine, es gibt eine Politikereitelkeit, die vielleicht ganz wenige nur völlig abstreifen können. Wir werden ja darauf gedrillt zu fragen: «Wie hat's gewirkt?» Wir sind ja auf äußere Wirkung hin gedrillt. Aber ich glaube nicht, daß ich die Eitelkeit etwa einiger großer Vorbilder in unserer Partei, mit denen ich dann auch entsprechend schlecht stand, erreicht hätte.

Duve: Aber dies Gedrilltwerden kommt wohl doch ein bißchen dann dem Naturell desjenigen, der Politiker geworden ist, entgegen oder es verbiegt ihn so sehr, daß er sich verwandelt.

Eppler: Natürlich werden wir verbogen. Man braucht ja als Politiker Beifall. Da müssen Leute sein, die sagen: Das macht der richtig, das macht der gut. Wer diese Resonanz nicht hat, kann auch nicht Politik machen. Andererseits erlaube ich mir doch noch, gelegentlich auch deutlich zu machen, wo es mir auf Beifall oder Mißfallen nicht ankommt. Als ich zurücktrat, wußte ich, wieviel Häme und wie wenig Beifall ich zu erwarten hatte.

Duve: Jetzt noch eine letzte, wenn Sie so wollen, psychologische Frage. Man hat ja als Kind Ängste, baut Angst ab bzw. lernt, einen gepflegten Umgang mit seinen Ängsten so sehr, daß man sie selbst kaum noch wahrnehmen würde – sie vor allem auch nicht wahrnehmen läßt. Haben Sie in schwierigen Situationen oder vor schwierigen Situationen Angst, auch um sich selbst?

Eppler: Natürlich habe ich gelegentlich Angst – vor dem eigenen Versagen.

Duve: Zum Beispiel der Tag, als Sie den Ministeramtseid gemacht haben. Sie mußten jetzt das Haus übernehmen – so viel Leute hatten Sie noch nicht unter sich.

Eppler: Ja, ich hatte überhaupt keine Verwaltungserfahrung.

Duve: Sie mußten ja dann irgendwann einmal die leitenden Mitarbeiter – von denen Sie wußten, daß sie Sie alle sehr kritisch beäugen würden – zusammentrommeln . . . Wer half Ihnen in solchen Situationen, wo Sie Angst hatten? Wem wären Sie bereit, Angst zu gestehen in einer spezifischen Situation – der Familie – den Freunden?

Eppler: Ja, meiner Frau, einem oder zwei Freunden.

Duve: Haben Sie das Gefühl, daß Sie im Laufe des Politikerdaseins – und Sie waren ja jahrelang exekutiver Spitzenpolitiker – in eine Isolation geraten sind, in der Sie nicht mehr mitteilen konnten, wie es in Ihrer Seele aussieht, weil das dann als Schwäche ausgelegt worden wäre?

Eppler: Politik ist ja ein mörderischer Existenzkampf, und die Luft wird um so dünner, je weiter man raufkommt. Die Neigungen, die geringste Schwäche auszunutzen, die ist zweifellos vorhanden. Aber nun bin ich doch inzwischen so alt geworden, daß das Gefühl der Angst mich immer weniger bewegt, weil ich keine speziellen Ziele habe. Was aus mir politisch schließlich noch wird, das ist nicht Gegenstand von Ängsten, es treibt mich nicht mehr um. Ich versuche jetzt, meine politische Arbeit zu tun innerhalb meiner Partei und gleichzeitig meine Identität, wie sie nun einmal geworden ist, zu behaupten. Wenn mir dies gelingt – nämlich meine Identität zu bewahren und gleichzeitig aktiv und mit eigenen Impulsen in der Partei zu arbeiten, dann bin ich zufrieden. Das ist, wenn Sie so wollen, mein Ehrgeiz, und, wie ich meine, kein geringer.

Duve: Insofern ist dieser Sprung – wie immer jetzt für Sie – ein Sprung aus dem Rücktritt in ein insgesamt ja wohl doch sehr viel normaleres Leben. Sie leben heute normaler, also ähnlicher wie die Bevölkerung, als Ihre Kollegen in den Bonner Etagen.

Eppler: Was die Zeit angeht, die ich für die Familie und für mich habe, so hat sich wesentlich weniger geändert, als ich gehofft hatte. Was sich geändert hat, ist meine Haltung gegenüber dem politischen Geschäft. Wenn ich heute gezwungen würde, überhaupt aus der Politik auszusteigen, etwa durch einen nicht reparablen Konflikt, dann hätte ich auch davor keine Angst mehr. Ein Leben, in dem ich das, was ich zu sagen habe, alle zwei Jahre in einem Buch oder alle zwei Monate in einem Zeitschriftenartikel deutlich mache, hätte für mich mehr Anziehendes als Abstoßendes. Woher soll ich wissen, ob das, was ich administrativ in sechs Jahren getan habe, in einem zermürbenden Kleinkrieg mit anderen Ressorts, mit dem Haushaltsausschuß, mit der Opposition, mit einem guten Teil der Presse, ob das, was ich da durchgesetzt habe, wichtiger oder vielleicht doch unwichtiger ist als das, was von einem oder anderen meiner Vorträge oder Bücher ausgegangen ist.

Duve: Wirksamkeit, Unwirksamkeit, das heißt das Sichbeschränken auf den Lebenskreis, der gegeben ist, in Ihrem Fall durch Ihre Gärtnerei und Haus, dieses würde Sie schon treffen.

Eppler: Wirksam möchte ich bleiben. Aber an Plattformen für Wirksamkeit fehlt es mir nicht: Verlage, Zeitschriften, Zeitungen, Akademien, Universitäten. Dazu gehört natürlich auch die EKD-Synode oder jetzt der Kirchentag. Ich wirke in der Partei, weil ich dort wirken will, nicht weil ich sonst nicht wirken könnte.

Duve: Ist Wirksamkeit vielleicht eine der Antriebsenergien, die den Politiker ausmacht?

Eppler: Natürlich muß ein Politiker wirken wollen. Der Unterschied ist allenfalls, ob man Positionen anstrebt, um wirken zu können, oder ob man wirkt, um Positionen zu erreichen. Wenn ich mich heute ganz zurückziehen würde, müßte ich erstens das Gefühl haben, ich sei feige –

ich hätte viele im Stich gelassen, die auf mich zählten – und ich hätte auch das Gefühl, daß ich meiner Pflicht davonlaufe. Ich glaube, mich einfach hinzusetzen und zuzusehen, was da läuft, einfach Thomas Mann zu lesen und Blumenkohl zu bauen, ohne selbst noch einzugreifen, und sei es nur publizistisch, das würde ich nicht durchhalten – jedenfalls vorläufig nicht.

Duve: Das würde 'ne tiefe seelische Beeinträchtigung . . .

Eppler: Irgend etwas ginge sicher schief.

Duve: Die erste Öffentlichkeitswirkung war eigentlich Außen- und Ostpolitik: Einmal die mahnende Verteidigung der Bundsrepublik gegen Jaspers in der *Zeit*, aber dann doch immer stärker Äußerungen zu außenpolitischen Fragen, später dann Finanzpolitik, aber das ist noch später – und da gleichzeitig eigentlich der schreibende Politiker, der wirkte, ohne eine besondere Funktion und Rolle zu spielen, allerdings einer, auf den man aufmerksam war, aber dann doch die Möglichkeit hatte, weil er sehr gut schreiben kann, sich zu artikulieren, Themen waren – wenn ich das richtig erinnere, war die Außenpolitik –, war das die einzige Chance, war das eine der Chancen, auch überhaupt aus dem großen Feld des Einerlei und schlechthin Abgeordneten, sich freizuschaufeln?

Eppler: Mag sein. Im Bundestag habe ich – von etwa 1962 bis 1966 – wie ein Roß gearbeitet im Finanzausschuß, ohne große Resonanz. Als Berichterstatter für das Bewertungsgesetz mußte ich mich in die ganz vertrackte Materie des Bewertungsrechts einarbeiten, gleichzeitig gehörte ich zu denen, die die Mehrwertsteuer im Parlament durchdiskutiert und entscheidungsreif gemacht haben.

Duve: Dann war auch die Jungfernrede zu finanzpolitischen Fragen?

Eppler: Ja.

Duve: Erinnern Sie noch, was das war?

Eppler: Zum Bewertungsgesetz sprach ich 1965, und es hätte sehr wohl sein können, daß ich in der Finanzpolitik geblieben wäre, daß ich nach dem Ausscheiden von Walter Seufert, der zum Bundesverfassungsgericht ging, Obmann in der Steuerpolitik geworden wäre – vielleicht wäre das auch das beste gewesen . . .

Duve: Finanzpolitik muß am pragmatischsten die Rahmenbedingungen berücksichtigen. Nicht nur die ökonomischen Rahmenbedingungen, sondern auch die organisatorisch-fiskalischen. Wie ist die Welt der staatlichen Geldverteilung geordnet? Wie sind da die Länder, Bund und Gemeinden und die Steuertypen zueinander im Verhältnis? Finanzpolitik hat doch mit dem Vorwurf: «Der Eppler ist ein ‹linker Träumer›», am allerwenigsten zu tun.

Eppler: Mein Vater war Mathematiker, mein Bruder ist es auch, daher habe ich ein intensives Verhältnis zu Zahlen und vielleicht als Schwabe auch ein sehr intensives Verhältnis zum Geld. Mich hat es fasziniert, wie alle wirkliche Politik irgendwo einmal in Zahlen gerinnt, in Haushaltsposten oder Steuertarifen, und wie derjenige, der über die Einnahmen- oder Ausgabenseite eines Haushalts bestimmt, letztlich die Politik bestimmt. Ich erinnere mich an eine Auseinandersetzung darüber: Sollen kulturelle Leistungen – also zum Beispiel Theaterkarten, Bücher oder soll das Bier – in den halben Mehrwertsteuersatz kommen? Ursprünglich sollte das Bier im Entwurf des Mehrwertsteuergesetzes in den halben Satz kommen und die Bücher in den vollen. Durch eine Absprache mit dem damaligen Vorsitzenden des Finanzausschusses – es war der Abgeordnete Schmidt (Wuppertal) von der CDU – haben wir durchgesetzt, daß es umgedreht wurde.

Duve: Also haben die Buchverlage Ihnen ihre weitere Existenz zu verdanken.

Eppler: Wenn die Verleger das glauben, schadet es nicht. Jede Haushaltsberatung ist für mich die aufregendste Form von Politik gewesen, sei es im Parlament, sei es in der Regierung, und es ist ja kein Wunder, daß ich dann wegen einer Haushaltsberatung zurückgetreten bin. Wie gesagt, ich war ganz im finanzpolitischen Fahrwasser, aber dann hat Fritz Erler mich Ende 1965 in den auswärtigen Ausschuß geholt, und da wurde ich dann über Nacht so etwas wie außenpolitischer Sprecher. Trotzdem, wenn ich an meine Parlamentsarbeit im Bundestag zurückdenke, denke ich weniger an die Außenpolitik als an die Finanzpolitik. Einer der Gründe, warum ich dann doch wieder mit einem Kopfsturz in die Außenpolitik zurückkam – von der ich ja 1952 ausging –, war die Vertriebenendenkschrift der EKD, die nach der Wahl 1965 kam. Da mußte ich mich ganz massiv engagieren – übrigens zusammen mit Peter Nellen –, damit . . .

Duve: Der auch aus einer anderen Partei kam . . .

Eppler: Ja, aber nicht von der GVP, sondern von der CDU. Wir mußten mächtig arbeiten, damit wenigstens die SPD-Bundestagsfraktion eine ernsthafte Stellungnahme zu dieser Vertriebenendenkschrift erarbeiten konnte.

Duve: Da hat Kirche dann direkt diese Wirkung gehabt, die der Freund in Bern gemeint hat.

Eppler: Ja, aber das mußte nun aufgegriffen werden. Wenn schon eine Kirche den Mut hatte, Tabus zu brechen, dann durfte sie, wenn eine vernünftige Ostpolitik je möglich werden sollte, nicht auch noch von der SPD, der einzigen Kraft, die eine solche Politik durchsetzen konnte, getadelt und desavouiert werden. Deshalb hatte ich das Gefühl: Hier entscheidet sich etwas mit unserer Stellungnahme, und plötzlich war ich wieder mitten in der Außenpolitik.

Duve: Die SPD war ja doch in den Fragen, die die GVP beschäftigt hatten, in den sechziger Jahren nicht unbedingt offen. Es war in bestimmten Bereichen der SPD genauso schwierig, von der Oder-Neiße-Linie zu sprechen . . .

Eppler: Ja, das galt vor allem dann für den Karlsruher Parteitag – der war ja wohl der Höhepunkt dieser Art von Anpassung an bestimmte Strömungen der öffentlichen Meinung. Aber so, wie ich 1952 plötzlich das Gefühl hatte, hier werden Weichen gestellt und da bist du gefordert – so war das 1965 bei der Ostdenkschrift auch wieder, vielleicht emotional nicht ganz so stark. Dann ging es darum, die neue Ostpolitik zu konzipieren.

Duve: Fühlten Sie sich dazu auch durch diese Vergangenheit aus den fünfziger Jahren sozusagen sofort wieder ge- und berufen in der Sache. Haben Sie sich . . .

Eppler: Gerufen, nicht berufen. Die Frage, wie wir, nachdem die Wiedervereinigung verscherzt war, mit unseren östlichen Nachbarn, auch mit der DDR, zurande kommen sollten, die mußte ja einmal aufgegriffen werden, und es war natürlich auch Gustav Heinemann, der darauf drängte, daß sie aufgegriffen wurde. Für die SPD war wohl der entscheidende Wendepunkt der Nürnberger Parteitag 1968. Da war ich von der Bundestagsfraktion für den außenpolitischen Teil als Berichterstatter in die Antragskommission geholt worden. Ich weiß noch, wie mir Willy Brandt einen Resolutionsentwurf gab und sagte: «Sieh dir den mal an.» Ich fand ihn so vorsichtig, daß er mit Sicherheit nichts bewegen konnte. Ich habe Willy Brandt gesagt: «Diesen Entwurf kann ich nicht verbessern. Mit dem kann ich gar nichts anfangen. Hast du etwas dagegen, wenn ich einen ganz anderen Entwurf mache?» Daraufhin sagte Willy Brandt: «Ja, probier's mal, und wenn du damit fertig bist, zeige ihn auch dem Egon Bahr», der damals Planungschef im Auswärtigen Amt war. Ich habe mich dann in der Nacht hingesetzt und am anderen Morgen meinen Entwurf Egon Bahr gegeben. Egon Bahr hat noch kleine Korrekturen angebracht. Dieser Entwurf ging in die Antragskommission. Er ist dann an einer Stelle noch einmal verändert worden, und zwar von Herbert Wehner, dem Vorsitzenden der Antragskommission. Er relativierte nämlich das Respektieren und Anerkennen der polnischen Westgrenze dadurch, daß er eine für alle akzeptable Lösung verlangte. Trotzdem wurde der Nürnberger Parteitag der Durchbruch zur neuen Ostpolitik. Willy Brandt hat mich 1968 wohl deshalb ins Kabinett Kiesinger geholt, weil er in den Auseinandersetzungen des Kabinetts noch einen engagierten Vertreter seiner Ostpolitik haben wollte.

Duve: Wann war der Parteitag?

Eppler: Der Parteitag war wohl schon im April 1968.

Duve: Sie sind ja vorher schon für die Fraktion in Moskau und Osteuropa gewesen.

Eppler: Im September 1967 war ich in Moskau, übrigens still und leise mit einer Besuchergruppe von der Akademie Bad Boll. Dort habe ich einen Termin im Außenministerium erhalten. Übrigens wenige Tage vor jener pompös angekündigten Reise von Majonica, der dann dort gar nicht empfangen wurde, weil er vorher zuviel Lärm gemacht hatte. Aber auch ich bekam die ganze Härte der damaligen sowjetischen Position zu spüren. Da war nur von Vorbedingungen für ein Gespräch die Rede: Anerkennung der DDR, Anerkennung der Oder-Neiße-Linie, all dies natürlich völkerrechtlich, rasche Unterzeichnung des Atomwaffensperrvertrags. Nach diesen Erfahrungen war ich äußerst skeptisch, als Egon Bahr 1970 nach Moskau flog. Auch in Polen war ich zuerst, 1966, mit einer kirchlichen Delegation zur polnischen 1000-Jahr-Feier. Da ging es noch reichlich frostig zu.

Erhard Eppler – 23. Juli 1973
Lissabon muß wählen

Niemand weiß, ob alles wahr ist, was in den letzten Wochen aus Mosambik berichtet wurde, noch weniger, ob schon alles berichtet wurde, was wahr ist. Wichtiger ist, daß ein seit Jahren schwelender Krieg plötzlich die gesamte öffentliche Meinung Europas beschäftigt.

Es konnte nicht ausbleiben, daß sofort versucht wurde, den Terror portugiesischer Soldaten zu verrechnen mit dem Terror von Frelimo, nicht ohne den Hinweis, schließlich habe Frelimo angefangen.

Wer verrechnet heute noch den Terror der französischen Armee gegen den der algerischen Befreiungsfront? Die Geschichte stellt schlicht fest, daß es in Algerien zu einem der unerbittlichsten und blutigsten Kriege dieses Jahrhunderts kommen mußte, weil französische Politiker nicht rechtzeitig begriffen, was die Stunde geschlagen hatte.

In zehn Jahren wird niemand mehr Terror und Gegenterror in den portugiesischen Kolonien gegeneinander aufrechnen. Man wird feststellen, daß in Mosambik, Angola und Guinea-Bissau erst ein erbarmungsloser Krieg beiden Seiten schreckliche Opfer abverlangen mußte, ehe man in Lissabon einsah, was im letzten Drittel des 20. Jahrhunderts möglich ist und was nicht.

Es stimmt, daß Politik nicht mit moralischer Entrüstung zu machen ist. Was wäre in Vietnam anders gelaufen, wenn die Bundesregierung – wie die französische oder die schwedische – die Intervention der USA in Vietnam immer wieder scharf verdammt hätte? Wahrscheinlich nichts. Der Friede in Vietnam wäre nicht leichter, dafür Friedenspolitik in Europa schwerer geworden. Über den Vietnam-Krieg wurde in der öffentlichen Meinung der USA entschieden. Sonst nirgends. Deshalb habe ich die Zurückhaltung des Bundeskanzlers immer für richtig gehalten.

Über die Dauer der portugiesischen Kolonialkriege wird in der öffentlichen Meinung Europas entschieden, genauer: im Europa der Neun. Vietnam mußten wir geschehen lassen, ein neues Vietnam im portugiesischen Afrika dürfen wir nicht geschehen lassen.

Dabei geht es nicht nur um Humanität oder Moral, auch nicht nur um das Recht auf Selbstbestimmung. Es geht auch um unsere eigenen Interessen. Es kann doch wohl nicht wahr sein, daß es einem Lande wie Portugal erlaubt sein sollte, die Beziehungen Europas zu Afrika zu vergiften. Wie immer man Portugal politisch einschätzen mag, eine Weltmacht ist es nicht, sondern ein Land am Rande Europas mit der Analphabetenquote eines Entwicklungslandes. Seine Zukunft liegt in

Europa, nirgends sonst. Und sie wird nicht heller dadurch, daß man sich in Lissabon gegen diese Einsicht sträubt.

Der britische *Observer* schrieb am 15. Juli 1973: «Vielleicht das wichtigste Zeichen des Wandels in Portugal ist die öffentliche Diskussion über die Beziehungen des Landes zur Europäischen Wirtschaftsgemeinschaft. Das Land kann nur gedeihen, wenn es ein Teil des modernen Europa wird. Aber es hat keine Chance, zugelassen zu werden, solange seine Kolonialkriege andauern. Für Portugal wird daher die Wahl unausweichlich: entweder seine zerstörerischen Kriege in Afrika fortzusetzen und der Europäischen Gemeinschaft fernzubleiben oder sich Europa anzuschließen, indem es sich mit den afrikanischen Befreiungskräften verständigt.»

So ist es. Und wir müssen deutlich machen, daß es so ist, je unmißverständlicher, desto besser.

Europa muß bereit sein, Portugal zu helfen. Dazu gehört nicht nur die Bereitschaft zu wirtschaftlicher Hilfe, sobald Portugal sich aus Afrika löst. Dazu gehört auch die Hilfe bei jener schmerzlichen Operation, die Portugal nicht erspart bleiben kann.

Auch wo man von freien Wahlen wenig hält, muß man gelegentlich wählen.

IV. Und auf einmal steht er links

Duve: Es ist doch wohl so: In den fünfziger Jahren hieß Linkssein, die Restbestände des Nationalsozialismus und die Bedrohung der Demokratie zu verhindern, im Gesamtspektrum wachsam zu sein. In den sechziger Jahren war Linkssein bei den Intellektuellen Anerkennung der östlichen Realität. Das heißt, derjenige in FDP, CDU oder SPD, der in der Presse, der für die Anerkennung solcher Realitäten war, war im gesamtgesellschaftlichen Spektrum eigentlich links. Das war das Thema der Linken. Waren Sie ein Linker?

Eppler: So ist es wohl verstanden worden. Andererseits ist natürlich diese Charakterisierung insofern falsch, als zum Beispiel Egon Bahr nie ein Linker war – und ich damals wohl auch nicht. Die Art, wie ich zuerst auf die Studentenrevolte reagiert habe, war alles andere als links.

Duve: Das heißt, das linke Spektrum in der Bundesrepublik war ja nie vergleichbar der Linken anderer europäischer Länder, wo es eine Linke immer gibt, die Gesellschaft verändern will; denn die Gesellschaft der Bundsrepublik war ja durch die Etablierung der Demokratie nach dem Krieg sozusagen offiziell gesundet und heil, und da gab es eben Kommunisten, die die Gesellschaft auf der anderen Seite schon so böse verändert hatten, daß man darüber nicht mehr viel Worte verlor. Deshalb war in diesem Spektrum der Intellektuelle links. Günther Grass oder Heinrich Böll haben in den fünfziger Jahren gegen die alten Nazis oder gegen die Nazierinnerung geschrieben, und in den sechziger Jahren bemühten sie sich um die Anerkennung des Ostens. Erst nach der Studentenrevolte – erst im Zulauf zu den siebziger Jahren – ergibt sich für Linkssein in der Bundesrepublik «Gesellschaftsveränderung». Es ist vielleicht ein bißchen verkürzt gesagt, das heißt, sowohl Egon Bahr wie Sie sind eigentlich – Sie wahrscheinlich als Steuerpolitiker, Egon Bahr als Außenpolitiker – nie hervorgetreten, tiefgreifende Veränderung zu machen, sondern Sie akzeptierten den langsamen, aber gar nicht mehr so sehr von Zielen beschwerten Weg, der Nachgodesberger Reformpolitik.

Eppler: Ganz so war's nicht. Aber wenn ich mich 1965 hätte einordnen sollen, hätte ich mich sicherlich nicht dem linken Flügel der Partei zugeordnet, und das gilt auch noch für 1968. Allerdings hätte ich mich etwas links von Willy Brandt eingeordnet damals – was damals wenig bedeutet hätte. Ich habe 1965 noch mehr auf Fritz Erler und Helmut Schmidt als auf Willy Brandt gesetzt.

Duve: Eppler für Schmidt und distanziert von Brandt?

Eppler: Was mir an Willy Brandt nicht gefiel, war, daß er sich immer wieder Rollen aufdrängen ließ, die er dann mehr oder minder überzeugend gespielt hat. Das galt noch bis ins Jahr 1965, wo mir ein Kanzlerkandidat Erler lieber gewesen wäre als Willy Brandt. Das habe ich auch oft gesagt.

Duve: Woher rührte diese Skepsis – was war da?

Eppler: Ich hatte das Gefühl, mit einem Menschen zu tun zu haben, dessen Identität ich nicht erkennen konnte. Im Spätjahr 1965 ist dann etwas Erstaunliches passiert. Selten hab ich den Vorgang einer Identitätsfindung bei einem Menschen so aufregend empfunden wie diesen. In dem Augenblick, als sich Willy Brandt – nach der verlorenen Wahl 1965 und nach seiner schweren Krankheit – entschlossen hatte, jede Rolle aufzugeben und nur noch einfach Willy Brandt zu sein, unabhängig davon, was dann aus diesem Willy Brandt noch werden würde – denn er war ja der Meinung, Kanzler werde er sicher nicht mehr –, waren viele erstaunt und fast betroffen, was dieser Willy Brandt für ein prächtiger Mensch war. Ich jedenfalls habe sehr rasch umlernen müssen, und ich war nicht der einzige.

Duve: Gab es da ein persönliches Verhältnis – rasch – oder ist es über die Ostpolitik später gekommen?

Eppler: Nein, das persönliche Verhältnis war damals noch distanziert. Erst später, in der Regierung, vor allem nach der gemeinsamen Regierungszeit, ist dann auch ein persönliches Verhältnis gewachsen.

Duve: Sie gehören zu den Politikern, die immer – ohne es wahrscheinlich selbst anzustreben – jüngere auf sich hin orientiert haben – übrigens da ähnlich wie Jochen Steffen. Sie waren Anreger des Tübinger Kreises, Vorbild für eine Reihe von Abgeordneten, auch für Mitarbeiter im Hause. Das war stets etwas mehr als nur Mitarbeit, aber wohl auch immer weniger als Jüngerschaft. Aber wohl doch das Anhängergefühl: «Wir gehören zum Eppler» oder: «Wir gehören nicht zum Eppler.» Das gibt es kaum – Schmidt hat das überhaupt nicht –, es gibt zwar Freunde von Schmidt und Leute, die durch dick und dünn mit ihm gehen, aber dies wird er nicht von Ideen, Themen oder Programmen her organisieren. Außer Ihnen und Steffen gibt es nicht viel. Peter von Oertzen ist dies im Grunde genommen nicht gelungen. Das gelingt wohl immer naturgemäß nur links, weil links immer dasjenige ist, was Ideensignale gibt, während die Parteimitte immer der Einfänger von Ideen und die Parteirechte der Bremser von Ideen ist.

Eppler: Sicher ist das alles nicht bewußt geschehen. So wie ich Leute anziehe, so stoße ich auch Leute ab. Bei meiner Kandidatur 1975 gab es wohl etwa so viele Leute in Baden-Württemberg, die die SPD meinetwegen gewählt haben, wie es solche gab, die die SPD meinetwegen nicht gewählt haben. Dieses Verhältnis, mehr als Mitarbeit, weniger als Jüngerschaft, das Sie bei manchen Jüngeren feststellen, war genau mein Verhältnis zu Heinemann. Daß es Leute gibt, innerhalb und außerhalb der Partei, die etwas von mir erwarten, ist immer das letzte Argument gegen die Resignation.

Duve: Wann hat das angefangen? Wann spürten Sie, es gibt Leute, die auf Sie setzen?

Eppler: Das ist erst 1968 gekommen. Da habe ich es zum erstenmal bei einem Landesparteitag gemerkt, daß es Leute gibt, die auf mich setzen. Aber ich muß nun gleich hinzufügen, daß ich es denen nie leichtgemacht habe. Die Leute, die auf mich setzen, müssen immer eine Menge einstekken, weil ich mich vielleicht weniger um sie kümmere, als sie es verdient hätten und oft auch Entscheidungen treffe, ohne mit ihnen ausreichend gesprochen zu haben. Das spricht nicht für mich, aber für diese jungen Leute. Für mich ist es eher erstaunlich – wenn ich auch natürlich froh darüber bin –, daß es diese Gruppe gibt und daß sie wohl im Laufe der letzten Jahre zugenommen hat.

Duve: Wodurch meinen Sie, unterscheidet sich der Politiker, dem so eine Gruppe zuwächst, ohne daß er sie organisiert, von dem Politiker, dem diese Gruppe wohl nicht zuwächst?

Eppler: Führen heißt im Grunde immer, eine bestimmte Richtung angeben. Wenn man einfach oft nicht anders kann, als bestimmte Richtungen anzugeben, auch wenn man dafür Prügel bekommt – und die habe ich oft genug bekommen –, dann ergibt sich fast von selbst daraus, daß sich die Geister scheiden und daß es Gegner und Anhänger gibt.

Duve: Das ist mir wirklich ein bißchen zu abstrakt. Konkret würde ich sagen, Sie hatten eine ungeheuer günstige Konstellation, zusätzlich zu den Anlagen, die Sie haben. Ende der sechziger Jahre – Sie waren in einem Landesverband tätig, der seinerseits in der Opposition war . . .

Eppler: Damals nicht.

Duve: Ach ja, er war in der Großen Koalition – aber dann die beiden anderen Faktoren. Sie hatten einen Gegenstand der Politik durch Zufall bekommen, nämlich die Entwicklungspolitik, der Visionselemente haben konnte. Niemand wußte genau, was Entwicklungspolitik ist, weil sie sich letztlich, wenn man sie als politische Kategorie sui generis betrachtete, selbst entwickeln mußte. Am Interesse der Schwachen orientierte Außenpolitik, so etwas gab's in der Weltgeschichte noch nie. Sie waren der erste, der die Neuheit dieser Politik versucht hat durchzusetzen. Die anderen haben praktisch nur Außenhandelspolitik formuliert. Das heißt, da hatten Sie eine große positive Chance. Zugleich geschah das in einer Zeit, in der die Chance, die Welt zu gestalten, von ihren materiellen Bedingungen her, als positiv eingeschätzt wurde. Man lebte in einer zukunftshoffenden Wachstumswelt, von der her man solche Sachen beschreiben konnte.

Eppler: Ich bin nicht ganz sicher, ob diese Analyse stimmt. Mich hat zunehmend bedrückt, wie gering die Resonanz auf Entwicklungspolitik innerhalb der Partei war. Die Resonanz war in kirchlichen Gruppen und in bestimmten intellektuellen Gruppen wesentlich stärker als in der Partei. In der Partei habe ich mich erst durchsetzen können durch die Steuerreformkommission und den Steuerparteitag in Bonn 1971.

Duve: Aber Sie hatten ja auch dann durch die Entwicklungspolitik Anhänger außerhalb.

Eppler: Ja, gut. Auf der anderen Seite hatte ich durch die Entwicklungspolitik auch eine massive Gegnerschaft, bis in die Partei hinein, die jedenfalls wesentlich mächtiger war als meine Anhänger.

Duve: Aber dadurch wurden die Anhänger um so treuer.

Eppler: Da gab es sicherlich eine kleine Gruppe, die überzeugt war, daß hier wenigstens ein vernünftiger Versuch gemacht wurde.

Duve: Sie sind Minister geworden für dieses Ressort in einer Zeit, in der das moralisch Gute und das moralisch Schlechte für die engagierten Jugendlichen und Intellektuellen im Lande doch relativ klar getrennt war. Also, die Welt schien für die Jugend manichäisch organisiert mit dem Vietnam-Krieg, mit der Armut der armen Welt und dem Reichtum bei uns. Also hatten Sie auch eine manichäische Möglichkeit zur Formulierung von Politik?

Eppler: Das war für mich ja auch gefährlich, denn für einen Teil der Linken war ich letztlich doch ein imperialistischer Agent, und für die Rechten war ich ein moralisierender Spinner. Die Gruppe der linken Mitte, die eine solche Politik innerhalb und außerhalb der Partei mittragen konnte, war erschreckend schwach. Auch an der Universität gab es keine Unterstützung für meine Politik, da war ich der Kapitalistenknecht, auch in den Studentengemeinden. Meine Position – eingezwängt zwischen einer national-egoistischen, allenfalls handelspolitisch ansprechbaren, kompakten Mehrheit und einer antiimperialistischen, ideologisch verkrampften Minderheit, die das ganze Geschäft als Camouflage denunzierte, diese Plattform habe ich immer als erschreckend schmal empfunden. Daher habe ich mich eher gewundert, daß ich es sechs Jahre durchgehalten habe, von dieser Basis aus zu operieren.

Duve: Aber trotzdem natürlich günstige Voraussetzungen für eine Art linker Anhängerschaft innerhalb der Partei.

Eppler: Bis zu einem gewissen Grade ja. Nur, man darf die Zahl derer in der Partei, die sich wirklich für Entwicklungspolitik interessieren, nicht überschätzen. Ich erinnere mich, wie einmal eine Delegation des Juso-Bundesvorstands zu mir ins Ministerium kam, ich hatte sie eingeladen. Diese Delegation brachte so wilde Thesen über Ausbeutung durch Entwicklungshilfe mit, daß ich sie fragte, ob sie dies ein bißchen verdeutlichen könnten, ob sie die Kapitalhilfe oder technische Hilfe oder multilaterale Hilfe meinten, oder gar die Privatinvestitionen. Da stellte sich heraus, daß sie keine Ahnung von alldem hatten und mir erklärten, ja, da gäbe es irgendwo einen Juso, der davon etwas verstehe, mit dem könnte ich mich darüber unterhalten. Das heißt, von den Jusos gab es keinerlei direkte Unterstützung für meine Entwicklungspolitik. Von der Rechten der Partei ohnehin nicht.

Duve: Aber immerhin, sie hatten ein Thema, das emotionale, zukunftsorientierte und globale Elemente hatte – und Globalität ist immer auch etwas, was anzieht.

Eppler: Ich will darüber nicht mehr streiten. Für mich war dieses Ministerium deshalb so wichtig, weil ich darin gelernt habe. Ich war nach zwei Jahren Tätigkeit in diesem Ministerium politisch ein anderer Mensch geworden. Was ich 1971 in meinem Büchlein ‹*Wenig Zeit für die Dritte Welt*› schrieb, hat fast nichts mehr zu tun mit den Vorstellungen, mit denen ich 1968 in dieses Ministerium gekommen war. Daran läßt sich ablesen, daß in dieser Zeit die Veränderung stattgefunden hat. Im BMZ habe ich gelernt, daß die Fortsetzung der herkömmlichen Politik, die Fortschreibung des Bestehenden, die Extrapolation von Kurven aus der Vergangenheit keine Zukunft mehr hatte. Das hat sich dann ausgewirkt etwa in dem Vortrag vor der IG Metall in Oberhausen im April 1972. Wenn man überzeugt davon ist, daß wir so nicht weitermachen können, dann wird man Forderungen stellen, die als links gelten müssen. Das heißt, ich empfand Entwicklungspolitik nicht als eine unmittelbare Chance, politische Anhängerschaft zu finden, sondern zuerst einmal als heilsamen Zwang, selber zu lernen.

Duve: Das würde ja bedeuten, Entwicklungspolitik, eines der Grundelemente einer Veränderung des Begriffs Politik überhaupt. Die Entwicklungspolitik, die Sie formuliert haben, ist ein Typus von Politik, den hundert Jahre zuvor niemand verstanden hätte, wo es stets nur um realpolitisch durchzusetzende Interessen ging.

Erhard Eppler
Alternativen für eine humane Gesellschaft

Rede auf einer Tagung der Evangelischen Akademie in Tutzing am 7. Juli 1973

Vor knapp fünfzehn Monaten hat sich auf Einladung Otto Brenners ein Kongreß der IG Metall in Oberhausen mit dem Thema Lebensqualität beschäftigt. Daß der Begriff Lebensqualität sich seither mit ungeahnter Geschwindigkeit durchsetzte, zeigt, daß er weniger Ursache als Ausdruck eines neuen Denkens ist.

Niemand kann heute sagen, ob der Begriff Lebensqualität mehr Bewußtseinsveränderung signalisiert oder bewirkt hat. Noch ehe er eindeutig definiert war, liefen in ihm Einsichten zusammen, deren Zeit reif geworden war:

- daß wirtschaftliches Wachstum kein Maßstab für die Humanisierung einer Gesellschaft sein kann,
- daß die Fortschreibung bestehender Wachstumstrends keine humane Zukunft mehr ergibt,
- daß wir daher gezwungen sind, neue Maßstäbe und Ziele zu suchen.

Eben weil dieser Begriff dies alles signalisierte, hat er seine eigene Dynamik entfaltet.

Ein Begriff ist politisch so viel wert, wie er bewirkt. Nie hat jemand den Begriff «Glück» zufriedenstellend definieren können, und doch hat er ganze Klassen und Generationen in Bewegung gesetzt.

Der Begriff Lebensqualität war zuerst einmal ein Postulat: Wenn Wirtschaftswachstum kein Maßstab für humanen Fortschritt ist, dann muß ein neuer Maßstab gesucht werden. Wir nennen ihn Lebensqualität. Daß schon das Suchen danach vieles in Bewegung brachte, enthebt uns nicht der Pflicht zu sagen, was damit positiv gemeint ist, wie dieser Begriff anwendbar, operational, in politisches Handeln übersetzbar wird. Dabei stehen wir vor einer doppelten Frage:

1. Wie soll Lebensqualität inhaltlich definiert werden?
2. Auf welchem Wege und durch wen soll sie definiert werden?

Wenn wir Freiheit und Teilhabe an Entscheidungen für einen Bestandteil von Lebensqualität halten, dann ist die Methode, wie wir Lebensqualität bestimmen, schon ein Bestandteil von Lebensqualität. Anders gesagt: Der demokratische Prozeß zur Findung und Durchsetzung von Lebensqualität ist Ausübung von Lebensqualität. Umgekehrt: Wo immer Lebensqualität elitär ermittelt und autoritär durchgesetzt werden soll, wird sie im Ansatz zerstört.

II

Ich möchte schon an dieser Stelle warnen vor einem Abweg der Diskussion. Es ist ein Kurzschluß, im Namen der Lebensqualität das Nullwachstum zu fordern. Das Bruttosozialprodukt ist ein klar, aber willkürlich definierter Begriff. Man kann sehr wohl fragen, warum das Gemetzel auf unseren Straßen das Bruttosozialprodukt erhöht und also Wachstum bewirkt. Das ist zwar kurios, aber solange kein Argument, wie wir Wachstum als statistische Feststellung, nicht als Wertmaßstab verstehen.

Daß der Bau einer Kläranlage zum Wachstum beiträgt, nicht aber das Produkt dieser Kläranlage, der etwas weniger schmutzige Fluß, mag eine weitere Kuriosität sein, zeigt aber nur, daß in die Rechnung nur eingeht, was einen bezifferbaren Preis hat. Wenn ein Betrieb mit weniger Arbeitnehmern dieselbe Gütermenge erzeugt, die anderen für Dienstleistungen im Erziehungs- oder Gesundheitswesen freigesetzt wird, ist dies statistisch auch Wachstum.

Kurz: Wachstum, wie es heute definiert wird, besteht aus den verschiedensten Komponenten. Wer gegen das herkömmlich definierte Wachstum kämpft, tut diesem Begriff zuviel Ehre an. Statistische Zahlen nimmt man zur Kenntnis, man kämpft nicht dafür oder dagegen. Wer Verhinderung wirtschaftlichen Wachstums zum politischen Ziel erhebt, erweist sich als Gefangener eines Denkens, das nicht dadurch fruchtbarer wird, daß man es mit negativem Vorzeichen versieht.

Es kommt darauf an, daß wir im Begriff der Lebensqualität einen Maßstab erhalten, von dem aus entschieden werden kann, was ökonomisch sinnvoll ist, wo wir Wachstum wollen, wo nicht. Während bisher Lebensqualität im Guten wie im Bösen eine Funktion des Wachstums war, muß jetzt Wachstum zu einer Funktion der Lebensqualität werden.

III

Dies ist nur möglich, wenn es gelingt, Lebensqualität genauer zu definieren. Die Ausfüllung des Begriffs Lebensqualität geht in vier Phasen vor sich.

1. Die negative Definition.
2. Die positive politische Formel.
3. Die Quantifizierung durch Kennziffern.
4. Die Wertung und Gewichtung der Kennziffern.

Zuerst konnten wir nur sagen, was Lebensqualität mindert, also negativ beschreiben. Wo es an frischer Luft, sauberem Wasser, unvergifteten Lebensmitteln fehlt, leidet die Qualität des Lebens. Daß dies nicht ausreicht, ergab sich sofort, als der Begriff – übrigens nicht auf meinen Wunsch – in das Dortmunder Wahlprogramm der SPD einging.

Dort findet sich ein Passus, über den wir viele Wochen diskutiert haben. Dieser Versuch, Lebensqualität politisch zu definieren, markiert die zweite Phase. Er lautet:

«Lebensqualität ist mehr als höherer Lebensstandard. Lebensqualität setzt Freiheit voraus, auch Freiheit von Angst. Sie ist Sicherheit durch menschliche Solidarität, die Chance zur Mitbestimmung und Selbstverwirklichung, zum sinnvollen Gebrauch der eigenen Kräfte in Arbeit, Spiel und Zusammenleben, zur Teilhabe an der Natur und den Werten der Kultur, die Chance, gesund zu bleiben oder zu werden. Lebensqualität meint Bereicherung unseres Lebens über den materiellen Konsum hinaus. Die Verantwortung für die Qualität seines Lebens kann niemandem abgenommen werden. Aber es liegt in der Verantwortung der Politik, positive Bedingungen für die Lebensqualität zu schaffen.»

Dies ist eine politische Definition, und, wie jede Definition dieser Art, auch eine ideologische. Damit sind für unsere Gesellschaft Richtpunkte gesetzt, die wichtig werden in der dritten Phase, in der wir heute stehen. In dieser dritten Phase wird versucht, Indikatoren, Kennziffern für Lebensqualität zusammenzustellen. So schwierig es ist, Qualitäten meßbar zu machen, so fragwürdig alle Ergebnisse bleiben müssen, so unerläßlich ist der Versuch.

Pionierarbeit auf dem Gebiet der Kennziffern hat schon seit 1965 Jan Drewnowski von UNRISD (United Nations Research Institute for Social Development) geleistet. Er entschied sich zuerst für ein System nichtmonetärer Indikatoren, mit denen er die Befriedigung menschlicher Grundbedürfnisse messen wollte. Seine Arbeit war Grundlage des japanischen ‹*Weißbuchs zum Lebensstandard*›, das schon 1969 erschien.

Dort arbeiten die Japaner mit 35 Indikatoren, die alle wichtigen Lebensbereiche abdecken sollen, und sie teilen diese 35 Indikatoren auf in 13 Gruppen, sieben für das, was sie den «individuellen», sechs für das, was sie den «sozialen» Lebensstandard nennen. Das geht vom Eiweißverbrauch pro Kopf über die Lebenserwartung, den Anteil der Studenten an der Bevölkerung bis zur Zahl der Unfalltoten und der Quadratmeterzahl der Grünanlagen pro Kopf der Bevölkerung.

Im Mai dieses Jahres haben zwei junge deutsche Nationalökonomen, Hauser und Lörcher, den japanischen Ansatz für die deutschen Verhältnisse leicht abgewandelt und ihn mit der gängigen Bruttosozialprodukt-Rechnung verglichen. Dabei ergab sich zum Beispiel, daß der Abstand zwischen der Wachstumsrate des Bruttosozialprodukts und des durch Kennziffern definierten «Lebensstandards» – wir würden hier also von Lebensqualität sprechen – immer größer wird.

Bedeuteten von 1955 bis 1960 10 Prozent Wachstum des Bruttosozialprodukts noch 7,4 Prozent mehr «Lebensstandard», so waren es 1960 bis

1965 noch 5,8, 1965 bis 1970 noch 4,7 Prozent. Das heißt, auch wenn man überwiegend materielle Kriterien nimmt, so nähert sich der Vorteil, den der einzelne vom Wachstum des Bruttosozialprodukts hat, rasch der Nullgrenze.

An diesem Punkt setzen jetzt übrigens die Forscher des Starnberger Instituts an. Sie wollen herausfinden, ob es einen Punkt gibt, an dem das herkömmlich definierte Wirtschaftswachstum völlig absorbiert wird durch den sozialen Aufwand, der zu seiner Bewältigung nötig ist. Sollte dies gelingen, so wäre das von eminenter Bedeutung, nicht nur für die Neuformulierung des Langzeitprogramms der SPD.

Ich habe Ihnen diesen knappen Einblick in die wissenschaftliche Diskussion zugemutet, um zu zeigen, daß heute mit Energie und Erfolg an den verschiedensten, hier meist nicht erwähnten Stellen über Kennziffern gearbeitet wird, daß der Begriff Lebensqualität auch von daher Konturen annimmt. Bisher kenne ich allerdings kein System von Indikatoren, das auch nur einigermaßen die Lebensqualität bestimmen könnte, die in der Dortmunder Formel anvisiert wird. Aber es gibt keinen Grund zu der Annahme, daß dies unmöglich sein sollte.

Daher möchte ich mir noch zwei Anregungen für diese Arbeit erlauben: Mich interessieren weniger die sogenannten Input- als die Output-Kennziffern. Mich interessiert weniger die Zahl der Ärzte pro 1000 Einwohner als der Gesundheitszustand der Menschen. Mich interessiert erst recht nicht die Zahl der Rechtsanwälte pro 1000 Einwohner, sondern die Frage, welcher Anteil der Bürger glaubt, man könne in diesem Staat sein Recht finden.

Ich habe auch meine Zweifel, ob die sogenannten «objektiven» Kennziffern, die man durch die Statistik gewinnt, ausreichen. Ist die Zahl der Telefone pro tausend Einwohner wirklich das Maß der Kommunikation in einer Gesellschaft? Mich würde interessieren, welcher Teil unserer alten Menschen sich überflüssig oder gar ausgestoßen vorkommt, welcher Teil unserer Kinder nur mit Widerwillen zur Schule geht und bei wie vielen sich dieser Widerwille bis zur Neurose steigert.

Und vor allem muß der Politiker wissen, was dem einzelnen seine Arbeit bedeutet, warum sie ihm Last, Langeweile, Ekel oder Freude bereitet. Für all dies gibt es das Instrument der Meinungsumfragen.

Was da ein Team von Wissenschaftlern für das amerikanische Gesundheitsministerium herausgefunden hat (Work in America), trifft bei uns auf eine immer heftigere Diskussion um die Humanisierung des Arbeitslebens. Daß die Aufteilung der Arbeit in einzelne, bis zum Überdruß wiederholte Handgriffe etwas mit Lebensqualität zu tun hat, hat unsere Gesellschaft allzu lange verdrängt. Jetzt müssen wir wieder lernen, daß die Qualität des Lebens mit der Qualität der Arbeit beginnt, daß zur

Qualität der Arbeit das Mitdenken, Mitentscheiden gehört.

Wir werden nachzudenken haben über das Wort Hegels, daß der Mensch sich durch seine Arbeit selbst produziere, und über die These von Marx, daß sich an der Arbeit die Entfremdung des Menschen ebenso entscheide wie ihre Aufhebung. Hier liegt ein Schwerpunkt für die künftige Arbeit.

Die schwierigste Phase der Begriffsbestimmung wird die vierte sein. In dieser Phase wird es darauf ankommen, aus den nahezu beliebig vielen Kennziffern die wichtigsten auszuwählen und ihnen ihren Stellenwert zuzumessen. Wo gewichtet wird, ist immer ein Element der Entscheidung, der Wertung, der Ideologie im Spiel. Wissenschaftler werden von einem Element der Willkür sprechen. Hier beginnt die politische Aufgabe.

Wer von der Dortmunder Formel ausgeht mir ihren Stichworten Freiheit, Solidarität, Selbstbestimmung, Teilhabe an Natur und Kultur, sinnvoller Gebrauch der eigenen Kräfte in Arbeit, Spiel und Zusammenleben, wird zu anderen Wertungen kommen als jemand, der, wie Franz Josef Strauß, Lebensqualität auf jene beiden Vokabeln reduziert, die seit hundert Jahren dem deutschen Besitzbürger teuer sind: Besitz und Bildung.

An dieser Stelle muß und wird gestritten werden. Das wird dazu führen, daß für den Bürger die Wertsysteme ihrer Politiker besser erkennbar werden. Vieles, was bislang als ideologisches Vorurteil unbewußt praktiziert wurde, muß reflektiert und erklärt werden.

IV

Dabei wird auch der Begriff der Leistung und der Leistungsgesellschaft neu durchdacht werden müssen. Es ist ja etwas komisch, wenn erwachsene Menschen sich darüber streiten, ob sie für oder gegen Leistung seien.

Mir ist der Begriff der Leistungsgesellschaft zum erstenmal begegnet in einer Rede von Fritz Erler vor gut zehn Jahren. Erler gebrauchte ihn als Gegensatz zu einer Gesellschaft der Privilegien. Nicht Vorrechte, Geld, Beziehungen sollten zählen, sondern die Leistung. Das ist auch heute noch nicht überholt. Wer gegen die Leistung als Maßstab ist, muß dann auch sagen, welches der bessere Maßstab sein soll.

Wenn ich richtig sehe, ist das Leistungsprinzip bei uns vor allem aus zwei Gründen ins Gerede gekommen: einmal durch den an einigen Stellen wachsenden Leistungsdruck, zum anderen durch einen mehr als fragwürdigen Leistungsbegriff.

In einer Gesellschaft, in der wirtschaftliches Wachstum Norm und Ziel ist, wird Leistung primär daran gemessen, was sie zur Produktion beiträgt, zum Wachstum. Viele hier erinnern sich an die Begründung, die noch vor wenigen Jahren von den Bildungspolitikern für ihre Forderungen gegeben wurde: nur mehr Bildung könne das Wirtschaftswachstum garantieren. Und von da ist es nur ein Schritt zu der These, Bildung sei um so wertvoller, je mehr sie zum Wachstum beitrage. Auch hier müssen wir eine Wende vollziehen: Wachstum ist um so wertvoller, je mehr es der geistigen und ästhetischen Bereicherung der Gesellschaft dient.

Der Leistungsbegriff einer Gesellschaft läßt sich am leichtesten ablesen an ihren Gehalts- und Einkommensstrukturen. Wenn ich einen Geschäftsführer suche für eine Institution, die Privatinvestitionen steuern soll, dann muß ich dafür etwa das Dreifache dessen rechnen, was ein Geschäftsführer beim DED bekommt. Warum eigentlich? Einfach weil sich der eine überwiegend mit dem sachgemäßen Einsatz von Geld, der andere überwiegend mit dem sachgemäßen Einsatz von Menschen zu beschäftigen hat.

In einer Gesellschaft, die sich Wachstum zum Ziel gesetzt hat, werden im allgemeinen die Leistungen unterbewertet, die unmittelbar mit Menschen zu tun haben. Man überläßt sie gern den Frauen, die ohnehin mit wenig zufrieden sind: der Krankenschwester, der Verkäuferin, der Köchin, der Lehrerin, der Arzthelferin, der Kindergärtnerin und vor allem der Hausfrau.

Obwohl wir wissen, daß in achtzig Jahren nicht nachzuholen ist, was eine Mutter in den ersten drei Jahren an ihrem Kind versäumt hat, wird die Leistung einer Mutter nicht honoriert. Im Gegenteil, in der Rentenversicherung wird noch im Alter bestraft, wer sich um seine Kinder gekümmert hat.

Auch eine Gesellschaft, die nicht auf Wachstum versessen ist, braucht Leistung. In einer Dienstleistungsgesellschaft ist noch unmittelbarer als in der industriellen Produktionsgesellschaft die Leistung des einen die Lebensqualität des anderen, das Versagen des einen der Ärger und das Leid des anderen. Leistung ist, was das Leben der anderen, aber auch das eigene, humaner, erfüllter, freier, solidarischer macht.

V

Wo es um Lebensqualität geht, stellt sich die Frage nach der *politischen Willensbildung* dringlicher als je zuvor, und zwar aus zwei Gründen:

Erstens weil die Methode der Bestimmung von Lebensqualität schon ein Bestandteil von Lebensqualität ist.

Zweitens weil bei diesem Denkansatz der Problemdruck sichtbar wird, der auf den politischen Entscheidungsträgern, also auf uns allen lastet. Weil mehr als je zuvor zu entscheiden ist, wird es immer wichtiger, wie politisch entschieden wird.

Solange wir uns – und das haben wir noch vor wenigen Jahren getan – die Zukunft der Industrieländer vorstellten als Verdoppelung des Pro-

Kopf-Einkommens in jeweils sieben oder zehn oder fünfzehn Jahren, die Zukunft der Entwicklungsländer als das erfolgreiche Bemühen, Anschluß zu finden bei dieser Reise ins Glück, waren die politischen Entscheidungsmechanismen wenig gefordert.

Man war sich im Grunde einig. Wo es darum geht, Lebensqualität zu verbessern, noch mehr, wo es gilt, Gefährdungen der Lebensqualität zu begegnen, brechen Konflikte auf, die sich mit den herkömmlichen Formen der Willensbildung kaum mehr austragen lassen.

Pierre Viansson-Ponté hat in *Le Monde* am 2. April 1971 die Frage gestellt, ob in hochentwickelten Industriegesellschaften Politik noch möglich sei, wenn man unter Politik ein vorausschauendes und planvolles Handeln versteht, das zwischen verschiedenen Alternativen eine rational begründete Auswahl trifft. Obwohl in Frankreich die Vollmachten des Präsidenten weiterreichen und die Mehrheitsverhältnisse klarer sind als in den meisten Industrieländern, kommt Viansson-Ponté zu dem Schluß, daß Politik in Frankreich technisch unmöglich geworden sei:

«Die Regierung hat ihren Ort am geometrischen Ort der nationalen Widersprüche, der einander entgegengesetzten Pressionen, der Gefährdungen und der Zwangslagen. Sie trifft keine rationale Auswahl und besitzt keine wirkliche Voraussicht, sondern muß sich damit begnügen, standzuhalten und, so gut es geht, zu reagieren.» Viansson-Ponté schließt seinen Aufsatz mit der Frage, ob wir noch in diesem Jahrzehnt den Tod der Politik erleben werden.

Es stimmt nicht, daß Regierungen immer nur reagieren. Gerade in der Bundesrepublik gäbe es eine Reihe von Gegenbeispielen. Trotzdem: Wenn ich überlege, wieviel Zeit und Kraft die Regierungen, denen ich nun viereinhalb Jahre lang angehört habe, mit der Reaktion auf internationale Währungskrisen verbracht haben, und wenn ich damit die Zeit vergleiche, die etwa auf Umweltschutz, Gastarbeiter oder Entwicklungshilfe verwendet wurde, dann ahne ich, was Viansson-Ponté meint.

Aber wenn man heute unsere Bürger fragt, was sie an ihrer Regierung auszusetzen haben, dann ist es eine verschwindende Minderheit, die ihr ankreidet, sie habe vor lauter Stabilitätspolitik entscheidende Zukunftsaufgaben vernachlässigt. Im Gegenteil: die meisten werfen ihr vor, daß es ihr nicht gelungen ist, den deutschen Wagen vom Zug der internationalen Inflation abzuketten.

Solange dies so bleibt und solange der jeweilige Finanzminister sich dem Druck einer öffentlichen Meinung ausgesetzt sieht, die an der Zuwachsrate des Bundeshaushalts den Willen zur Stabilität meint ablesen zu sollen, steht der Spielraum für Politik in der Tat in keinem Verhältnis zum Problemdruck.

Wer in einem Kabinett sitzt, das sich als handlungsfähiger erwiesen hat als die meisten Regierungen dieser Erde, wer trotzdem jeden Tag niedergedrückt wird von der Einsicht, daß die Entscheidungen dieses Kabinetts weiter hinter dem Notwendigen zurückbleiben, der ist geneigt, Klaus Müller recht zu geben, der gegen Ende seines aufrüttelnden Buches (‹*Die präparierte Zeit*›, 1972) zu dem Ergebnis kommt:

«Was eigentlich vom heutigen Menschen gefordert wäre, ist ein solches Übermaß an planvollem, verantwortlichem Handeln, wie es ein endliches Wesen, das er ist, gar nicht leisten kann. Unter ethischem Aspekt ist es daher unsere Endlichkeit, die in die Krise gelangt ist: Wir haben in einem dreihundert Jahre währenden, weithin blinden Anlauf eine Welt entworfen und gestaltet, deren verantwortliche Steuerung ein Maß an Überblick und Voraussicht erfordert, welches mit der aktualen Endlichkeit unseres Wissens und Könnens kollidiert.»

Von hier aus stellt Müller mit Recht die Frage nach dem Verhältnis von Wissenschaft und Politik:

«Die Exekutive krankt heute daran, daß sie

a) neue Grundeinsichten zu spät oder gar nicht gewinnt;

b) die Fülle der möglichen Alternativen nicht oder zu spät erfährt, weil zu wenig Menschen, die über diese Fragen schon einmal nachgedacht haben, in den Entscheidungsprozeß integriert sind.»

Ich fürchte, die Sache ist noch komplizierter, als Müller sie sieht. Wer gelegentlich versucht, einem qualifizierten Wissenschaftler Antworten auf politisch relevante Fragen zu entlocken, wird immer wieder enttäuscht sein. Er wird hören, daß man darüber gerade angefangen habe nachzudenken, daß man darüber vielleicht in ein paar Jahren, möglicherweise aber niemals Genaues werde sagen können. Der Politiker aber muß heute entscheiden.

Was stimmt nicht im Verhältnis von Wissenschaft und Politik?

1. Meist sind Politik und Verwaltung nicht in der Lage, rechtzeitig präzise Fragen an die Wissenschaft zu richten.

2. Die Wissenschaft interessiert sich häufig gar nicht dafür, was für die politische Entscheidung relevant ist, sie gibt häufig auf irrelevante Fragen irrelevante Antworten.

3. Da auch in die wissenschaftliche Arbeit notwendige ideologische Vorurteile und gelegentlich sogar massive Interessen einfließen, ist das Vertrauen des politischen Entscheidungsträgers in wissenschaftliche Unterlagen begrenzt.

Was wir brauchen, sind erstens kleine Zirkel, wo Verantwortliche aus Verwaltung, Politik und Wissenschaft gemeinsam die relevanten Fragen formulieren, und zweitens Wissenschaftler, die bereit sind, abseits von allem Perfektionismus Antworten darauf zu suchen, auch wenn sie dabei Vorbehalte machen und auf mögliche Fehlerquellen hinweisen müssen.

Der Graben zwischen Wissenschaft und Politik war immer schon ärgerlich. In Zukunft kann er lebensgefährlich werden.

Aber wir leiden ja nicht nur darunter, daß Politiker selten exakt artikulieren, was sie wissen wollen, daß Wissenschaftler oft nicht wissen, was sie wissen sollten, sondern vor allem darunter, daß es zunehmend schwieriger wird, gesicherte Einsichten politisch durchzusetzen.

Die Ursache dafür liegt einmal in der Schwerfälligkeit der Apparate. Ein Beispiel: Schon auf dem Steuerparteitag 1971 wurde im Prinzip eine Bodenwertzuwachssteuer beschlossen. Der Parteitag von Hannover hat 1973 diesen Beschluß weiter präzisiert.

Diese Steuer setzt aber ein neues Bewertungsrecht voraus. Also wird in dieser Legislaturperiode ein neues Bewertungsgesetz vorbereitet und, wenn alles gutgeht, verabschiedet. Dann muß die Steuerverwaltung auf Grund dieses Gesetzes neu bewerten. Das bedeutet, daß diese Steuer, die hier und heute zur Ordnung des Bodenmarktes nötig wäre, frühestens gegen Ende des Jahrzehnts wirksam werden kann. Niemand weiß, ob sie dann noch ein angemessenes Mittel sein wird.

Die zweite Ursache liegt im Verhältnis zwischen Politik und öffentlicher Meinung. Eine Regierung kann immer nur einen Schritt vor der öffentlichen Meinung sein, wo sie zwei Schritte voraus ist, gefährdet sie ihre Existenz.

Wo es um Lebensqualität geht, sind Konflikte mit mächtigen Interessengruppen unvermeidlich. Um so nötiger sind Initiativen der Bürger selbst. Die Polemik, dem Bürger solle von der Obrigkeit seine Lebensqualität zugeteilt werden, geht weit an der Realität vorbei. Das Gegenteil ist richtig: der Bürger wird die Arbeitswelt, die natürlichen Lebensgrundlagen, die Mitbestimmung haben, die er sich im Verein mit politischen Kräften erkämpft. Er wird von keiner Regierung sehr viel mehr bekommen, als er von ihr verlangt. Demokratie heißt heute, den Bürger für die Gemeinschaftsinteressen zu mobilisieren, damit die politischen Entscheidungen nicht hoffnungslos hinter den Erfordernissen dreinhinken.

Nicht nur auf der äußersten Linken hören wir die Frage, ob denn die parlamentarische Demokratie mit alldem nicht überfordert sei. Wenn damit eine Demokratie gemeint sein sollte, wo die Bürger alle vier Jahre zur Urne gehen und dann warten, was die Regierung ihnen zu bieten hat, dann ist sie sicher überfordert.

Trotzdem ist unsere Verfassungsordnung besser als jede andere geeignet, jenen Austausch von Information, jene Diskussion, jene Mobilisierung von politischem Willen möglich zu machen, ohne die in keinem System das politische Räderwerk auf die Geschwindigkeit zu bringen ist, die dem Problemdruck unserer Zeit entspricht. Ob dabei das imperative Mandat weiterhelfen kann, möchte ich bezweifeln. Ich kann mir nur mit

Schaudern den Typus des Mandatsträgers vorstellen, der sich als Briefträger für imperative Mandate zur Verfügung stellt.

Was wir brauchen, ist der ständige Dialog zwischen Mandatsträgern und Bevölkerung, es ist die Mobilisierung des Sachverstands, wo immer er zu finden ist. Wer zum Beispiel sollte besser über die Humanisierung des Arbeitsplatzes mitreden können als der Arbeiter selbst? Und sicher müssen wir die Scheu verlieren vor der Ausnutzung der plebiszitären Möglichkeiten in Ländern und Gemeinden, und wo sie nicht ausreichen, sollten wir neue schaffen.

Als Herr Strauß in Reutlingen Demokratisierung und Freiheit als unversöhnliche Gegensätze darstellte, war ich zuerst geneigt, an einen Druckfehler zu glauben. Denn Demokratisierung steht zwar nicht in einem Gegensatz zu Freiheit, wohl aber zur Freiheit all derer, die irgendwo Macht ausüben.

Demokratisierung bedeutet zuerst Aktivierung von Energien. Und wer die Gefahr an die Wand malt, die Gewerkschaften könnten im Rahmen der Mitbestimmung die Freiheit bedrohen, vergißt ganz, daß der Demokratisierungsprozeß die Gewerkschaften längst erreicht hat, daß die Gewerkschaften nie ein Apparat waren, der sich von einer Schaltzentrale aus steuern ließ und daß sie dies heute weniger sind als je zuvor. Demokratisierung bedroht nicht, sie garantiert Freiheit, weil sie Freiheitsräume schafft.

VI

Sie erwarten von mir eine Antwort auf die Frage, was der Denkansatz Lebensqualität für unsere Wirtschaftsordnung bedeute. Ehe ich sie versuchen will, sehr subjektiv und wohl auch sehr vorläufig, möchte ich etwas zu dem Versuch von Professor Giersch sagen, das Thema Lebensqualität ökonomisch auf den ohnehin fälligen «wachstumsgerechten Strukturwandel» zu reduzieren.

Giersch geht, natürlich mit Recht, davon aus, daß Wachstum in hochindustrialisierten Ländern überwiegend im tertiären, im Dienstleistungsbereich stattfinden wird, da wir in den Industrieländern schon zuviel Nahrungsmittel und fast genug industrielle Konsum- und Investitionsgüter erzeugen. Und er hat recht mit der Feststellung, daß wir in Zukunft mehr geistiges Kapital, Bildung und moderne Dienstleistungen konsumieren. Dafür sollen die Entwicklungsländer uns mehr und mehr mit Industriewaren beliefern.

So richtig das ist und so wenig es austrägt, wenn ich bezweifle, daß damit die Arbeitslosigkeit in Entwicklungsländern allmählich verschwinden werde: Was bedeutet dies für die Lebensqualität in unserem eigenen Land?

Auch wenn es wirklich so kommt, wie sein Institut errechnet hat, daß in der Bundesrepublik bis 1980 200000 bis 500000 Arbeitsplätze durch die Importe aus Entwicklungsländern überflüssig werden, so ändert das nichts an der Zersiedlung unserer Landschaft, am Verkehrschaos in unseren Ballungsräumen, an der Inhumanität unserer Arbeit, an den überfüllten Klassenzimmern, der vergifteten Nahrung, und erst recht nichts am Unbehagen über die Verteilung der Lebens- und auch der Mitbestimmungschancen in unserem Land.

Wenn 1 bis 2 Prozent unserer Arbeitsplätze überflüssig werden, fällt dies nicht einmal für die Zuwachsrate des Energiebedarfs fühlbar ins Gewicht. Strukturwandel ist nötig, man muß ihn fördern – aber er ist kein Patentrezept für Lebensqualität.

Es geht sicher auch nicht nur um eine Verschiebung von privatem Wohlstand zu öffentlichen Leistungen und Investitionen. Daß Lebensqualität mit Schulen, Kindergärten, Krankenhäusern, Turnhallen und öffentlichen Verkehrsmitteln zu tun hat, ist inzwischen den meisten Bürgern einsichtig geworden.

In einer Umfrage neuesten Datums wurde gefragt, ob es wichtiger sei, daß der einzelne seinen privaten Wohlstand mehre oder daß der Staat genügend Geld für Gemeinschaftsleistungen habe. Bei 11 Prozent Enthaltungen sprachen sich 21 Prozent für den privaten Wohlstand, 68 Prozent für mehr öffentliche Leistungen aus.

Gefragt, ob der Staat nicht besser auf Reformen verzichte, als daß die wirtschaftliche Entwicklung beeinträchtigt werde, antworteten 54 Prozent mit nein, 27 Prozent mit ja, 19 Prozent enthielten sich.

Das sind Zahlen, die wir uns vor drei Jahren noch nicht vorstellen konnten. Die Bürger sind also klüger als manche Politiker, die an ihren Egoismus appellieren.

Ich kann mir eine funktionierende Wirtschaft in einem hochindustrialisierten Land nicht vorstellen ohne einen freien Markt, der in weiten Bereichen Angebot und Nachfrage von Gütern über den Preis reguliert. Dies gilt sogar da, wo ein Teil oder gar die Gesamtheit der Produktionsmittel in Gemeineigentum sind. Ich kann mir eine hochspezialisierte Wirtschaft auch nicht vorstellen ohne das, was man im Osten verschämt materielle Interessiertheit, bei uns Gewinn nennt. Eine staatskapitalistische Zentralverwaltungswirtschaft wäre für uns kein Schritt nach vorn, sondern einer zurück.

Ich glaube nicht, daß das Privateigentum an Produktionsmitteln die Freiheit garantiere. Aber es leuchtet mir auch nicht ein, warum das Gemeineigentum an Produktionsmitteln diese segensreiche Wirkung haben sollte. Für beides gibt es keinen historischen Beweis. Hier muß wohl von Fall zu Fall nachgewiesen werden, welche Regelung im Interesse der Gemeinschaft günstiger ist. Wichtiger wird es sein, die Rechte, die aus dem Eigentum, vor allem an Produktionsmitteln und am Boden, fließen, neu, das heißt in manchen Fällen, restriktiver zu formulieren.

Es hat immer Bereiche gegeben, in denen marktwirtschaftliche Prinzipien sich als nicht oder nur partiell anwendbar erwiesen, zum Beispiel das Bildungs- oder das Gesundheitswesen. In den letzten Jahren mehren sich die Bereiche, wo Marktwirtschaft nicht mehr funktioniert, wo staatliche Eingriffe unvermeidlich werden. Ich nenne ein paar Beispiele:

1. Grund und Boden: Das Gesetz von Angebot und Nachfrage, auf den Bodenmarkt in Ballungsräumen angewandt, führt, wie wir heute wissen, zur Zerstörung unserer Städte.

2. Energie: Es ist abzusehen, daß wir noch in diesem Jahrzehnt in Schwierigkeiten geraten, wenn wir uns an die im Augenblick billigste Energie, das Öl, halten und die Kohleproduktion entsprechend drosseln. Also wird auch hier der staatliche Eingriff, ein wahrscheinlich sehr teurer Eingriff, unerläßlich.

3. Verkehr: Wollten wir daran festhalten, daß der Autofahrer für die Wegekosten der Straße, der Eisenbahnbenutzer für die Wegekosten der Bahn aufkommt, so wäre der Augenblick nicht fern, wo die Bahn ihre Tore schließen müßte, während das Chaos auf den Straßen perfekt würde. Schon heute muß der Steuerzahler 7 Milliarden DM aufbringen, damit noch Züge fahren. Der Staat wird die Wettbewerbsbedingungen zwischen Schiene und Straße verändern müssen, und zwar ohne Rücksicht auf Wegekostenberechnungen.

4. Landwirtschaft: Daß hier schon lange der Preis nicht von Angebot und Nachfrage bestimmt wird, bezeugen die irrsinnigen Geschäfte, die nötig sind, damit die Butterberge nicht in den Himmel wachsen. Ich halte es für unmöglich, die Leistung des Landwirts für die Allgemeinheit, die ja nicht nur in der Produktion von Lebensmitteln besteht, auf die Dauer über den Preis seiner Produkte zu honorieren, zumal eine solche Agrarpolitik dazu führen müßte, wesentlich mehr aufzuforsten, als dies unserer Landschaft guttut.

5. Arzneimittelmarkt: Dieser Markt lebt heute davon, daß die Medizin es bisher versäumt hat, eine Teildisziplin aufzubauen, die sich mit dem Gesamtbereich der Nebenwirkungen von Medikamenten befaßt. Sobald dies geschieht – und dies würde die Lebensqualität sicher erhöhen –, wird man den Gesetzgeber tadeln, daß er nicht früher und härter eingegriffen hat.

Das wichtigste Beispiel aus meiner Sicht ist unser Verhältnis zu den Entwicklungsländern. Wenn wir darauf beharren wollten, gegenüber der Dritten Welt nur die Gesetze des Marktes gelten zu lassen, so ist der Elendszirkel in diesen Ländern nicht zu durchbrechen. Der ungesteuerte

Marktmechanismus hat für uns, die Stärkeren, sehr angenehme, für die Entwicklungsländer, die Schwächeren, verheerende Folgen.

Der Schnittpunkt zwischen der Lebensqualität in Entwicklungsländern und bei uns wird übrigens in den nächsten Jahren für alle spürbar das Heer der Gastarbeiter sein. Wenn rund um das Mittelmeer, in Schwarzafrika und im Mittleren Osten die Arbeitslosigkeit im gegenwärtigen Tempo zunimmt, wird auf die Länder der EG ein Druck entstehen, dem wir uns nicht werden entziehen können, es sei denn mit den Methoden des Polizeistaates.

Das wird beginnen mit der Türkei, auf deren Wartelisten für die Bundesrepublik heute schon 1,2 Millionen Menschen stehen, die eines nicht allzu fernen Tages, spätestens 1986, auf Freizügigkeit pochen können. Ich kann mir nicht vorstellen, daß wir Deutschland zu einem riesigen Ballungsgebiet machen wollen, das alle Welt mit Exportgütern versorgt. Unsere Lebensqualität wird davon abhängen, wieviel Arbeitsplätze wir in diesen Entwicklungsländern schaffen helfen.

Wo wirtschaftliches Wachstum Ziel von Ökonomie und Politik ist, sind Investitionsentscheidungen bestimmt durch Absatzchancen und Gewinnerwartung. Wo Lebensqualität Ziel politischen Handelns wird, kommen zunehmend andere Kriterien mit ins Spiel: Zersiedlung der Landschaft, Schädigung der Natur, Verkehrsbelastung durch Anfahrt von Arbeitskräften, Belästigung der Anwohner, Belastung der kommunalen Infrastruktur.

In anderen Worten: Investitionsentscheidungen werden immer mehr gesellschaftliche Entscheidungen. Daher sollten wir nicht erschrecken vor dem Wort Investitionslenkung. Schließlich war der ruinöse Wettbewerb der Gemeinden um Gewerbesteuer schon eine Art von Investitionslenkung, allerdings eine miserable. Heute sind es Bürgerinitiativen, die auf ihre Weise versuchen, Investitionen zu lenken.

Jetzt geht es darum, für gesellschaftliche Entscheidungen auch gesellschaftliche Entscheidungsmechanismen zu schaffen, die den gesellschaftlichen Wert einer Produktion abwägen gegen die gesellschaftlichen Kosten. Ich hoffe, die neue Langzeitkommission wird einen ersten Vorschlag machen.

VII

Manche von Ihnen sind hierhergekommen, um zu erfahren, ob wir seit Oberhausen weitergekommen sind. Wir sind weitergekommen:

1. Vieles, was in Oberhausen noch revolutionär klang, ist inzwischen selbstverständlich geworden. Lebensqualität ist zum Postulat geworden.

2. Daß Lebensqualität mehr von öffentlichen Leistungen abhängt als

von Steigerung des privaten Konsums, wird heute von der Mehrheit der Bevölkerung eingesehen.

3. Lebensqualität kann nicht mehr Funktion von Wirtschaftswachstum sein. Wirtschaftswachstum muß Funktion von Lebensqualität sein.

4. Lebensqualität ist definierbar. Sie ist in Dortmund politisch definiert worden. Verschiedene Gruppen von Wissenschaftlern bemühen sich um Quantifizierung durch Kennziffern.

5. Die Methode der Bestimmung von Lebensqualität ist schon Bestandteil von Lebensqualität.

6. Definition und Durchsetzung von Lebensqualität erfordert ein konstruktiveres Verhältnis von Wissenschaft und Politik.

7. Wo Lebensqualität zum Programm wird, wird ein Problemdruck sichtbar, der neue Formen politischer Willensbildung nötig macht.

8. Die Bereiche, die sich nicht mehr marktwirtschaftlich ordnen lassen, werden zahlreicher. Neue Formen der Investitionslenkung müssen erprobt werden.

9. Der Schnittpunkt zwischen Lebensqualität in Industrieländern und Entwicklungsländern, das Gastarbeiterproblem, ist stärker in unser Bewußtsein getreten.

10. Lebensqualität ist nicht möglich ohne Leistung. Beim Leistungsbegriff selbst muß sich der Akzent verlagern auf das, was unmittelbar den Menschen dient.

Vielleicht werden Sie sagen, das sei nicht viel. Ich meine, selten hat sich unser Bewußtsein so rasch verändert wie in den letzten fünfzehn Monaten. Der Begriff Lebensqualität ist nicht die Ursache, aber er ist ein Zeichen dafür.

V. Die Brandt/Heinemann-Ära

Eppler: 1968 war ich noch überzeugt, daß wir im Grunde nur so weitermachen müssen mit ein paar Korrekturen, sozialpolitischen Korrekturen, steuerpolitischen Korrekturen, und daß sich daraus eine ziemlich rosige Zukunft ergebe. Etwa vom Jahre 1971 an war ich fest davon überzeugt, daß das einzige, was wirklich nicht funktionieren kann, die Fortsetzung dessen ist, was wir bisher getan haben. In der Tat hat sich dadurch auch meine Vorstellung von Politik verändert. Vieles, was man Politik nannte und nennt, verdient den Namen nicht mehr.

Duve: Und woher kam diese Überzeugung? Sie kam ja nicht durch eine marxistische Analyse.

Eppler: Sie kam durch eine Analyse der Wirklichkeit der Dritten Welt. Das war die Analyse der verschiedenen Krisen, die zusammen einen Circulus vitiosus ergeben, also Arbeitslosigkeit, Bevölkerungsvermehrung, Hunger, Analphabetismus, Slumbildung in den Großstädten, Landflucht und so fort. Wie da eine Krise in die andere griff, sie verstärkte und verlängerte, das hat mich umgetrieben. Schließlich wunderte ich mich nicht mehr, wenn auch bei uns vergleichbare Ausweglosigkeiten sichtbar wurden.

Duve: Die APO hatte darauf wenig Einfluß? Denn sie hatte ja ähnliche Dinge durchaus mitformuliert, auch zur Dritten Welt.

Eppler: Die APO hat das alles in rein marxistische Termini formuliert. Das war in der Sache fragwürdig, vor allem war es für viele unverständlich.

Duve: Nein, nein, das ist klar – aber das hat Sie doch auch beeinflußt, daß Sie dort zu anderen Fragen auch gedrängt wurden, dadurch, daß Sie zum Beispiel kämpfen mußten gegen den Imperialismusbegriff, den man Ihnen vorwarf.

Eppler: Die Studentenbewegung hat uns alle mehr beeinflußt, als wir selber gemerkt haben.

Duve: Was ist denn jetzt, zehn Jahre nach 1967, also ein Jahrzehnt nach der Studentenrevolte, die für alle möglichen Fragen Anschübe gegeben hat, aber auch große Probleme geschaffen hat, was kann man heute über sie sagen?

Eppler: Ich müßte erst zugestehen, daß meine erste Einschätzung vor zehn Jahren falsch war. Ich hatte damals den Verdacht, daß jene antidemokratischen Affekte, die mir das Buch von Jaspers so verdächtig gemacht hatten, zur Abwechslung unter linkem Vorzeichen virulent wurden, daß also der akademische Elitedünkel, der in Deutschland meistens von rechts gekommen war, nun zur Abwechslung einmal von links auftrat. Das war mit Sicherheit eine Fehlinterpretation, zumindest hat das nur ein Randphänomen dieser Bewegung getroffen. Heute werte ich diese Bewegung als einen elementaren, emotionalen Aufschrei, der ja rund um die Erdkugel ging – von Tokio über Berkeley bis nach Heidelberg und Paris. Das Grundgefühl war Protest gegen eine Konsumgesellschaft, die sich selbst zum Maßstab und zum Ziel aller Politik erhob. Dazu kam ein Gespür dafür, daß einfaches Fortwursteln dieser Generation keine Zukunft mehr öffnen konnte. Daß diese Emotionen sich nachher fast durchweg in marxistischer Terminologie äußerten und schließlich sogar in einen eher komischen Streit zwischen einzelnen marxistischen Sekten ausarteten, war sicher nicht zwingend, sondern das Ergebnis unseres eigenen Versagens, weil wir – gerade meine Generation – diesen jungen Leuten nichts zu bieten hatten. Da wir nur sagten, sie sollten ihre Ideologie beiseite lassen und pragmatisch denken, dürfen wir uns nicht wundern, wenn sie sich in marxistischen Dogmenstreitigkeiten verfangen haben und schließlich in Einzelfällen an den Rand der Gesellschaft und über deren Rand hinausgeraten sind.

Duve: Die Jugendthemen von damals: Wohlstandsgesellschaft, das heißt die Einschätzung, daß man zwar reich sei, aber daß dieser Reichtum falsch, ungerecht verteilt sei, Amerika als Weltmacht der Heuchelei, Vietnam-Krieg, dann das eigene Land, Axel Springer und Pressemonopol, das waren so die Reizwörter. Dann das schlimme Wort von der «repressiven Toleranz» – für mich eins der gefährlichen Denkmodelle, die man in die Welt setzen kann, weil dann jede Möglichkeit, wirklich tolerant zu sein, aufhört. Sind diese Themen noch virulent heute? Ist da etwas, was geblieben ist?

Eppler: Im Grunde gibt es heute noch keine befriedigenden Antworten auf das, was uns diese Generation gefragt hat – zumindest nicht in der etablierten Politik. Aber mein Eindruck ist, daß die Generation, die jetzt kommt, dieselben Fragen doch wieder ähnlich stellt, nüchterner, vielleicht auch realistischer, oft auch resigniert, aber nicht weniger dringlich. Wenn wir die Frage der Jungen: «Wie soll es mit uns nun weitergehen?» nicht aufgreifen und schließlich beantworten, wird die Alternative zwischen Rebellion und Resignation bleiben, wobei Resignation nicht weniger gefährlich ist als Rebellion.

Duve: Die APO hat ja zweifellos eine Wirkung auf die Parteien gehabt und auf den Staat. Aus all den Themen, die da so liefen, ist irgendwo denn ein Stückchen staatliche Maßnahme geworden; in der Bildungspolitik, in der Kommunalpolitik, in allen Medien, Politik wurde plötzlich ein Thema, aber es blieb immer so: Der Staat muß es aufgreifen, und der Staat muß daraus irgendeine Maßnahme formulieren und ist an dieser – wenn man so will – «Verstaatlichung» von emotionalen und auch zum Teil sehr sinnlichen Verhaltensformen der APO . . . Diese Verstaatlichung des Reformdrucks, das war die Rolle der SPD. Wie hat die APO auf die SPD und dann damit auf die Bildung der Kleinen Koalition gewirkt?

Eppler: Sicherlich hat die APO eine Stimmung geschaffen, in der einige abgenutzte konservative Klischees schwerer an den Mann zu bringen waren. Sicher hat der Schwung dieser Jugendrebellion sich dann auch in den Wahlkämpfen 1969 und 1972 zugunsten der Sozialdemokraten ausgewirkt. Dann kam der große Schub von jungen Leuten, meist Studenten, in die SPD, der die Partei gründlich durchgeschüttelt hat.

Duve: Das ist natürlich für die siebziger Jahre zur größten Belastungsprobe der SPD geworden; der starke Einschub von jungen Leuten, die Eintrittswellen von jungen Leuten, die sich der APO zugehörig fühlten, ohne deren Führer gewesen zu sein, und die da tatsächlich dann die Unterwandererstiefel anzogen. Ist das als Chance begriffen und aufgegriffen worden, oder ist es bis heute ein großer – die ganze Partei bedrängender – Gruppenkonflikt, Generationskonflikt, Sozialkonflikt – lassen Sie es also ganz andere Gruppen sein, die da plötzlich das Gesicht der Partei prägen – wer hat das eigentlich gesteuert? Sie waren damals noch nicht im Bundesvorstand, aber wem wäre es zu verdanken, daß er heute noch einigermaßen aushaltbar ist, dieser Konflikt etwa zwischen Partei und Jusos, wie er sich heute darstellt.

Eppler: Es hat da zwei Reaktionsweisen gegeben, die dann auch zu Gruppenbildungen innerhalb der Partei geführt haben. Eine Reaktionsweise ging von den Kanalarbeitern bis hin etwa zu Helmut Schmidt, die dieses Einströmen fast ausschließlich als Gefahr angesehen haben. Die andere Betrachtungsweise war die von Willy Brandt und sicherlich auch die der meisten, die sich als links verstehen. Wir sahen darin eine Gefahr und eine Chance, vor allem sahen wir gar keine Alternative zu diesem Einströmen, denn die Alternative wäre entweder eine neue Linkspartei gewesen oder aber – wahrscheinlicher – eine aktive Gruppe, die außerhalb des Parteispektrums gegen die Parteiendemokratie angetreten wäre. Bei allem, was an diesem Vorgang der Integration ärgerlich und quälend war, hat es insgesamt der Partei gutgetan, daß sie mit dieser Generation konfrontiert wurde. Ich glaube, es hat auch dieser Generation gutgetan, sich mit gestandenen Sozialdemokraten herumzuschlagen. Auf diese Weise ist etwas, was ein Sprengsatz für die Republik des Grundgesetzes hätte werden können, doch zu einem Treibsatz geworden zur Veränderung der Gesellschaft. Im Rückblick wird man sagen müssen, daß die SPD hier unter dauernden Beschimpfungen von rechts etwas geleistet hat, stellvertretend für die ganze Gesellschaft.

Duve: Der eindrucksvollste Mahner bei diesem Prozeß des Eingliederns der jungen Generation war ja Gustav Heinemann, er war in der Großen Koalition Justizminister. Später prägte sich den Deutschen besonders ein seine Ansprache 1968 bei den Osterunruhen. Das Bild von den Fingern, die auch gegen einen selbst gerichtet sind, wenn man mit dem Finger auf jemanden zeigt. War Gustav Heinemann nach diesem zwölfjährigen Weg von der GVP weg inzwischen so weit in der SPD akzeptiert, daß man auch auf ihn hörte?

Eppler: Gustav Heinemann ist ja von Anfang an mit erstaunlich hohen Stimmenzahlen in den Parteivorstand gewählt worden. Er hat als Person bei allen Gruppen der Sozialdemokratie Kredit gehabt bis hin zu den Kanalarbeitern. Heute kann man sagen, daß seine große Stunde 1968/69 gekommen war, und es ist nicht nur ein Glücksfall, sondern es hat auch seine innere Logik, daß Gustav Heinemann 1969 Bundespräsident wurde.

Duve: Wer hatte als erster die Idee?

Eppler: Dessen bin ich nicht ganz sicher. Es gibt heute viele, die dieses von sich behaupten. Nur: Wenn Willy Brandt es nicht gewollt hätte, wäre es nicht geschehen. Der andere Kandidat, Georg Leber, hätte ja nur eine Chance gehabt, wenn auch die CDU bereit gewesen wäre, einen sozialdemokratischen Kandidaten zu wählen. Im übrigen waren sich nur wenige bei der Wahl Gustav Heinemanns schon im klaren, welchen Symbolcharakter diese Wahl hatte, welches Zeichen dieser Präsident bedeutete und welche Zeichen er setzen würde. Ich erinnere mich, daß wir am Abend nach der Wahl im Schweizerhof zusammensaßen mit Gustav Heinemann und daß er damals uns die Frage stellte: «Was meint ihr, wird meine Aufgabe sein?» An diesem Abend hat Gustav Heinemann mehr zugehört als gesprochen, was ja ohnehin seine Art war.

Duve: Wen erinnern Sie noch als Teilnehmer dieses Gesprächs?

Eppler: Ich glaube, daß Willy Brandt dabei war, Hellmuth Gollwitzer, Dieter Posser und Johannes Rau, also der engere Freundeskreis. Erstaunlich war die nüchterne Stimmung. Da wurde nicht laut gefeiert, da wurde nicht triumphiert, wir alle hatten das Gefühl, daß nun etwas anfangen würde, wofür wir miteinander die Verantwortung trugen. Gustav Heinemann war so trocken und so kurz angebunden wie immer – hat vielleicht ein paar Scherze gemacht, mehr als sonst.

Duve: War Ihr Verhältnis seit der Zeit Ihres Eintritts gleich geblieben, oder hatten Sie sich nun auch im Kabinett zu einer besonderen Gruppe oder einer besonderen Nähe gefunden? Konnten Sie als besonderer Flügel gelten?

Eppler: Als besonderer Flügel konnten wir nicht gelten. Ich hatte – nachdem Gustav Heinemann in der SPD war – wieder engeren Kontakt mit ihm, vor allem dann von 1961 an, als wir gemeinsam im Bundestag waren. Als er Bundespräsident wurde, war ich regelmäßig in der Villa Hammerschmidt – meistens abends. Oft saßen wir ganze Abende zusammen, nur seine Frau und er; gelegentlich waren die Gollwitzers dabei oder auch Dieter Posser. Zeitweise sind wir morgens früh in seinem Schwimmbad geschwommen – solange er noch vor dem Frühstück gebadet hat –, später hat er dann am späten Nachmittag sein Schwimmpensum absolviert. Für mich war die einzige Entspannung in Bonn, mit Gustav Heinemann ein Glas Wein zu trinken und mich von ihm fragen zu lassen.

Duve: Fragen über den Gang der politischen Geschäfte in der Regierung oder?

Eppler: Heinemann fühlte sich als Präsident oft etwas abgeschnitten vom politischen Tagesgeschäft, wobei er dem Kanzler, dessen Terminkalender er kannte, keinen Vorwurf machte. Sicher wollte er wissen, was in der Partei vorging, wo die Konflikte im Kabinett lagen. Er hat auch großes Interesse für mein Ressort gehabt, zum Beispiel für meine Versuche, die Kompetenzverteilungen in diesem Bereich neu zu ordnen, oder auch für meine Reisen. Seine Hauptfrage war immer: Wie kann ich helfen?

Duve: Waren Heinemann und Brandt persönlich befreundet?

Eppler: Ich weiß nur, daß beide große Hochachtung voreinander hatten und wohl auch ein starkes Maß menschlicher Sympathie. Trotzdem blieb wohl zwischen beiden immer eine gewisse Distanz, die vielleicht auch damit zusammenhing, daß sie einander relativ spät begegnet waren. Vielleicht hat es auch beiden an Zeit gefehlt, aus diesem Verhältnis das zu machen, was daraus hätte gemacht werden können. Jedenfalls habe ich – was ja in der Politik nicht häufig vorkommt – nie ein ungutes Wort von Willy Brandt über Gustav Heinemann oder Gustav Heinemann über Willy Brandt gehört.

Duve: Sie hatten nicht das Gefühl, daß die beiden sich als eine Achse einer neuen Identität der SPD oder einer Achse empfanden, die das neue Element der sozial-liberalen Koalition besonders bewußt gemeinsam trugen?

Eppler: Beide wußten und spürten natürlich, daß sie für diese Geschichtsepoche der Bundesrepublik zusammengehörten und daß sie einmal miteinander genannt werden würden, wenn man über diese Epoche spricht. Im übrigen spürte ich sehr bald, daß ich zu diesen beiden Männern unmittelbar gehörte und daß meine Arbeit im BMZ an die Epoche gebunden war, die diese beiden verkörperten.

Duve: War das ein bestimmtes historisches Datum, das weit über die parlamentarische Koalition hinausging? Wie stark war in der SPD das bewußt, was Hermann Flach von der FDP-Seite, Heinemann und Sie von der SPD-Seite spürten als Wieder-Zusammenfinden der sozialen und liberalen gemeinsamen Wurzel des 19. Jahrhunderts? War das eigentlich beschränkt auf wenige, die das als historisches Bündnis empfanden? Oder war dieses historische Bündnis doch nur eine Verbrämung oder eine Heroisierung eines ganz normalen Tatbestands der Koalitionsaddition?

Eppler: Es gab wohl auf beiden Seiten nicht allzu viele, die dieses Bündnis in seiner historischen Dimension gesehen haben, wobei es vielleicht einmal reizvoll wäre, meinen Naumann-Aufsatz von 1961 mit den Schriften von Flach zu vergleichen. Zum Teil sind es dieselben Aussagen, nur ist in einem Fall von Liberalismus und im anderen von demokratischem Sozialismus die Rede. Die SPD/FDP-Koalition war schon jene Mehrheit links vom Zentrum, die Naumann vor siebzig Jahren angestrebt hatte. Wir merkten sehr rasch, daß hier eine besonders günstige Stunde angebrochen war, von der niemand wußte, wie lange sie dauern würde. Daß Gustav Heinemann von Anfang an, ohne einen Augenblick zu schwanken, eine zweite Kandidatur abgelehnt hat, habe ich immer so empfunden, daß nach seinem Empfinden diese Epoche auslief und daß er auf keinen Fall sich selbst politisch überleben wollte. Tatsächlich ist ja dann in den Monaten Mai bis Juli 1974 diese Epoche abrupt zu Ende gegangen. Willy Brandt trat zurück, die Amtszeit Heinemanns lief aus, und die gesamte Stimmung der öffentlichen Meinung entfernte sich rapide von dem, was Gustav Heinemann und Willy Brandt verkörpert hatten. Nach dem emotionalen Aufbruch im Herbst 1972, der Bundestagswahl, waren Hoffnungen geweckt worden, die schon mit der Regierungserklärung Anfang 1973 nicht erfüllt wurden. Und dann kam Ende 1973 jener weltwirtschaftliche Umbruch, der durch die Ölpreiskrise signalisiert wurde. Damals bin ich Willy Brandt in den Ohren gelegen, schon um die Weihnachtszeit 1973 bis hin zu den ersten Apriltagen des Jahres 1974, er möge doch – ursprünglich dachte ich an seine Neujahrsansprache, später schlug ich vor, bei einer Rede vor Braunkohlearbeitern in der Nähe von Braunschweig, den Menschen sagen: «Die Welt hat sich fundamental geändert, es wird nichts wieder, wie es war, es geht nicht so weiter wie bisher, aber es geht weiter, und ich gebe euch ein paar Richtungspunkte, wie es weitergehen kann. Zum Beispiel Energieeinsparung, Geschwindigkeitsbegrenzung, eine Geste an die Länder der Vierten Welt.» Irgendein paar Zeichen. Dies ist mir nicht gelungen, weil die Berater von Willy Brandt auf Meinungsumfragen starrten und ihm wieder sagten: «Du mußt Optimismus verbreiten, sie wählen uns nur, wenn wir optimistisch sind.» Der einzige Sozialdemokrat in Westeuropa, der damals die Zeichen der Zeit begriffen hat, war Joop den Uyl.

Duve: Ist es tatsächlich nur die Umfrage? Liegt es nicht viel eher daran, daß die Grundlage von Politik und Regierung inzwischen die Techniken und Theorien der Nationalökonomie wurden? Ist nicht heute er eigentlich Berater, den man zu den eigentlichen Entscheidungen befragt, der gelernte Volkswirt, der glaubt, alle Vorgänge, seelische, geistige, historisch-politische, seiner Wissenschaft unterordnen zu können? Er tut dies mit großer Überzeugungskraft. An dieser Vormachtstellung des volkswirtschaftlich gefesselten Politikers hat sicher Keynes einen großen Anteil gehabt. Stießen Sie nicht ununterbrochen auf Leute, die alles durch die Brille der studierten Volkswirtschaftslehre sahen, Leute, die sagten, das ist keine Zäsur, das kannst du durch Angebot und Nachfrage schaffen, das mußt du vom Markt her begreifen, das kriegen wir alles wieder in Griff. Liegt hier nicht der eigentliche Kampf des Politikers, der seinerseits in politischen Spielräumen denken sollte, aber gegen den politisierenden Fachökonomen nicht ankommt, der den politischen Spielraum immer mehr einengt?

Eppler: Sicher hat es diese Art von Beratung des Kanzlers auch gegeben. Aber Willy Brandt war ja nie ein Ökonomist. Er hat nie Politik reduziert auf den Vollzug ökonomischer Sachzwänge, und er hatte durchaus ein Gespür dafür, daß etwas Fundamentales sich verändert hatte. Er hat es aber nicht verhindern können, und sein Nachfolger erst recht nicht, daß die politische Rechte diesen Umbruch deuten konnte als Verschulden und Versagen sozial-liberaler Reformpolitik. Weil wir nicht den Mut hatten klarzumachen, daß hier eine Zäsur vorlag, die etwa im Bereich des Arbeitsmarktes, der Energiepolitik, der Nord-Süd-Politik, neue Ansätze verlangte, konnte die politische Rechte diesen Umbruch als Tendenzwende deuten; also als ein Scheitern der Reformpolitik. So konnte sie nicht ohne Erfolg die Rückkehr propagieren zu den scheinbar so bewährten Rezepten der fünfziger Jahre. Hier wurde – wie so oft – eine Weiche nicht gestellt, weil zu viele Leute sagten, hier sei gar keine Weiche zu stellen. Seither haben wir in der Bundesrepublik einen Sog nach rechts, während unsere romanischen Partner sich nach links bewegen.

Duve: Nun ist ja der Nachfolger von Willy Brandt eher stolz darauf, in erster Linie ein Ökonomist zu sein, daß heißt Gesetzmäßigkeiten der Volkswirtschaftslehre als unbedingt wahr, bindend und zwingend anzuerkennen, als das eigentliche Naturgesetz, von dem die Sachzwänge herkommen, was ja wohl zu einer gewissen – plötzlichen – geistigen Leere geführt hat; und wodurch etwa den Tendenzwendetheoretikern das Feld überlassen wurde. Woran liegt es, daß Helmut Schmidt dieses Vakuum nicht ausfüllen konnte?

Eppler: Helmut Schmidt hätte noch einmal eine letzte Chance gehabt nachzuholen, was im Winter 1973/74 nicht geschehen war, denn der Schock, den der Rücktritt Brandts ausgelöst hatte, war so tief, daß die Menschen bereit waren, Neues aufzunehmen. Auch diese Chance ist verspielt worden, ja sie wurde gar nicht als solche empfunden. Ich fand es damals bedrückend, wie der neue Kanzler in den ersten Monaten seiner Amtszeit, bis etwa in den Oktober 1974, unentwegt vor Betriebsversammlungen oder im Fernsehen davon sprach, daß in Deutschland – im Gegensatz zu anderen Ländern – auch im Jahre 1974 die Realeinkommen steigen würden, daß sie dann 1975 durch die Steuerreform steigen würden und 1976 die Rezession wohl überwunden sei, so daß es für den einzelnen Bürger doch eine kontinuierliche Steigerung seines Einkommens geben würde. Dies war alles in der Sache nicht unbedingt falsch, aber diese Konzentration – gerade in den entscheidenden Monaten von Mai bis Oktober 1974 – auf die Frage des Zuwachses der Realeinkommen, hat das Interesse der Menschen genau auf den Punkt gelenkt, von dem aus Politik nicht mehr zu machen ist. Wer nach der Zäsur Wachstumsraten zum Erfolgskriterium seiner Politik macht, frustriert sich selbst und seine Anhänger. Das zeigt sich inzwischen.

Duve: Hätte man ihm dann nicht vorgeworfen, er würde auf Erhardsche Maßhalteappelle zurückgreifen? Ist es nicht das, was der Politiker der öffentlichen Meinung gegenüber eher machen muß?

Eppler: Es ging und geht nicht um Maßhalteappelle im Stil Ludwig Erhards. Es wurde das Bild einer Wirtschaftsrezession gezeichnet, das man durch zupackendes Krisenmanagement rasch hätte überwinden können. Der «Aufschwung» wurde zum Zauberwort. Er kam nicht und konnte nicht kommen, weil es nicht um eine klassische Rezession geht, sondern um neue Rahmenbedingungen.

Duve: Hatten Sie damals keine Möglichkeit, ihn zu beraten? Sie waren ja einer seiner Fachminister, einer der Minister, die mit Weltwirtschaft und bestimmten Sektoren dieser Weltwirtschaft befaßt waren. Wie war Ihr Verhältnis von Anbeginn? Sie sind ja in den sechziger Jahren durchaus jemand gewesen, der – zwar nicht ein Schmidt-Mann – für Helmut Schmidt stand und auch sicher politische Sympathien für ihn hatte, als er Fraktionschef war.

Eppler: Ich stand mit Helmut Schmidt während der Großen Koalition so gut, daß er sich zuerst geweigert hat, mich aus der Fraktion ins Kabinett zu entlassen, und ich habe auch mit dem Finanzminister und dem Verteidigungsminister Schmidt durchaus gut zusammengearbeitet.

Duve: Gab's auch einmal persönliche Treffen oder Gemeinsamkeiten?

Eppler: Ich war gelegentlich bei ihm – und da hat er in großer Offenheit seine Sorgen ausgepackt und manche Schwäche von Regierung und Partei beim Namen genannt. Ich habe zugehört, bestätigt und widersprochen. Aber 1974 im Mai hatte ich den Eindruck, daß Schmidt entschlossen war, seinen eigenen Stil zu prägen, daß er sich gerade von jemandem, der Willy Brandt und Gustav Heinemann besonders nahestand, in diesem Augenblick nicht dreinreden lassen wollte. Ich habe zum Beispiel damals für die Regierungserklärung zwei harmlose Sätze vorgeschlagen an die Adresse der damals bereits erfolgreichen Befreiungsbewegungen in Angola und Mosambik und der übrigen Befreiungsbewegungen im südlichen Afrika. Diese Sätze sind ersatzlos gestrichen worden. Nach vier Wochen war ich mir klar darüber, daß es für mich aussichtslos sein würde, auf die Gesamtpolitik dieser Regierung Einfluß zu nehmen.

Duve: Schmidt gilt ja als ganz guter Zuhörer, der bei seinen Mitarbeitern entgegen seinem Image dann immer wieder überrascht, daß er auch bereit ist, Kritik entgegenzunehmen. Wie kommt es, daß Sie da in einen fruchtbar kritischen – durchaus von der Distanz her geführten – Dialog nie haben eintreten können?

Eppler: Schmidt ist diskussionsbereit und diskussionsfähig unter einer Prämisse: Daß man in seinen ökonomischen Kategorien diskutiert, und diese Kategorien wollte ich ja gerade in Zweifel ziehen.

Duve: Was heißt das, seine Kategorien, und Sie wollten sie in Zweifel ziehen?

Eppler: Die Kategorien des ökonomischen oder ökonomistischen Krisenmanagements. Es war durchaus darüber mit ihm zu diskutieren, wie dieses Krisenmanagement noch besser, noch wirksamer angesetzt werden könnte, aber es war nicht mit ihm darüber zu diskutieren damals, daß hier etwas vor sich gegangen war, was mit den Instrumenten des klassischen Krisenmanagements nicht zu bewältigen war. Es war durchaus mit ihm zu diskutieren, mit welchen Mitteln der große Aufschwung herbeizuführen sei, der dann die Arbeitslosigkeit wegfege. Aber es war nicht mit ihm zu diskutieren über meine These, daß es diesen Aufschwung nicht geben werde.

Duve: Was führte zum Rücktritt?

Eppler: Die Zuspitzung kam durch den sogenannten Cheysson-Plan. Der Brüsseler EG-Kommissar Cheysson hatte vorgeschlagen, daß für die Entwicklungsländer, die am stärksten von der Ölkrise betroffen waren, ein Sonderfonds gebildet werden sollte, der zur Hälfte, 1,5 Milliarden Dollar, von den Ölländern, zur anderen Hälfte von den Industrieländern gespeist werden sollte. Innerhalb der Industrieländer sollte die EG ein Drittel – also 500 Millionen Dollar –, die USA ein Drittel und die übrigen Industrieländer von Japan bis Schweden ein Drittel aufbringen. Diesem Plan war vom damaligen Finanzminister Schmidt zugestimmt worden, und der damalige Außenminister Scheel hatte in der UNO daraufhin die Zustimmung der Europäischen Gemeinschaft kundgetan. Am 13. Juni 1974 sollte der Ministerrat der Entwicklungsminister, dessen Präsident ich turnusgemäß war, sich mit diesem Cheysson-Plan beschäftigen. Ich weiß zufällig noch, daß es der 13. Juni war, weil ich genau – dreißig Jahre vorher –, am 13. Juni 1944, nach Ableistung der Arbeitsdienstzeit, zu den Panzerjägern nach Karlsruhe eingezogen worden war. So hatte ich in Luxemburg ein eigentümliches Gefühl, nun dreißig Jahre danach, im Europäischen Rat zu präsidieren. Ich war mit der Weisung des Finanzministers, also Apels, und des Kanzlers nach Luxemburg geschickt worden, daß wir dafür kein Geld aufbringen würden, daß eine Zustimmung der Bundsrepublik nicht möglich sei. Alle übrigen acht, die wirtschaftlich wesentlich schlechter standen, waren bereit zuzustimmen, und ich saß in meinem Vorsitzendenstuhl etwa wie der Dorfrichter Adam, der mit allen Mitteln versuchen mußte zu verheimlichen, wer den Krug zerbrochen hatte. Ich stellte immer neue Fragen an die verschiedenen Delegationen, versuchte, um die eigentliche Entscheidung herumzukommen, aber wie das bei einer klassischen Komödie üblich ist, nach etwa zwei Stunden war klar, wer den Krug zerbrochen hatte, das heißt, daß nur die deutsche Delegation ablehnte. Ich habe dann damals das Kanzleramt angerufen, nur Herrn Schüler erreichen können, der mir irgendwelche Zusagen weiterhin verbot. Bei der nächsten Kabinettssitzung habe ich vorgetragen, wie unmöglich die Position der Bundesrepublik sei, denn an der Bundesrepublik scheitere die Zusage der EG, an der Zusage der EG scheitere die Zusage der USA, und an all denen scheitere die Bereitschaft der Ölländer, wobei jeder das Versagen des anderen als willkommene Ausrede benutzte. Damals ist ein Satz gefallen, der mich davon überzeugte, daß ich nicht bleiben konnte. Auf meine Bemerkung, wir könnten das in der öffentlichen Meinung der Welt nicht durchhalten, sagte der Kanzler: «Die öffentliche Meinung der Bundesrepublik Deutschland wird es uns danken, wenn wir hier nicht mitspielen.» In diesem Augenblick war mir klar, daß ich nicht mehr lange in diesem Kabinett sein würde. Ich muß dies wohl nicht erläutern. Von da ab habe ich in den Etatverhandlungen eine Linie gezogen, hinter die ich nicht zurückzugehen bereit war – dies um so mehr, als ich bei meinem Eintritt in das Kabinett Schmidt einige Wochen vorher den Kanzler gefragt hatte, ob die Finanzplanung für die Entwicklungshilfe bestehen bleibe und er mir erklärt hatte, er wisse nichts Gegenteiliges, so daß ich mich durch die neuen Streichungspläne – schließlich war Helmut Schmidt Finanzminister gewesen – düpiert fühlte. Im übrigen bin ich heute noch überzeugt davon, daß eine großzügige Geste der Bundesrepublik, der damals wirtschaftlich stabilsten Industriemacht, in diesem Zeitpunkt ein Signal gesetzt hätte, das unsere politische Position in der Dritten Welt in einer Weise verstärkt hätte, die in keinem Verhältnis gestanden hätte zu den relativ bescheidenen finanziellen Aufwendungen.

Die Rücktrittserklärung

«Ich habe heute dem Bundeskanzler meinen Rücktritt erklärt. Dafür nenne ich folgende Gründe:

1. In dieser Zeit wird darüber entschieden, ob wir ein konstruktives, wenn schon nicht solidarisches Verhältnis zu den Entwicklungsländern finden oder ob ein verzweifelter internationaler Verteilungskampf alle Beteiligten in Gefahr bringt.

Ich kann nicht mitverantworten, daß in diesem Augenblick die Bundesrepublik Deutschland ihre Finanzplanung für Entwicklungshilfe bis 1978 um mehr als 2 Milliarden Mark kürzt. Wichtiger als diese Zahl ist die Signalwirkung, wenn jetzt das wirtschaftlich stabilste Land von präzisen Zusagen gegenüber internationalen Gremien (zum Beispiel gegenüber der OECD) abrückt. Dies löst die Gefahr aus, daß wirtschaftlich weniger stabile Länder unserem Beispiel folgen, Ölländer sich ihrer Verpflichtung entziehen und Katastrophen größeren Ausmaßes in einigen Entwicklungsländern unvermeidlich werden.

2. Unter deutschem Vorsitz hat der Ministerrat der Europäischen Gemeinschaft am 30. April 1974 beschlossen, daß die Mitgliedstaaten sich bemühen, so bald wie möglich das Ziel von 0,7 Prozent des Bruttosozialprodukts an öffentlicher Hilfe zu erreichen, und zwar um so zügiger, je weiter sie – und dies gilt vor allem für die Bundesrepublik Deutschland – noch davon entfernt sind . . .

Ich kann die Verantwortung dafür nicht übernehmen, daß wenige Wochen nach diesem Beschluß das wirtschaftlich gesündeste Land durch drastische Kürzung der Finanzplanung für die Entwicklungshilfe als erstes dagegen verstößt.

3. Seit 1968 habe ich meine Zustimmung zu Kapitalhilfekrediten für Jugoslawien davon abhängig gemacht, daß sie nicht auf Kosten anderer Entwicklungsländer gehen. Daher habe ich 1973 jede weitere Kreditzusage an Jugoslawien an die Bedingung geknüpft, daß eine großzügigere, der Regierungserklärung vom 18. Januar 1973 entsprechende Finanzplanung beschlossen wird . . .

Der Respekt vor dem Parlament gebietet es, daß ein Minister, der eine Zusage von solchem Gewicht nicht einhalten kann, aus dem Amt scheidet.

4. Seit Oktober 1968 habe ich in vier Regierungen versucht, die Erfordernisse der Entwicklungspolitik mit den psychologischen, politischen und fiskalischen Gegebenheiten in der Bundesrepublik Deutschland in Einklang zu bringen. Dies war nur möglich durch eine Unzahl schwer verantwortbarer Kompromisse.

Auch in den letzten Wochen und Tagen habe ich intensiv nach Kompromissen gesucht. Ich war schließlich sogar bereit, zwei Drittel der Kürzungen hinzunehmen, wenn die Verpflichtungsermächtigungen für Kapitalhilfe und technische Hilfe nicht allzuweit von den Erfordernissen entfernt blieben. Auch dies hat nicht zu einer Einigung geführt.

Ich bitte für meinen Schritt vor allem die Mitbürger um Verständnis, die sich, ebenso wie ich, der Sozialdemokratischen Partei und der sozial-liberalen Koalition verbunden wissen. Mein Rücktritt geschieht ohne persönlichen Vorwurf. Aber er soll gegenüber allen politischen und gesellschaftlichen Kräften der Bundesrepublik Deutschland den Satz des scheidenden Bundespräsidenten bekräftigen: ‹Wer heute nur für sich selbst sorgen will, verspielt mit der Zukunft anderer auch seine eigene.› Bonn, den 4. Juli 1974.»

gez.: Erhard Epller

Duve: Ist denn die Qualität des Rücktritts, warum einer nicht mehr mittun kann, verstanden worden bei Helmut Schmidt? Hat es noch mal ein persönliches Gespräch oder so etwas gegeben, wo das, was also in der preußischen-römischen Tradition als eines der größten ehtischen Verhaltensmuster gilt – nämlich an einem bestimmten Punkt nein zu sagen? Ist das überhaupt Gegenstand eines Gesprächs, einer Erörterung oder eines Briefwechsels, oder ist das irgendwo – vielleicht auch bei anderen im Kabinett oder in der Führungsspitze der SPD – angesprochen worden?

Eppler: Es hat ja in diesen sechs Jahren mehrere Zeitpunkte gegeben, in denen ich mich fragte, ob ich die Verantwortung noch dafür tragen konnte, daß die Bundesrepublik ihre Versprechungen, die sie in internationalen Gremien gemacht hatte, nicht einhielt. Das Tempo, in dem wir das sogenannte 0,7-%-Ziel anpeilten, war so kläglich langsam, daß das schon kaum mehr der Weltöffentlichkeit zu vermitteln war. Aber in diesem Augenblick wurde nun klar, daß wir uns von diesem 0,7-%-Ziel wegbewegen mußten, was ja inzwischen auch – in einer kleinen Phasenverschiebung, die in der Technik der Abwicklung liegt – eingetreten ist. Helmut Schmidt hat damals sehr schlicht argumentiert: Wir könnten dem deutschen Steuerzahler – wobei er meistens vom Arbeitnehmer sprach – nicht zumuten, solche Opfer zu bringen. Daß 1977 dann doch unter zunehmendem internationalem Druck und trotz vielfach höherer Staatsverschuldung – der Haushalt für Entwicklungshilfe erhöht wurde, liegt ganz in unserer deutschen Tradition: Etwas erst dann zu tun, wenn es politisch nicht mehr viel bringt. Damals empfand Schmidt jedenfalls meine Haltung wohl eher als eine Art Sabotage an dem Konzept, für das er sich entschieden hatte. Deshalb gab es auch eine ganze Anzahl von unerquicklichen Begleitumständen dieses Rücktritts, über die ich zu diesem Zeitpunkt noch nicht reden möchte – und auch den Versuch, den Rücktritt als eine Art von Vertreibung aus der Regierung darzustellen, was ja insofern ziemlich absurd war, als . . .

Duve: Also aus dem Rücktritt eine Entlassung zu machen . . .

Eppler: Was insofern ziemlich absurd war, als der Kanzler ja wenige Wochen vorher die Möglichkeit gehabt hätte, mich nicht ins neue Kabinett aufzunehmen und er selbstverständlich einen Ministerrücktritt – noch keine acht Wochen nach Bildung seiner Regierung – als peinlich empfinden mußte. Ich habe diesen Rücktritt zu keinem Zeitpunkt bereut und bin heute noch etwas sicherer als damals, daß er unvermeidlich war, wenn ich meine eigene Identität nicht aufgeben wollte. Man darf und muß ja in der Politik sehr viele Kompromisse machen und Abstriche hinnehmen, aber wer seine eigene Identität aufgibt, gibt damit auch seine politischen Wirkungsmöglichkeiten auf.

Duve: Die sind also nach Ihrer Überzeugung durch den Rücktritt nicht in ihrer politischen Wirksamkeit reduziert worden, sondern erst wieder auf eine breitere Plattform gestellt worden.

Eppler: Das kann man nachträglich sagen. In diesem Augenblick, am 4. Juli 1974, war es durchaus unsicher, ob ich nach meinem Rücktritt meine Funktionen in der Partei, etwa die des Landesvorsitzenden in Baden-Württemberg oder des Vorstands- und Präsidiumsmitglieds, würde halten können. Es gab innerhalb und außerhalb der Regierung mehr als einen, der mich damals für politisch tot erklärte – und ich wußte natürlich nicht, wer hier recht haben würde. Ich wußte, daß ein Ausscheiden aus dem Kabinett für mich das politische Ende bedeuten konnte, daß dieses möglich, vielleicht sogar wahrscheinlich war. Ich spürte aber auch, daß ein Verbleiben im Kabinett das politische Ende unausweichlich machte. Ich wäre im Kabinett Schmidt immer aufs neue vor der Entscheidung gestanden, entweder meine Identität aufzugeben oder zu gehen. Und das hätte mich nicht nur politisch, sondern auch psychisch und vielleicht auch physisch ruinieren müssen. Ich wußte: Wenn du bleibst, gehst du mit Sicherheit vor die Hunde; wenn du gehst, wird sich irgendeine neue Tür öffnen, auch wenn noch ein paar Türen zugeschlagen werden.

Duve: Mit wem hatten Sie sich beraten in diesen Tagen?

Eppler: Ich war in diesen Tagen mit Gustav Heinemann zusammen, der überwiegend zugehört hat und nach kurzer Zeit einsah, daß es einen anderen Weg zwischen Helmut Schmidt und mir nicht gab, und ich habe mehrfach mit Willy Brandt gesprochen, ihn dauernd auf dem laufenden gehalten, ihn aber – genauso wie Gustav Heinemann – ausdrücklich gebeten, nicht zu intervenieren, nicht zu vermitteln, weil ich überzeugt war, daß dieses sinnlos war und daß ich sowohl Gustav Heinemann als auch Willy Brandt damit überfordert hätte. Nur war für mich wichtig, daß vor allem Willy Brandt wußte: Dies bedeutet ein Ausscheiden aus der Regierung in voller Loyalität zur Partei. Die ganze Operation wäre mit Sicherheit mißglückt, wenn damals nicht Willy Brandt sehr dezent dafür gesorgt hätte, daß nun nicht eine allgemeine Hetzjagd auf mich begann. Ihm verdanke ich es überhaupt, daß ich in all diesen Jahren meine Identität wahren und doch einiges in die Partei einbringen konnte.

Duve: Wurde eine Hetzjagd begonnen?

Eppler: Nun, schon einige Tage vor meinem Rücktritt hat es, sicherlich nicht ganz zufällig, eine Kampagne gegeben in der konservativen Presse, und es gab natürlich auch innerhalb der Partei Stimmen, die eine Bestrafung der Illoyalität verlangten. Ich war damals außerordentlich dankbar, daß sich der Landesvorstand in Baden-Württemberg sofort nach dem Rücktritt mit mir solidarisiert hat, das heißt also, meinen Schritt respektiert hat, und daß Holger Börner im Auftrag von Willy Brandt eine durchaus honorige Erklärung abgegeben hat. Aber ich bin ganz sicher, daß ohne den einen oder anderen Hinweis von Willy Brandt noch einige alte Rechnungen beglichen worden wären.

Duve: Also ist Willy Brandt ein relativ guter Krisenmanager?

Eppler: Willy Brandt hat immer die Gabe gehabt, mit zwei oder drei Worten oder gelegentlich auch nur einem leicht deutbaren Gesichtsausdruck, seine Meinung kundzutun. Seine Art, Autorität auszuüben, ist ja immer sehr dezent und sparsam gewesen, aber deshalb nicht weniger wirksam.

Duve: War dies auch schon so bei Ihrem Eintritt ins Kabinett Kiesinger?

Eppler: Ja, Kiesinger hat offen darüber philosophiert, ob dieser Minister nicht doch zu links sei. Willy Brandt hat ihm dann zu verstehen gegeben, daß jede Partei in der Koalition für ihre Minister die Verantwortung trage. Daraufhin hat Kiesinger vor der Presse erklärt, er werde diesem jungen Mann – ich war damals 42 Jahre alt – erst einmal noch die Leviten verlesen und ihm klarmachen, wie es in seinem Kabinett zugehe, er werde ihn zu sich bestellen und ihn konfirmieren. Einen Tag vor der Ernennung, am 1. Oktober 1968, wurde ich ins Kanzleramt bestellt und von einem strahlenden, freundlichen Bundeskanzler empfangen, der sich mit mir sehr ausführlich über unsere gemeinsamen Ahnen auf der Schwäbischen Alb unterhielt, der dann zu erkennen gab, daß er einen Bismarck-Aufsatz von mir gelesen hatte, sogar mit einiger Zustimmung. Erst zum Schluß sagte er zu mir: «Sie sind bisher außenpolitischer Sprecher gewesen, aber, wenn Sie jetzt ins Kabinett eintreten, müssen Sie wissen, ich brauche keinen zweiten Außenminister», worauf ich antwortete: «Dafür habe ich großes Verständnis, denn Sie haben ja bereits vier.» Gemeint waren Guttenberg im Kanzleramt, Schröder im Verteidungsministerium – nachdem er vorher Außenminister war –, Strauß und dann der wirkliche Außenminister, nämlich Brandt. Kiesinger war etwas perplex und zwang sich zu einem Lachen. Damit war diese Lektion beendet. Im übrigen habe ich in diesem Kabinett nicht ungern gearbeitet, zumal eben der Kontakt zum Auswärtigen Amt mit Willy Brandt gut war.

Duve: Hat Willy Brandt die neue Dimension von Entwicklungspolitik, die Sie einbrachten – nämlich die Frage, was nützt es denen, vor der Frage zu stellen –, was nützt es uns, als eine andere Qualität begriffen?

Eppler: Er hat durchaus verstanden, daß man Entwicklungspolitik nicht nach rein außenpolitischen Kriterien machen kann, daß eine Entwicklungspolitik, die mit milden Gaben belohnt oder mit dem Entzug von Gaben bestraft, schließlich sogar der Außenpolitik schädlich sein mußte. Er hat natürlich als Außenminister Wert darauf gelegt, daß Entwicklungspolitik ein Teil der auswärtigen Beziehung ist, was ja nicht zu bestreiten war. Im übrigen gehört zu den fast tragischen Abläufen, daß Willy Brandt die ganze Dimension des Nord-Süd-Verhältnisses erst wenige Tage vor seinem Rücktritt, nämlich bei seiner Begegnung in Algerien mit Boumedienne, deutlich geworden ist. In dem Augenblick, als der erste sozialdemokratische Kanzler, der von Anfang an auf diesem

Gebiet offen war, ein entscheidendes und ihn auch für die ganze folgende Zeit prägendes Erlebnis hatte, machte er Platz dem zweiten sozialdemokratischen Kanzler, dem dieses Gebiet noch weit ferner lag als seinem Vorgänger 1967 oder 1969.

Duve: Nun noch einmal zu Kiesinger und zur Großen Koalition. Dieses Zusammenarbeiten, warum war das ganz angenehm? Es war doch eine schwierige Zeit, denken Sie an die Notstandsgesetze.

Eppler: Die Notstandsgesetze waren schon verabschiedet, als ich ins Kabinett eintrat. Der Zusammenhalt zwischen den sozialdemokratischen Ministern war gut, weil sie die Minderheit waren, also den Zusammenhalt brauchten. Da gab es sicherlich auch Ausnahmen, zum Beispiel die Art, wie Karl Schiller Georg Leber behandelt hat bei seinem Versuch, eine neue Verkehrspolitik durchzusetzen.

Duve: Also das Ende des Leber-Plans?

Eppler: Ja, was Georg Leber nie verwunden hat.

Duve: Was uns heute wahrscheinlich sehr gut anstehen würde.

Eppler: Wir werden es noch büßen müssen, daß Leber sich nicht durchsetzen konnte und seine Nachfolger gleich gar keinen Anlauf mehr nahmen.

Duve: Wie war denn das Verhältnis zum Partner? Es gibt ja einige große Figuren der Union: Strauß . . . Gab es jemals persönliche Gespräche, konnte man sozusagen durch das Klischee Strauß, entweder der hochintelligente Superman oder der Teppichbeißer, hindurchkommen? Haben Sie ein persönliches – nicht auf politische Wahlreden zugespitztes – Bild von Strauß durch die gemeinsame oder kurze Kabinettstätigkeit? War es Ihnen unangenehm, mit Strauß an einem Kabinettstisch zu sitzen?

Eppler: Ganz im Gegenteil. Strauß war der einzige am Tisch, der, wenn er vortrug, sich ziemlich freimachte von den Sprechzetteln, die seine Beamten ihm vorbereitet hatten. Während bei den sehr weitschweifigen Erwägungen, mit denen Kiesinger Kabinettssitzungen zu beginnen pflegte, die meisten Minister, vor allem natürlich Strauß, Akten bearbeiteten, hat bei Strauß jeder zugehört. Was mich angeht, mit Vergnügen, weil diese deftig, barocke, bildhafte Sprache wohltuend abstach von den gestanzten Klischees, die normalerweise im Kabinett abgelesen wurden. Aber noch eindrucksvoller war für mich die Figur von Hermann Höcherl, der rechts neben Strauß saß, als Landwirtschaftsminister, und der immer wieder seinen Parteivorsitzenden provozierte. Am eindrucksvollsten war dies bei der Frage der Verjährung von NS-Verbrechen, bei der Kiesinger mit allerhand taktischen Erwägungen bis hin zu Meinungsumfragen aufwartete, bis Höcherl unter den wütenden Blicken seines großen Vorsitzenden den Durchbruch zu einer akzeptablen Lösung erzwang, indem er – ausgerechnet er, das patentierte Schlitzohr – erklärte, er hätte ja genügend Sinn für Taktik, aber hier sei ein Punkt erreicht, wo es nicht um Taktik gehe, sondern um die moralischen Grundlagen dieser Republik. Die Lösung, die nachher im Parlament verabschiedet wurde, hat Höcherl im Kabinett gegen den Willen von Strauß und Kiesinger durchgesetzt, sicher mit Hilfe der SPD und von Benda.

Duve: An Höcherl ließe sich ja einiges weiterverfolgen. Höcherl ist ja eigentlich bis zu seinem Ausscheiden so eine wandelnde Erinnerung an die positiven Möglichkeiten der Großen Koalition geblieben. Inwieweit hat sich nach Ihrer Meinung die Union überhaupt durch Tendenzwende und anderes aus dem demokratischen Konsens der Republik so weit entfernt, daß es immer schwieriger wird, in Fragen der individuellen Freiheit, der Rechtspolitik also, der Sicherheitspolitik, sich entweder ihrem Druck zu entziehen oder umgekehrt, mit denen noch eine gemeinsame Plattform zu haben. Ist das schwieriger inzwischen? Hat sich die Union auch verändert? Ist die dortige Tendenz stärker oder schwächer geworden?

Eppler: Die Union von heute ist nicht mehr die Union von 1965 oder von 1969. In der Union haben sich inzwischen die Kräfte durchgesetzt, die an die Vorstellungen und Verhaltensmuster der klassischen deutschen Rechten anknüpfen. Ob dies mit der Oppositionsrolle zusammenhängt oder ob dies ein sehr viel elementarerer Vorgang ist, wird sich wohl noch zeigen müssen.

Duve: Man könnte natürlich da entgegenhalten, daß Geißler etwas anderes ist als Dregger und er im Moment versucht, die Linie zu bestimmen.

Eppler: Ich sage ausdrücklich: Die Auseinandersetzung ist noch nicht ganz entschieden. Aber die Gewichte haben sich in den letzten acht Jahren doch gewaltig verschoben. Und bei Dregger weiß man, woran man ist. Bei Geißler nicht. Er dürfte sich notfalls anpassen.

Duve: Womit ich immer nicht fertig werde, ist die Frage, wie kann ein Mann wie Strauß auf der einen Seite ein mitstreitender, demokratischer Politiker sein, dem man gewisse Achtung zu seinen Fähigkeiten und seiner Leistung da zollt, auf der anderen Seite kann niemand, der die Augen und Ohren offenhält, seinen Verdacht und seine Furcht loswerden, daß dem Mann in den demokratischen Grundüberzeugungen nicht zu trauen ist.

Eppler: Ich sage nur, daß er ein Farbtupfer in diesem Kabinett war. Aber vielleicht darf ich noch einmal den Regierungsstil der drei Kanzler deutlich machen, unter denen ich gearbeitet habe. Bei Kiesinger war eine Neigung zu grundsätzlichen Erwägungen und Erörterungen im Kabinett, verbunden mit einer extremen Rücksichtnahme auf Meinungsbefragungen und einer damit zusammenhängenden Scheu vor Entscheidungen. Ich erinnere mich an eine fast komische Episode, als Georg Leber über die Auflösung einiger Bundesbahndirektionen vortrug, wobei auch

Augsburg zur Diskussion stand. Da bat Kiesinger, davon abzusehen. Der Bischof von Augsburg hätte ihm zu diesem Thema einen Brief geschrieben, und er möchte heute keine Entscheidung darüber haben. Ich erinnere mich, daß wir später in der Kleinen Koalition ohne Diskussion dieselbe Vorlage beschlossen haben. Der Regierungsstil von Willy Brandt war völlig anders. Er hat als Kanzler im Kabinett sehr wenig gesprochen, hat die Diskussion relativ lang laufen lassen, hat höchstens durch sein Minenspiel zu erkennen gegeben, wann er ungeduldig wurde, gelegentlich auch durch die Art, wie er das Wort dem einen oder anderen erteilte. Er hat dann am Schluß zusammengefaßt, und das entsprach häufig dem, was er selbst wollte, so daß am Schluß meistens Entscheidungen standen. Es ist ja nicht wahr, daß im Kabinett Brandt nichts «gemacht» wurde. Es sind in dieser Zeit mehr Entscheidungen gefällt worden als jemals davor und jemals danach. Bei Helmut Schmidt war meistens sehr rasch klar, was der Kanzler wollte, und er hat dann mit der ihm eigenen Gabe der Argumentation auf eine Entscheidung in seinem Sinne gedrängt, was dann zwar gelegentlich Widerstand hervorrief, aber meistens doch zu der Entscheidung führte, die Schmidt im Auge hatte. Aber effektiver war die Brandtsche Methode, weil sie die Autorität des Kanzlers dann voll zum Tragen brachte, wenn zwischen den Ressorts keine Einigung zu erzielen war.

Duve: Wie war das Behandeln des Koalitionspartners: Scheel, Genscher ...?

Eppler: Alle Kanzler haben natürlich – da schließe ich Kiesinger ein – sich immer große Mühe gegeben, den jeweiligen Koalitionspartner nicht vor das Schienbein zu treten. Willy Brandt hat vor allem Walter Scheel, aber auch Genscher gegenüber, immer ein großes Maß an Entgegenkommen gezeigt, wobei er zum Beispiel Josef Ertl, der wohl am häufigsten im Kabinett das Wort ergriff, mit einer unendlichen Geduld behandelt hat. Bei Helmut Schmidt war eher zu spüren, wie er zwischen den einzelnen Ministern des Koalitionspartners differenzierte, daß er von dem einen mehr hielt als vom anderen. Jedenfalls hat Willy Brandt seine Autorität mehr im Zuhören ausgeübt, Helmut Schmidt mehr im Reden, im Überzeugen oder auch im Überreden. So war seltsamerweise die Autorität von Willy Brandt kaum angefochten, obwohl sein Kabinett viele eigenwillige Köpfe enthielt.

Duve: Haben Sie versucht, den Rücktritt Willy Brandts zu verhindern?

Eppler: Ich bin nicht gefragt worden. Im entscheidenden Augenblick hat Willy Brandt diese Entscheidung fast ganz allein gefällt. Ich glaube nicht, daß ich ihm noch abgeraten hätte, weil es Entscheidungen gibt, die man nicht mehr auf gutes Zureden hin revidiert.

Duve: Ich komme noch einmal zurück auf Partei und Regierung – SPD in diesem Fall. Eine ganz große Belastung einer Regierungsmaßnahme für die Partei war zweifellos alles, was mit dem Radikalenerlaß zusammenhing. Wie konnte es nach Ihrer Meinung dazu kommen, daß man dieses, zunächst einmal die Wirkung davon, falsch einschätzte? So falsch einschätzte, daß man später – sowohl Brandt wie auch Schmidt, aber Brandt stärker, und auch Horst Ehmke, der hier ja als Kanzleramtsminister sehr stark beteiligt gewesen ist, wie konnte man sich unter dem Druck der Rechtsmeinung so weit von den Empfindungen der SPD entfernen?

Eppler: Über dieses Thema ist im Kabinett nicht entschieden, nicht einmal geredet worden, so daß ich die Details nicht kenne, die sich zwischen Kanzler – Kanzleramtsminister, Innenminister und Ministerpräsidenten abgespielt haben. Offenkundig war damals – Anfang 1972 – die Stoßrichtung der CDU/CSU auf das Verbot bestimmter K-Gruppen gerichtet, vor allem auf das Verbot der neuen KPD, die den Sturm auf das Bonner Rathaus organisiert hatte. Es gab offenbar bei Sozialdemokraten die Befürchtung, daß einem Verbot der maoistischen KPD früher oder später weitere Verbote, auch der DKP, folgen würden. Ich habe diese Argumentation nie akzeptiert. Ich hätte es damals für besser gehalten, die KPD zu verbieten mit der schlichten Begründung, daß sie sich öffentlich zu der Anwendung von Gewalt und zum Rechtsbruch bekannte, was ja damals nach dem Sturm auf das Bonner Rathaus mehrfach geschah. Hätte jemand ein Verbot der KPD mit dieser Begründung, die ja mit Ideologie wenig zu tun hat, beantragt, so wäre das sicherlich weniger gefährlich geworden als das, was man an Stelle eines solchen Verbots der CDU konzediert hat.

Duve: Nicht nur der CDU. Die Hamburger Landesregierung hatte ja praktisch gleichlautend einen Senatserlaß drei Monate vorher schon kundgemacht.

Eppler: Es ist nachher immer leichter, klug zu sein. Möglicherweise wäre eine ähnliche Entwicklung auch ohne diesen Erlaß, einfach auf Grund der geltenden Gesetze gekommen, ganz sicher in den CDU-regierten Ländern, aber wohl auch in einigen SPD-regierten Ländern. Ich bin heute der Überzeugung, daß auf diesem Gebiet das Disziplinarrecht ausreichen müßte, daß man es notfalls verschärfen sollte. Ich halte es für unsinnig, einen Lehrer, der ohne jeden Versuch der Indoktrination gute Arbeit leistet, nur deshalb zu entlassen, weil er Mitglied der DKP ist. Andererseits würde ich es für gut halten, daß jeder Versuch eines Lehrers, seine Position zur parteipolischen Indoktrination – ganz gleich welcher – zu mißbrauchen, disziplinarrechtlich geahndet wird.

Duve: Indoktrination fängt natürlich im Bewußtsein eines sehr konservativen Schulleiters dann schon sehr früh an. Ich weiß, daß über Eltern Lehrer denunziert wurden, einfach deswegen, weil sie sagten, in China hungern heute weniger Menschen als im vorigen Jahrhundert – trotz der Diktatur.

Eppler: Das ist dann eine Sache des Disziplinargerichts. Es gibt heute in unseren Schulen massive Indoktrination von rechts – zum Teil sogar von ganz rechts, und es gibt täppische, dümmliche Versuche der Indoktrination von links. Beides hat normalerweise eine gegenteilige Wirkung. Trotzdem meine ich, daß für diese Fälle ein vernünftiges Disziplinarrecht ausreicht.

Duve: Ist nicht die Voraussetzung der Erhaltung der Demokratie, daß es immer einen Minderheitenkonsens über einige Grundfragen gibt, dazu gehört die Todesstrafe, dazu gehört, daß man eben nicht gegen das Ausland Emotionen mobilisiert; in diesen liberalen Grundkonsens gehört sicher auch zum Beispiel Entwicklungshilfe, die naturgemäß von der Mehrheit der Bevölkerung nicht ohne weiteres akzeptiert wird, dazu gehört, daß man Menschen nicht abhört, daß man nicht am Rande der Legalität operiert, daß man politische Kultur pflegt, in der Toleranz gedeihen kann. Wie sieht es damit in der SPD aus?

Eppler: In der SPD hat es immer eine radikal-demokratische Strömung gegeben, vom ersten Augenblick an, und ohne diese radikal-demokratische Strömung müßte sich die Partei überflüssig machen. Andererseits gab es auch eine Strömung, die sich ganz konzentrierte auf materielle Besserstellung derer, die benachteiligt waren. Um dieses Ziel zu erreichen, waren Disziplin, Zusammenhalt, Stoßkraft so wichtige Hilfsmittel, daß dabei das Radikal-Demokratische und Radikal-Liberale gelegentlich in den Hintergrund trat. Es wird darauf ankommen, daß wir diese beiden Ströme nicht auseinanderlaufen lassen. Je unverhüllter die CDU/CSU das Freiheitsverständnis der klassischen deutschen Rechten ausspielt, um so mehr muß die SPD dafür einstehen, daß Freiheit immer die Freiheit des Andersdenkenden ist.

Parteien zwischen Machtstreben und Gemeinwohl Vortrag vor dem Politischen Club der Evangelischen Akademie Tutzing am 30. Mai 1976

I. «Es wird höchste Zeit, daß unsere Parteien ihre Interessen dem Gemeinwohl unterordnen, sich weniger zanken, sich vertragen und gemeinsam, in Einigkeit, dem Gemeinwohl dienen.»

So simpel ließe sich Ihr Thema behandeln, wenn man sich in jener apolitischen, vordemokratischen Tradition bewegt, die in der deutschen Gesellschaft im allgemeinen und im evangelisch-lutherischen Bereich im besonderen auch heute noch lebendiger ist, als diesem Staat guttut.

Natürlich liegen die Dinge komplizierter. Natürlich wären Parteien nicht Parteien, wenn sich ihre Vorstellungen von Gemeinwohl nicht unterschieden. Gäbe es einen vollen Konsens über das, was Gemeinwohl ist, gäbe es keine Parteien.

Parteien haben ihren Part zu spielen, ihre Forderungen und Vorstellungen durchzusetzen, Mehrheiten zu suchen, sich zu streiten, um Macht zu kämpfen, den anderen in die Minderheit zu drängen. Parteien sind keine wissenschaftlichen und keine karitativen Einrichtungen, sie sind immer auch Organisationen, die auf Erringung und Verteidigung von Macht angelegt sind, also auch auf Machtstreben.

Allerdings kann dies kein absolutes Machtstreben sein. Jede Partei hat das Recht und die Aufgabe, die stärkste bestimmende Partei sein zu wollen, aber wenn wir unser Grundgesetz ernst nehmen, hat keine das Recht, die anderen so schwach zu wünschen, daß sie ihrer Kontrollfunktion nicht mehr gewachsen sind und – im Falle des eigenen Versagens – auch als Alternative ausfallen. Demokratisches Machtstreben will den Gegner in die Minderheit drängen, nicht aber ihm die Chance der Mehrheit für immer nehmen.

Auch dann bleibt die Spannung zwischen Machtstreben und Gemeinwohl erhalten. Es ist die Spannung, die jedem politischen Tun innewohnt oder doch innewohnen muß, wenn es fruchtbar sein soll. Politik ist immer beides: Dienst am Nächsten am Gemeinwohl und Kampf um Macht. Wer dem Nächsten in der praktischen Politik dienen will, muß am Kampf um die Macht teilnehmen; wer dies nicht über sich bringt, kann zwar dem Nächsten dienen, aber nicht im politischen Alltag. Umgekehrt: wo der Kampf um Macht zum Selbstzweck wird, kann solches politisches Tun nur noch Unheil stiften.

Diese Spannung wird nicht getroffen durch die Unterscheidung Max Webers zwischen Gesinnungs- und Verantwortungsethik. Wie ich an anderer Stelle deutlich zu machen versuchte, ist diese Unterscheidung heute eher geeignet, den Blick auf die wirkliche ethische Problematik zu verstellen.

Was Weber als Gesinnungsethik mehr denunziert als beschreibt, wäre für Dietrich Bonhoeffer gar keine Ethik gewesen. Selbstbezogenes Kreisen um das eigene Seelenheil, der ängstliche Versuch, das eigene Gewissen unbefleckt zu halten, mag eine besonders fragwürdige Form religiösen oder ethischen Egozentrismus sein, den Rang einer Ethik hat dies nicht. Jede Ethik ist letztlich auf den Nächsten bezogen, also Verantwortungsethik, wobei es nur einen graduellen Unterschied ausmacht, ob die Verantwortung einer Familie, einer Gemeinde oder einem Nationalstaat gilt. Die Frage ist nicht, ob ich Verantwortung durch Gesinnung ersetzen kann – dies geht im privaten Bereich so wenig wie im politischen –, sondern wofür ich Verantwortung trage und wie ich dieser Verantwortung gerecht werden kann.

Die besondere ethische Problematik unserer Tage entsteht aus der Tatsache, daß sich unser Verantwortungsbereich weder räumlich noch zeitlich deckt mit der demokratischen Legitimation, die wir zur Ausübung von Verantwortung brauchen. Während die Bedrohung humanen Überlebens global ist und nur global angegangen werden kann, richtet sich das Bewußtsein unserer Wähler fast ausschließlich auf nationale, regionale oder lokale Interessen. Während nur langfristig angelegte Konzepte noch Aussicht auf Erfolg haben, wird der Volksvertreter gezwungen, von Wahltermin zu Wahltermin zu planen und zu denken.

II. Daß Parteien überzeugt sind, sie könnten dem Gemeinwohl besser dienen als andere, ist selbstverständlich. Aus welcher Überzeugung, wenn nicht aus dieser heraus, wird man einer Partei beitreten? Aber hier lauert auch schon der Kurzschluß: wo eine Partei ihre Macht, ihren Wahlerfolg, ihre Regierungsmehrheit mit dem Gemeinwohl gleichsetzt, wo sie glaubt, sie diene dem Gemeinwohl schon allein damit, daß sie und keine andere Partei regiere, und also seien vom Zweck des Gemeinwohls her die Mittel zur Erringung ihrer Macht geheiligt, da ist Demokratie in Gefahr. Entweder ist eine solche Überzeugung begründbar, dann gibt es keine demokratische Alternative und also bald auch keine Demokratie mehr. Oder sie ist nicht begründbar, dann wird auf diese Weise die Basis und der Grundkonsens zerstört, auf die eine Demokratie unseres Typs angewiesen ist. Denn damit wird den anderen Parteien die demokratische Legitimität aberkannt, ohne die es demokratischen Machtkampf nicht geben kann.

Streit darüber, was im Interesse des Gemeinwohls geschehen soll, gibt es zwischen und innerhalb der Parteien. Das Ergebnis wird nicht nur vom jeweiligen Gesellschaftsbild, von der jeweiligen Zielsetzung bestimmt, sondern auch von der jeweiligen Analyse der Wirklichkeit. Beispiel: wer die Vorgänge in der Weltwirtschaft seit Herbst 1973 als vermeidbaren Betriebsunfall versteht, mutwillig verschuldet von einigen Öl-Potentaten, wird im Interesse des Gemeinwohls andere Schritte für nötig halten als jemand, der in diesen Ereignissen Signale für Veränderungen in der Weltwirtschaft sieht, die eine neue Epoche ankündigen. Und dies gilt auch dann, wenn beide von denselben Grundwerten und Zielvorstellungen ausgehen.

Sie wissen vielleicht, daß ich der Meinung bin, in die erste Hälfte der siebziger Jahre falle eine welthistorische Zäsur, deren Tiefe erst in einigem Abstand voll sichtbar werde. Alle Prognosen aus dem Beginn der siebziger Jahre sind heute Makulatur, während die Prognosen für das Jahrzehnt zuvor in der Mitte der sechziger Jahre noch einigermaßen stimmten.

Stellte sich die Zukunft für uns in den sechziger Jahren als reine Fortschreibung der feststellbaren Wachstumstrends dar, so sehen wir heute, daß dies das einzig Undenkbare ist: die einfache Fortschreibung bestehender Trends. Sie führen alle ins Undenkbare, ins Unerträgliche, ins Unmenschliche: Ob es die Trends der Bevölkerungsvermehrung oder der Bodenerosion, der Ausdehnung der Wüsten oder der Verschmutzung und Überfischung der Meere, ob es die Ausdehnung der Elendsquartiere in den städtischen Ballungszentren der Entwicklungsländer oder die Entleerung der Stadtkerne in den Industrieländern ist, ob es der Verbrauch an fossilen Energieträgern oder die Erschöpfung einiger Nichteisenmetalle, ob es die Ziffern der Kriminalität oder die Kosten eines technisch perfektionierten Gesundheitswesens sind: wo immer wir die Trends der letzten zehn Jahre einfach fortschreiben – und ich könnte die Beispiele fortsetzen –, kommen wir rasch an den Punkt, wo von einem humanen Überleben nicht mehr die Rede sein kann. Diese Punkte liegen keineswegs in weiter Ferne, sondern innerhalb der Lebenszeit der Kinder, die heute aufwachsen, teilweise sogar der Fünzigjährigen, die noch das nächste Jahrtausend anbrechen sehen möchten. Alle diese Krisenerscheinungen haben die fatale Neigung, sich gegenseitig zu verflechten, zu einem Knäuel, bei dem wir oft nicht wissen, ob er noch entwirrbar ist.

III. Es ist hier nicht der Ort, dies im einzelnen darzustellen, zumal ich dies an anderer Stelle versucht habe. Aber aus dieser Analyse ergeben sich Folgerungen für das, was im Interesse des Gemeinwohls zu tun ist, wenn unsere Kinder die Chance eines humanen Überlebens haben sollen. Die folgende Liste gibt nur einige wichtige Beispiele:

1. Wir brauchen eine Außenpolitik, die alles tut, um eine nächste Drehung der Rüstungsspirale zu verhindern, weil die nächste Drehung sogar dann tödlich werden könnte, wenn die neuen Waffen – was heute noch unsicherer ist als vor fünf Jahren – nie eingesetzt werden. Wenn noch mehr Ressourcen durch Rüstungswettlauf aufgesogen werden, sinkt die Chance, den Wettlauf mit Hunger, Umweltzerstörung oder Kriminalität zu gewinnen.

2. Wir brauchen eine Entwicklungspolitik, die konsequent darauf verzichtet, Entwicklungsländern unsere Form kapitalintensiver Produktion und technischer Zivilisation aufzudrängen und sich primär an den Grundbedürfnissen der überwiegend kleinbäuerlichen Massen orientiert: Wasser, optimale Werkzeuge, einfache Maschinen, Dünger, Schutz vor Erosion, Aufforstung, Chancen für Kooperation und billigen Kredit.

3. Wir brauchen eine vorausschauende Strukturpolitik, die einerseits den Entwicklungsländern eine Chance auf unseren Märkten gibt und andererseits bei uns das Recht auf Arbeit durchsetzt.

Diese Aufgabe geht weit über eine angemessene Konjunktursteuerung hinaus.

Wir müssen den Prozeß der Umwandlung steuern von einer Gesellschaft, die überwiegend durch industrielle Produktion geprägt ist, in eine Gesellschaft, in der Dienstleistungen rasch an Gewicht zunehmen. Es wäre also zu klären, welche Dienstleistungen besonders dringend gebraucht werden, wie sie zu finanzieren sind und wie die nötigen Kräfte dafür ausgebildet werden.

4. Wir brauchen eine Bildungspolitik, die unsere Kinder auf diese veränderte Gesellschaft vorbereitet, die zum Beispiel Rücksichtnahme und solidarische Kooperation freier Menschen einübt. Eine solche Bildungspolitik muß damit rechnen, daß die Zahl der Arbeitsplätze für ungelernte Arbeiterinnen und Arbeiter rasch abnimmt. Sie wird sich also vor Unterqualifikation mehr hüten müssen als vor Überqualifikation.

5. Wir brauchen eine Einkommenspolitik, die aufreizend krasse Unterschiede zwischen den durchschnittlichen Arbeitereinkommen und den durchschnittlichen Einkommen einiger Gruppen von Akademikern und Selbständigen reduziert, weil nur dadurch das allmähliche Auslaufen allgemeiner realer Einkommenszuwächse ohne inflatorischen Druck und ohne politische Verkrampfungen durchzustehen ist. Nur dadurch läßt sich auch der Konkurrenzdruck in unseren Schulen auf ein humanes Maß zurückschrauben. Solange in unseren Schulen entschieden werden soll, ob der junge Mensch Aussicht auf ein Einkommen von 25000 oder 250000 DM hat, wird es keine humane Schule geben.

6. Wir brauchen eine Sozialpolitik, die das Netz sozialer Sicherung

dadurch unzerreißbar macht, daß sie die Chancen jedes einzelnen erhöht, weniger häufig in dieses Netz zu fallen oder rascher wieder herauszuklettern: ihn also weniger Unfallgefahren aussetzt, gegen Suchtgefahren widerstandsfähiger macht, ihn seltener arbeitslos und weniger krank werden, ihn eher die Altersgrenze in arbeitsfähigem Zustand erreichen läßt. Es geht darum, Solidarität nicht nur zu verstehen als den – sicherlich notwendigen – Unfallwagen, der alle abschleppt, die in einer totalen Konkurrenzgesellschaft schon unter die Räder gekommen sind, sondern so viel Solidarität in die Strukturen unserer Gesellschaft einzuprägen, daß weniger Menschen unter die Räder kommen.

7. Dazu gehört auch eine Verkehrspolitik, die der Schonung Priorität gibt, der Schonung der Energiequellen, der Landschaft, der Stadtbilder, vor allem aber der menschlichen Gesundheit und des menschlichen Lebens.

8. Wir brauchen eine Gesundheitspolitik, die Abschied nimmt von der – unabhängig vom sozialen Sicherungssystem – unbezahlbaren Illusion, es lasse sich alles, was wir in dieser Gesellschaft mutwillig und fahrlässig an Gesundheit zerstören, in unseren Schulen und Betrieben bis hin zum Straßenverkehr, durch einen technisch perfektionierten Gesundheitsapparat wieder reparieren. Dies bedeutet die Verlegung des Schwerpunkts auf Verhütung von Berufs- und Zivilisationskrankheiten, auf Gesundheitsvorsorge und Gesundheitsaufklärung, auf Humanisierung von Arbeitsplatz und Schule.

IV. Diese acht Punkte erschöpfen nicht annähernd das Thema. Es wäre da über Forschungs- und Energiepolitik zu sprechen, über das Verhältnis des Bürgers zu seiner Verwaltung und der Verwaltung zum Bürger. Aber auch darüber, wie verhindert werden kann, daß sich die Bundesrepublik Deutschland durch eine anderswo unverständliche Form des Antikommunismus aus der Gemeinschaft der Völker Westeuropas entfernt. An Aufgaben jedenfalls fehlt es uns nicht.

Aber wie sieht die Wirklichkeit aus? Der beginnende Wahlkampf wird von den Parteien mit Grundthesen geführt, die an Simplizität nichts zu wünschen übrig lassen.

Die CDU/CSU versucht den Wählern klarzumachen, wie schön und heil die Welt wäre und wie gut es ihnen doch ginge, wenn es nur die bösen Sozialisten nicht gäbe, diesseits und jenseits des Stacheldrahts.

Und die Sozialdemokraten setzen dem entgegen, wie gut es uns gehe, eben *weil* es die Sozialdemokraten gibt. Nun mag man beide Grundthesen nicht eben für berauschend halten. Dies ändert nichts daran, daß die zweite These wesentlich näher an der Wirklichkeit ist als die erste. Für die zweite spricht die internationale Statistik von den Realeinkommen über die Inflationsraten und die Devisenreserven bis zu den Sozialleistungen. Für sie spricht das, was man den Aufschwung nennt. Kein Zweifel: im konventionellen Krisenmanagement war niemand auf der Welt entschlossener und erfolgreicher als Helmut Schmidt. Man mag mit ihm darüber streiten, ob dies ausreiche oder ob für die nächsten vier Jahre ganz anderes zu tun sei. Aber eben darüber streitet die Opposition nicht mit ihm. Daß sie es nicht tut, gefährdet das Funktionieren unseres Systems.

Nun weiß ich sehr wohl, daß gelernte Wahlstrategen von der Wirklichkeit wenig halten, dafür um so mehr von dem Bild der Wirklichkeit, das sie entwerfen und dem Wähler suggerieren können. Aber das Bild von einer eigentlich ganz glücklichen, harmonischen und heilen Welt, die nur in der Bundesrepublik durch ein paar Sozis gestört und bedroht werde, hat den Kontakt mit der Wirklichkeit so hoffnungslos und endgültig verloren, daß es nur noch Unheil stiften kann. Man mag zu diesem Unheil schon den Zwang für die Regierung rechnen, den Wahlkampf überwiegend mit einer Leistungsbilanz zu führen, auch wenn diese Bilanz immerhin den Vorzug hat, daß sie Wirklichkeit beschreibt, daß sie stimmt.

V. Auf jeden Fall wird der Wahlkampf nicht geprägt sein von den Themen, mit denen wir in den nächsten vier oder gar acht Jahren zu tun bekommen. Der Wahlkampf wird nicht geführt als Wettbewerb um die besseren Konzepte mittelfristiger Krisenbewältigung, sondern um eine im Grunde verrückte Scheinfrage: ob die sozial-liberale Koalition schuld sei an dem, womit wir uns seit knapp drei Jahren herumschlagen.

Dies führt übrigens auch dazu, daß zwischen den großen Blöcken bisher kein greifbares und damit begreifbares Konfliktthema sichtbar wäre, das den kommenden Wahlkampf beherrschen könnte. Da keine Alternativen gezeigt werden, gibt es auch keine Konflikte, an denen der Wähler sich orientieren könnte. Nicht in der Wirtschaftspolitik, nicht in der Außen- oder Entwicklungspolitik, nicht einmal in der Sozialpolitik. Das Pro und Kontra Mehrwertsteuer ist schon deshalb ein Scheinkonflikt, weil nach der Verfassung keine Regierung das Recht hat, laufende Ausgaben in Zeiten wirtschaftlichen Gleichgewichts durch Kredite zu finanzieren, also jede Regierung durch die Verfassung entweder zu Steuererhöhungen oder zu radikalem Abbau von Leistungen im Bereich der militärischen oder sozialen Sicherheit gezwungen sein wird. Wer heute Steuervergünstigungen für alle möglichen Gruppen und gleichzeitig die Erhöhung des Kindergeldes oder gar noch ein Erziehungsgeld verlangt, dürfte des Kopfrechnens unkundig oder der Ehrlichkeit unfähig sein.

Obwohl dramatische Konfliktthemen auf der Straße liegen, dürften wir also einen Wahlkampf ohne beherrschendes Konfliktthema bekommen. Trotzdem oder gerade deshalb könnte uns der übelste Wahlkampf bevorstehen, den wir bisher erlebt haben.

Gerade weil die Regierung durch keine für den Wähler erkennbaren Konfliktthemen herausgefordert wird, bietet sich ein Ausweichen in sogenannte Grundsatzfragen an. Gerade weil wir uns nicht streiten werden über die Aufgaben der nächsten vier oder acht Jahre, müssen wir uns mit den Gespenstern der Vergangenheit herumschlagen.

Welch irreale, gespenstische Züge unsere politische Diskussion annimmt, läßt sich an einem Beispiel der vergangenen Woche, also der Woche vom 24. bis 30. Mai 1976, zeigen. Da zieht die Bundesregierung bei der Welthandelskonferenz in Nairobi den Zorn und wohl auch den Haß von über hundert Entwicklungsländern auf sich, weil sie allen Wünschen der Dritten und Vierten Welt nicht viel mehr entgegenzusetzen hat und als ein beinahe dogmatisches Bekenntnis zu jenen marktwirtschaftlichen Prinzipien, die im Süden dieser Erde eher als ein Mechanismus zur Ausbeutung der armen Völker empfunden werden. Und diese selbe Regierung wird zu Hause, genau gesagt auf dem CDU-Parteitag in Hannover, mit dem Slogan Freiheit oder Sozialismus konfrontiert. Dort in Hannover spielt die Zuspitzung zwischen Nord und Süd nicht die geringste Rolle, dafür wird die Einigung Westeuropa beschworen, und zwar ebenfalls mit der Alternative «Freiheit oder Sozialismus», obwohl sich jeder an den Fingern abzählen kann, daß Westeuropa nie zusammenfinden wird, wenn zu allen bestehenden Differenzen hinzu die demokratischen Sozialisten Europas den Eindruck gewinnen sollten, dieses Europa solle gegen sie gebaut werden. Man will bestehende Spaltungen überwinden, indem man neue, gefährlichere schafft.

Es gibt kein Vakuum in der öffentlichen Diskussion. Beschäftigen wir die Menschen nicht damit, wie wir – mühsam genug – in den kommenden Jahren das Notwendige machbar machen, so dürfen wir uns nicht wundern, wenn wieder die Ängste und Ressentiments der fünfziger Jahre die Diskussion beherrschen.

Wir leben in einer Zeit, in der einen gelegentlich Angst überfallen kann, wenn man die Wirklichkeit der siebziger Jahre und die Wahrscheinlichkeiten der achtziger und neunziger Jahre überdenkt. Aber gerade dann empfindet man es als gespenstisch, wenn Menschen Angst eingejagt wird vor der Enteignung ihres Häuschens, vor ein paar Dutzend kommunistischer Lehrer, vor den Maschinenpistolen der DDR-Volksarmee.

Dies alles mag in der Tat dem Machtstreben einer Partei dienen, dem Gemeinwohl dient es schon deshalb nicht, weil solches Hochpeitschen von alten Ängsten uns unfähig macht, die neuen Herausforderungen auch nur in den Blick, geschweige denn in den Griff zu bekommen.

Wer die Gefahren der achtziger Jahre glaubt abschätzen zu können, dem möge man abnehmen, daß ihn ein Wahlkampf um die Ängste der fünfziger Jahre hart an den Rand der Verzweiflung bringt, Verzweiflung nicht im Sinne parteipolitischen Erfolgs, sondern Verzweiflung an der Chance unserer Demokratie, mit dem fertig zu werden, was unsere ganze Energie verlangt; Verzweiflung auch, weil schon jetzt sichtbar wird, worin unsere Kinder und unsere Enkel unser historisches Versagen sehen und wie teuer sie es bezahlen werden.

VI. Lassen Sie mich in diesem Zusammenhang die Slogans der Union aufgreifen, die Freiheit und Sozialismus als Alternativen darstellen.

Es ist nicht ganz einfach, diesen Slogans eine neue Seite abzugewinnen, zuviel ist darüber schon gesagt worden.

Zuerst: Hier handelt es sich um eine ehrwürdige Tradition der deutschen Rechten. Vor 50 Jahren versprach die Deutsche Volkspartei den deutschen Wählern, sie werde sie von der Knechtschaft des Marxismus befreien. Wenige Jahre später halfen die Reste dieser Partei in der Harzburger Front tüchtig mit, die Deutschen von ihrer Demokratie zu befreien.

Hier wird, wie immer die eher peinlichen Interpretationsversuche für intellektuell Anspruchsvollere lauten mögen, an Schichten des deutschen Bewußtseins appelliert, die schon vor dem Nationalsozialismus ansprechbar waren, die am schamlosesten von den Nationalsozialisten mobilisiert wurden und die nicht mit dem Nationalsozialismus verdorrten.

Wir haben 1957 von Konrad Adenauer erfahren, alle Wege des Marxismus führten nach Moskau, auf einem Plakat, das dann eineinhalb Jahrzehnte später von der NPD imitiert wurde. Der Slogan «Freiheit statt Sozialismus» bedeutet also zuerst, daß man entschlossen ist, den Wahlkampf mit den Ressentiments der Vergangenheit zu führen, nicht mit den Aufgaben der Zukunft.

Was die Sache vollends gespenstisch macht, ist die Tatsache, daß diese ideologische Polarisierung keineswegs das Ergebnis einer Polarisierung in der Sache ist. In keinem Parlament wurde weniger um Alternativen gerungen als im siebten Deutschen Bundestag. Während im Parlament die meisten Gesetze schließlich einstimmig verabschiedet wurden, soll jetzt an fiktiven ideologischen Fronten gekämpft werden. Oder schärfer: die ideologische Polarisierung entspringt nicht der sachlichen, sie ersetzt sie. Die ideologische Polarisierung, die wir erleben, ist nicht Ausdruck, sondern Ersatz für Sachalternativen. Wir haben nicht Weimar, aber hier wird Weimar gespielt, möglicherweise so lange, bis wir es haben. Hier wird Weimar herbeigeredet. In das Vakuum der Sachalternativen dringen Parolen der Vergangenheit, deren fatale Wirkung in diesem Lande längst ausprobiert wurde. Weil die Aufgaben der achtziger Jahre tabuisiert sind, zerfleischen wir uns an den Parolen der zwanziger oder fünfziger Jahre.

VII. Für eine bestimmte Sorte von Wahlstrategen ist Sprache nicht mehr die einzigartige humane Fähigkeit zum Ergreifen und Begreifen von Wirklichkeit, sondern eine politische Waffe zur Lähmung des Gegners oder, wie Eduard Heußen es in rororo 4005 formuliert, «ein Instrumentarium, Wählermehrheiten zu finden, ohne offen und nachgreifbar zu sagen, wofür».

In der Fachsprache redet man vom Besetzen von Begriffen. Schon in Kommunalwahlkämpfen sprechen heute Gemeinderäte davon, welche Begriffe zu besetzen seien. Und Herr Biedenkopf verkündet auf Parteitagen im Stile des Wehrmachtsberichts, welche Begriffe seit dem letzten Parteitag neu besetzt wurden. Dieses Besetzen wird von Leuten besorgt, die meist wenig oder gar keinen Einfluß auf die praktische Politik haben. Die läuft völlig separat. Man besetzt, indem ein Spitzenpolitiker eine Grundsatzrede hält, indem man eine Tagung abhält, indem ein Programm, möglichst in zehn inhaltsleeren Punkten, formuliert wird, über das die Praktiker leise lächeln.

Dieser alberne Begriffsimperialismus zielt nicht auf Information, sondern auf Verwirrung, auf eine parteipolitisch nützliche Verwirrung der Sprache, ohne deren Intaktheit Gemeinwohl nicht denkbar ist.

Dieser imperialistische Feldzug hat nun eine neue Phase erreicht. Die Union will nicht nur den Begriff Freiheit für sich besetzen, sie will alle anderen von diesem Begriff aussperren, den Begriff für sich monopolisieren. Ein durchaus logischer Schritt für die Büchsenspanner im Adenauer-Haus. Ein fataler Schritt für unsere Demokratie. Moralisch – falls da moralische Kategorien überhaupt Platz haben – wird er gerechtfertigt mit der Überzeugung, daß die Macht der Partei doch wohl zusammenfalle mit dem Gemeinwohl. Weil das Gemeinwohl identisch ist mit dem Sieg der CDU, darf sie auch Slogans benutzen, die den entscheidenden Grundbegriff der gemeinsamen Verfassung für sie monopolisieren soll. Umgekehrt: weil die Union für die Freiheit kämpft, darf sie ihren Sieg mit dem Gemeinwohl gleichsetzen. Ein Teufelskreis im exakten Sinne des Wortes.

VIII. Daß die Demokratie des Bonner Grundgesetzes stabiler ist als die von Weimar, läßt sich darauf zurückführen, daß es in der Bundesrepublik – im Gegensatz zur Weimarer Republik – einen Grundkonsens der großen Parteien gibt, der sich im Grundgesetz niedergeschlagen hat.

Kein Wunder, daß nach zwölf Jahren Diktatur der Grundwert der Freiheit der wichtigste unseres Grundgesetzes geworden ist. Was in der Verfassung von allen festgeschrieben wurde, kann und muß außerhalb parteipolitischer Alternativen bleiben.

Statt daß wir Gott jeden Morgen dafür danken, daß wir in einem der wenigen Länder leben dürfen, in denen es einen unbestrittenen, tragenden Grundkonsens für einen freiheitlich-demokratischen Rechtsstaat gibt, wird nun dieser Grundkonsens, der erste, den es in der deutschen Geschichte gab, mutwillig zerstört. Wenn die Bürger eines Häuserblocks Jahrzehnte auf ein Telefonhäuschen gewartet haben, dann sind sie empört, wenn alsbald die Wählscheibe demontiert oder der Hörer abgerissen wird. Was hier mit dem tragenden Wert unseres Grundgesetzes geschieht, ohne jeden Grund in der Sache, ist von derselben moralischen Qualität, nur daß hier nicht die Kommunikation für einen Häuserblock erschwert, sondern für eine ganze Gesellschaft zerstört wird.

Was soll ein junger Sozialdemokrat in der Bundeswehr denken, wenn er eine Freiheit verteidigen soll, als deren Feind er sich im Parteienstreit denunziert sieht? Was hier geschieht, ist die mutwillige Demontage der Basis, auf der unsere Demokratie ruht.

Daß die Ordnung des Grundgesetzes im Interesse des Gemeinwohls liegt, dürfte nur von wenigen Außenseitern bestritten werden. Wer, um seiner Partei zur Macht zu verhelfen, die Grundlage dieser Ordnung zum Gegenstand eines imaginären Parteienstreits macht, überschreitet eine Grenze, hinter der letztlich etwas anderes liegen muß als das, was wir haben: eine andere Republik.

«Keine Freiheit für die Feinde der Freiheit» gilt bislang als Wahlspruch einer wehrhaften Demokratie. Lautet die Alternative wirklich «Freiheit oder/statt Sozialismus», dann ist der Tag abzusehen, wo das ganze Pathos solcher Reden die Sozialdemokraten trifft. Und Ansätze dazu gibt es bereits. Wo es aber zur moralischen Pflicht der selbsternannten Freiheitshelden wird, um der Freiheit willen eine Partei niederzuringen, die unsere Freiheit mitbegründet, mitverteidigt, mit Leben erfüllt und in zäher Alltagsarbeit für die Mehrzahl der Bürger erlebbar gemacht hat, sind wir nicht mehr in der Republik, die Kurt Schumacher, Theodor Heuss, Jakob Kaiser oder Carlo Schmid gewollt haben. Wir sind dann in einer anderen Republik. Anders gesagt: Wenn der Slogan «Freiheit oder Sozialismus» einen Sinn haben soll, dann nur den, daß nun die Systemveränderung von rechts versucht werden soll.

IX. Daß Parteien sich gegenseitig vorwerfen, ihre Politik gefährde die Sicherheit des Landes, gehört noch zur demokratischen Auseinandersetzung. Im Zusammenhang mit der Ostpolitik haben wir diesen Vorwurf tausendmal von der Union gehört, und wenn Willy Brandt einen ähnlichen Vorwurf gegen die CDU/CSU erhob, so war daran allenfalls ein Wort außergewöhnlich und zunächst mißverständlich.

Die Alternative «Freiheit oder Sozialismus» ist kein Ausrutscher, keiner der ärgerlichen, aber eben doch geläufigen Vorwürfe. Diese Alternative markiert eine neue Qualität der inneren Auseinandersetzung, an deren Ende entweder eine ernüchterte, durch den Mißerfolg dieser Parole ernüchterte Union oder eine pervertierte, durch den Erfolg dieser Parole in ihrer Substanz veränderte Republik stehen wird, eine Republik, in der es, wie im Kaiserreich, zwei Gruppen von Bürgern gibt, gutgesinnte, die für die Freiheit sind, und potentielle Verfassungsfeinde.

Es gehört zu den schlimmsten Hypotheken der deutschen Geschichte, daß unmittelbar nach Gründung des Reiches seine Bürger eingeteilt wurden in Nationalgesinnte und Reichsfeinde, wobei immer die Leute sich für die guten Deutschen halten wollten, die möglichst viele Deutsche für schlechte Deutsche halten durften. Die Gründer des Reiches haben die Nation gespalten. Die Parole «Freiheit statt Sozialismus» spaltet das gespaltene Deutschland noch einmal, in solche, die sich für gute Demokraten – und Deutsche – halten wollen, weil sie die anderen für schlechte Demokraten – und Deutsche – halten dürfen. Und all dies, wie vor hundert Jahren, aus Liebe zu Deutschland. Der Kampf gegen die Sozialisten, Deutschland zuliebe, das konnte man sich 1876 noch leisten, 1976 nicht mehr, jedenfalls nicht mehr ohne schlimme Folgen für uns alle.

X. Es gibt so viele Gründe, warum heute parteipolitisches Machtstreben und Gemeinwohl härter aufeinanderprallen als zu irgendeiner Zeit der letzten dreißig Jahre. Wir stehen vor einem Wahlkampf, der, wenn kein Wunder geschieht, auf Kosten des Gemeinwohls geführt werden dürfte, und zwar in mindestens fünf Punkten:

Erstens dadurch, daß dem Bürger ein so groteskes Bild der Wirklichkeit unserer Welt vermittelt wird, daß bei der unvermeidlichen Konfrontation mit den Realitäten der späten siebziger und frühen achtziger Jahre psychologische und damit politische Kurzschlüsse unvermeidlich werden.

Zweitens dadurch, daß auf Grund eines verrückten Weltbildes das Stroh der fünfziger Jahre noch einmal gedroschen wird. An Stelle der Realität von heute und morgen werden die Ressentiments von gestern, vorgestern und vorvorgestern den Wahlkampf beherrschen.

Drittens dadurch, daß die Aufgaben der nächsten Jahre dem Wähler gar nicht ins Blickfeld geraten und damit jede künftige Regierung es unerhört schwer haben wird, diese Aufgaben anzupacken. Dieser Wahlkampf erschwert in jedem Fall zukunftsorientiertes Regieren.

Viertens dadurch, daß das Vertrauen in die parlamentarische Demokratie leiden muß. Es gibt ohnehin beträchtliche Zweifel, ob unser Typ parlamentarischer Demokratie zur Bewältigung dramatischer Zukunftsaufgaben tauge. Ein Wahlkampf im Stil der fünfziger Jahre angesichts der Aufgaben der achtziger Jahre könnte aus Zweifeln Verzweiflung machen.

Fünftens dadurch, daß das Aussparen zukunftsgerichteter Sachkonflikte Raum schafft für eine pseudo-ideologische Auseinandersetzung, die in jedem Fall an der Substanz jener freiheitlichen Ordnung zehren muß, um deretwillen sie angeblich geführt wird.

Ich weiß, die Weichen sind gestellt. Aber es soll nachher niemand behaupten, man habe vorher nicht gewußt, wer sie gestellt hat, wie und warum sie so gestellt wurden und wohin die Schienen führten.

VI. Von der Entwicklungspolitik zur Wachstumsskepsis

Duve: Es gab ja bei der Übernahme des BMZ eigentlich keine wirklich entwicklungspolitische Perspektive; denn Scheel hatte es als Nur-Anhängsel von Außenpolitik verstanden im Kontext des Ost-West-Konflikts, und Wischnewski hatte es notgedrungen als ein Anhängsel der Außenhandelspolitik und der Sicherung künftiger Handelsströme dargestellt und wahrscheinlich auch nur so verstehen können – das Haus selbst hatte noch nicht viel an eigener Perspektive, an Leitlinien entwickeln können. Es gab ja eigentlich auch keine Vorbilder, weder die Briten noch die Amerikaner hatten so etwas formuliert wie eine desinteressierte, im Interesse des Nehmers ausgerichtete Entwicklungspolitik.

Eppler: Ich weiß nicht, ob Ihre Charakterisierung meiner beiden Vorgänger gerecht ist. Wir vergessen oft, daß dieses Ministerium, als ich dort anfing, praktisch keine Kompetenzen hatte. Ich erinnere mich noch an ein Erlebnis in den ersten Monaten meiner Arbeit. Ich mußte – es war wohl in Frankfurt – vor Leuten der Wirtschaft meine Vorstellungen ausbreiten. Nachdem ich gesprochen hatte, rief der Versammlungsleiter die zuständigen Beamten des Finanzministeriums, des Wirtschaftsministeriums, des Auswärtigen Amtes auf, die dann – völlig unabhängig von mir – ihre Sicht der Entwicklungspolitik vortrugen. Tatsache war, daß im Herbst 1968 der Bundesminister für wirtschaftliche Zusammenarbeit noch nicht einmal über ein Viertel seines Etats federführend verfügen konnte. Die Kapitalhilfe – knapp die Hälfte des gesamten Etats – wurde vom Wirtschaftsministerium verwaltet, ebenso der größte Teil multilateraler Hilfe, also die Kontakte zur Weltbank und zum europäischen Entwicklungsfonds. Innerhalb der technischen Hilfe lagen die Landwirtschaftsprojekte federführend beim Landwirtschaftsministerium, die Massenmedienprojekte, zum Beispiel Schulbuchverlage oder Bauernfunk lagen beim Bundespresseamt, so daß das BMZ federführend für etwas über die Hälfte der Projekte der technischen Hilfe verantwortlich war, und auch da jede einzelne Entscheidung zu fällen hatte in einem interministeriellen Ausschuß, an dem mindestens die drei großen Ressorts, oft auch noch andere interessierte Ressorts, Sitz und Stimme hatten. Mir wurde also sehr rasch klar, daß ich reden konnte, was ich wollte, daß in der Entwicklungspolitik überwiegend Dinge geschahen, die ich zwar der Öffentlichkeit gegenüber zu verantworten hatte, auf die aber mein Einfluß – wenn überhaupt vorhanden – minimal war. Und deshalb habe ich mich jahrelang in einem ermüdenden Kleinkrieg darum bemüht, aus dieser Werbeagentur für Entwicklungshilfe ein Ministerium zu machen. Dies ist im Laufe der Jahre Schritt für Schritt gelungen, wobei ich gern zugeben möchte, daß meine Penetranz im Zusammensuchen von Kompetenzen manchem Kollegen auf die Nerven gehen mußte.

Das Ergebnis war – nach viereinhalb Jahren – also nach der Gründung der zweiten Regierung Brandt, daß praktisch alles, gut 95 Prozent des Einzelplans 23, in der Federführung des Entwicklungsministeriums lag, so daß das, was wir wollten und was ein wachsender Teil meiner Mitarbeiter geistig mitgetragen hat, auch exekutiert werden konnte.

Duve: Was wollten Sie?

Eppler: Ich will es an einem Beispiel sagen. Als ich 1969 mit Heinrich Lübke in Westafrika war, fragte ich in einem bettelarmen Land der Sahelzone den Finanzminister, welche besonderen Wünsche das Land habe. Antwort: ein kompliziertes System für drahtlose Kommunikation. Mir kam dies sofort seltsam vor. Nach einigen Glas Whisky brachte ich dann heraus, wie es zu diesem Wunsch gekommen war. Ein Beamter des Wirtschaftsministeriums, der es mit einer großen deutschen Firma besonders gut meinte, hatte dieser Regierung erklärt, wenn ihr diesen Wunsch haben solltet, wird er euch erfüllt werden. Also hatte die Regierung einen solchen Wunsch. Um diese Art von Entwicklungspolitik abzubauen, zu verhindern, mußte man die Kompetenzen für die Kapitalhilfe haben. Von daher war mein Kampf um Kompetenzen kein administrativer, sondern ein politischer, und zwar vom ersten Augenblick an. Unser Ansatz war, in jedem einzelnen Land zu ermitteln, wo eigene Entwicklungschancen waren, wodurch diese eigenen Entwicklungschancen besonders gehemmt wurden, wo wir mit unseren beschränkten Mitteln ein optimales Ergebnis im Interesse eines solchen Landes erzielen konnten. Das war natürlich von Land zu Land verschieden. Insgesamt haben wir einen verstärkten Wert gelegt auf den ländlichen Raum, auf landwirtschaftliche Genossenschaften, auf Projekte der Aufforstung, der Wasserversorgung, der Bewässerung und sind immer mehr abgekommen von den großen Schauprojekten, die das Herz eines Botschafters höherschlagen ließen. Wir haben schließlich für etwa zwei Dutzend Entwicklungsländer, in denen wir schwerpunktmäßig tätig waren, Entwicklungsprogramme und auch Regionalprogramme aufgestellt, in denen klar festgehalten war, wo die besonderen Schwierigkeiten des Landes lagen, und an welchen Stellen – zwei oder drei Schwerpunkten – wir uns engagieren wollten. Wir haben das natürlich im Zusammenwirken mit der jeweiligen nationalen Administration getan.

Ich habe nie gesagt, daß Entwicklungspolitik mit unseren eigenen Interessen nichts zu tun habe – es gibt auf dieser Welt gar nichts, was nichts mit Interessen zu tun hätte –, aber ich war und bin überzeugt davon, daß jede Entwicklungspolitik, die nicht am Interesse des Entwicklungslandes ansetzt – wobei ich gern zugebe, daß dieses Interesse oft von den dort Regierenden nicht eben überzeugend dargestellt wird – weder dem Entwicklungsland hilft noch schließlich dem Industrieland, denn was übrigbleibt, sind Ressentiments, Verstimmungen und der Haß derjenigen, die sich unter dem Deckmantel von Entwicklungshilfe noch zusätzlich ausgebeutet fühlen. Diese Entwicklungspolitik ist von bestimmten Teilen der deutschen Rechten und auch der Presse, die der Industrie nahestehen, so lange einigermaßen nachsichtig – man mag auch sagen, mit nachsichtigem Spott – behandelt worden, als sie dies für ungefährlich hielten. Aber nachdem ich Anfang 1973 die Kapitalhilfe übernommen hatte und Mitte 1973 mit dem damaligen Finanzminister Helmut Schmidt eine einigermaßen großzügige neue Finanzplanung für die Entwicklungshilfe vereinbart hatte, begann man aufzuhorchen. Plötzlich stellte man fest: Dieser Eppler verfügt ja im Laufe der nächsten Jahre über wachsende Milliardensummen, die er nun entsprechend dem Konzept einsetzen kann, das er im Laufe der Jahre mit seinem Ministerium erarbeitet hat. In diesem Augenblick begann das Sperrfeuer, das dann 1974 gefährliche Ausmaße annahm. Das heißt, einen Entwicklungsminister Eppler, der über eine hübsche Konzeption redet, aber keine administrativen Kompetenzen gehabt hätte, den hätte man noch lange gewähren lassen. Einen Eppler, der im Sinne seines Konzepts über Milliardenbeträge entschied, war eine andere Sache. Auch an dieser Stelle habe ich meine Erfahrungen über die wirklichen Machtverhältnisse in unserer Gesellschaft machen können.

Duve: So veränderte sich die Entwicklungskonzeption, Stärkung der Landwirtschaft – nicht unbedingt Stärkung der Hauptstädte und ihrer umliegenden Industrien –, Bewahrung vor Verslumung, all das, was da in der Konzeption Ihres Hauses entwickelt wurde, ist ja heute die gängige internationale entwicklungspolitische Philosophie. Gleichzeitig ist überall genau das Gegenteil gemacht worden mit Hilfe der Industriestaaten. Von wann ab konnte man sagen, daß ein solches Konzept eigentlich theoretisch international akzeptiert werden mußte, weil die Bilanz des ersten Jahrzehnts von Entwicklungshilfe weltweit schlecht aussah?

Eppler: Im Herbst 1969, als Willy Brandt Kanzler wurde, kam der Pearson-Bericht an die Öffentlichkeit. Ich habe den früheren kanadischen Ministerpräsidenten Pearson geradezu verehrt, er war ein unerhört charmanter, kluger Staatsmann, der in dieser Sache wirklich engagiert war. Trotzdem geht auch der Pearson-Bericht letztlich noch davon aus, daß die Entwicklungsländer den Weg der Industrieländer zu gehen hätten, daß sie den Abstand zu den Industrieländern zu verringern und einzuholen hätten. Nur in sehr abstrakten Wendungen ist davon die Rede, daß Entwicklungsländer ihren eigenen Weg zu gehen hätten. Mir ist zu Beginn der siebziger Jahre klargeworden, daß eine Entwicklung, die mit hohen wirtschaftlichen Wachstumsraten die damals auch noch hohen wirtschaftlichen Wachstumsraten der Industrieländer übertreffen und dadurch den Abstand verringern sollte, nicht zum Ziel führen konnte.

Duve: Warum nicht?

Eppler: Erstens funktionierte die Sache nicht, die Wachstumsraten blieben in den Industrieländern höher als im Schnitt der Entwicklungsländer. Zweitens bedeutete Wachstum des Pro-Kopf-Einkommens um 5 Prozent in Obervolta ein paar Mark, bei uns ein paar hundert Mark. Das war für die Entwicklungsländer eher frustrierend. Im übrigen: Der Maßstab des wirtschaftlichen Wachstums war schon nicht mehr brauchbar. Wenn in einem südamerikanischen Andenland ein deutscher Chemiekonzern ein Kunstfaserwerk baute und dort mit weniger als zweihundert Menschen den ganzen Markt dieses Landes und möglicherweise noch der Nachbarländer mit Kunstfasern beliefern konnte, dann hat dies das Bruttosozialprodukt dieses Landes sicher gesteigert, hat Wachstum produziert. Gleichzeitig hat es die Lamaschäfer in den Anden geschädigt, hat die Spinnerei und Weberei in den Dörfern und kleinen Städten ruiniert, hat also mehr Arbeitsplätze zerstört als geschaffen, aber es war wirtschaftlicher Wachstum.

Duve: Das wäre also das statistische Wachstum. Ein gutes Beispiel im Pearson-Report war mir immer: Ein halbes Jahr bevor Pakistan zusammenbrach – auseinanderbrach – war im Pearson-Report Pakistan als ein besonders positives Entwicklungsmodell dargestellt, weil es eine besonders konstante Wachstumsrate von über 6 Prozent über mehrere Jahre ausgewiesen hatte. Die politische Unfähigkeit, diese 6 Prozent zu verteilen in einem extrem armen Teil aus einem relativ reicheren Teil, kam im Pearson-Report in dieser Wachstumsdefinition überhaupt nicht vor, und schon brach das Land zusammen, und beide Teile waren vor erhebliche Krisen gestellt.

Eppler: Es ging ja in Pakistan nicht nur darum, das wachsende Sozialprodukt zwischen dem reicheren westlichen und dem ärmeren östlichen Teil zu verteilen, sondern auch innerhalb der Gesellschaft des westlichen Teils. Die politischen Krisen, die wir seither in Pakistan erlebt haben, zeigen, daß diese Art von Wachstumskonzept politische Spannungen hervorrufen muß, die ihrerseits wiederum die weitere Entwicklung blokkieren. Jenes Rostowsche Konzept: Laßt uns die Wachstumsraten so weit beschleunigen, daß dann irgendwann der berühmte Punkt des Take-off kommt, wo die Volkswirtschaft startet und dann aus eigenem Antrieb, mit eigener Kraft, ein sich selbst tragendes Wachstum produziert, diese Theorie funktioniert fast nirgends. Sie funktionierte ökonomisch nicht – schließlich zeigte sich bei vielen sogenannten Schwellenländern, daß sie Jahrzehnte nicht über die Schwelle hinwegkamen – Beispiel Argentinien. Zum anderen führte die Theorie politisch meistens zur Wachstumsdiktatur. Wenn man zugibt, daß hohe Wachstumsraten nur zu erreichen sind, wenn mindestens für eine beträchtliche Zeit die große Masse der Bevölkerung davon nichts hat, sondern nur eine sich langsam verbreiternde kleine bourgeoise Schicht, dann läßt sich diese Art von gesellschaftlicher Ungleichheit auf die Dauer nur mit brutalem Zwang, meist mit dem Instrument der Militärdiktatur aufrechterhalten. Die ist wiederum außerordentlich teuer, frißt also Früchte des Wachstums selbst auf. Jedenfalls ist mir klargeworden, daß wirtschaftliches Wachstum in Entwicklungsländern nicht das primäre Ziel sein kann. Das primäre Ziel kann nur die Deckung von Grundbedürfnissen sein – Arbeit, Bildung, Ernährung, vernünftige Behausung, Mindestmaß an sozialer Sicherung, Verhinderung von Slumbildung. Daß in dem Augenblick, wo man diese Grundbedürfnisse deckt, statistisch auch Wachstumsraten auftreten, ist Nebenprodukt, nicht Ziel. Umgekehrt, wenn man nur auf Wachstumsraten starrt und dieses Wachstum dadurch herbeiführt, daß europäische oder amerikanische Konzerne ihre Investitionen in diese Länder lenken, Investitionen, die meist nur Bedürfnisse einer kleinen Schicht decken oder gar erst wecken, bleiben die Grundbedürfnisse der Massen auf Jahrzehnte hinaus unbefriedigt. So ist mir zum erstenmal der Unterschied klargeworden zwischen Wachstum und einem statistisch höheren Lebensstandard auf der einen Seite und besserer Lebensqualität auf der anderen.

Duve: Sie haben damals auf dem IG Metall-Kongreß in Oberhausen, der ja auch schon unter dem Eindruck der Diskussion von den Grenzen des Wachstums stand, ein Referat gehalten. Wurde an diesem Punkt der Entwicklungspolitiker Eppler zum Wachstumsskeptiker der Industriegesellschaft?

Eppler: Es ist nicht ganz leicht, ohne einen hohen Zoll an Selbsttäuschung das Wachsen, den Kristallisierungsprozeß des eigenen Denkens, nachzuvollziehen. Ich habe vor kurzem einmal wieder in jenem kleinen Büchlein geblättert, das ich 1971 niedergeschrieben habe und das dann in vielen Sprachen der Welt vertrieben wurde – ‹*Wenig Zeit für die Dritte Welt*›. Für mich heute überraschend finde ich darin, daß unsere Gesellschaft ja keineswegs so nachahmungswert sei, wie wir meinen, daß es möglicherweise keine entwickelten und unterentwickelten Länder gebe, sondern in verschiedener Weise fehlentwickelte. Jedenfalls muß ich schon 1971 eine Menge Zweifel an dem Weg der Industriegesellschaft gehabt haben. Daß ich mich dann im April 1972 in Oberhausen mit dem Thema Lebensqualität beschäftigt habe, ist einzig und allein Otto Brenner zu verdanken, der mir um die Weihnachtszeit 1971 einen Brief schrieb, er wolle eine große Tagung zum Thema Lebensqualität abhalten und bitte mich darum, eines von drei Grundsatzreferaten über die Lebensqualität zu halten. Zuerst wollte ich einfach absagen, weil ich nicht wußte, wann ich ein solches Referat ausarbeiten konnte, fand aber dann, daß der Zwang, ein solches Referat auszuarbeiten, heilsam sein könnte, und habe Otto Brenner zugesagt. Erst in den Ostertagen setzte ich mich schließlich hin und arbeitete dieses Referat aus. Vor Ostern hatte ich einen Entwurf, den ich Eberhard Stammler zeigte, der in unserer Nähe im Schwarzwald Urlaub machte. Auf seine Kritik hin habe ich das Referat noch einmal völlig umgebaut. Richtig ist, daß die Zweifel, die mir zuerst im Blick auf die Entwicklungsländer gekommen waren: «Ist es richtig, daß die uns nachzuahmen versuchen?» nun in die Frage übergingen: «Sind wir selbst auf dem richtigen Weg?» Lebensqualität war ja zunächst einmal ein Chiffre für die Feststellung, daß wirtschaftliches Wachstum kein Gradmesser mehr dafür sein konnte, wie Menschen wirklich leben, daß also ein anderer Maßstab für die Qualität der Lebensbedingungen von Menschen gefunden werden mußte. Dieser Grundeinsicht wird, soweit ich sehe, heute ernsthaft nicht mehr widersprochen.

Duve: Aber es gibt noch keine politischen Instrumente, nicht mal statistische Instrumente, um mit dieser Grundeinsicht neue Politik formulieren zu können.

Eppler: Ich glaube doch, daß es sie gäbe. Es gibt natürlich keinen Gesamtindikator für Lebensqualität, in den man alles addieren könnte, die Hunderte von Einzelindikatoren von dem Schwefeldioxydgehalt der Luft, über die Verschmutzung des Wassers bis hin zur Qualität des Arbeitsplatzes, von Mitwirkung und Mitbestimmung am Arbeitsplatz bis zur Rechtssicherheit oder der musischen Bildung. Natürlich wird es nie eine Einigung darüber geben können, wie zum Beispiel die Meinungsfreiheit zu gewichten sei im Vergleich zur Unfallhäufigkeit oder zur Gefährdung durch chemische Gifte. Aber der Begriff Lebensqualität ist insoweit schon operational anwendbar, als man zum Beispiel genau weiß, daß zusätzlicher Medikamentenverbrauch bei uns sicherlich nicht zusätzliche Gesundheit bedeutet, daß vielmehr weniger Medikamente mehr Gesundheit bedeuten, daß also Wachstum und Lebensqualität hier nicht nur nicht übereinstimmen, sondern sich widersprechen. Aus solchen einzelnen Erkenntnissen heraus – und da wären Dutzende zu nennen – kann man sehr wohl praktische Politik machen.

Duve: Die Lebensqualitätsdiskussion stand ja seit 1969 noch relativ stark unter dem Eindruck: wachsender materieller Reichtum ist an sich herstellbar, macht den Menschen aber nicht glücklich, da muß noch etwas anderes hinzukommen. Dieses läuft heute in eine weltweite Diskussion darüber, daß auch wachsender materieller Reichtum nicht mehr herstellbar sei. Aus der Lebensqualitätsdiskussion wurde relativ rasch auch durch die Ölpreiszäsur die Diskussion um die Endlichkeit des Wachstums, unabhängig vom Menschen, also abhängig von den Ressourcen und abhängig von der Belastbarkeit der Natur. Die ökologische Dimension wurde aufgerissen. In diese Diskussion gehört Ihr Buch ‹*Ende oder Wende?*›.

Eppler: Für mich gibt es zwei Fragen, die zuerst kaum etwas miteinander zu tun haben. Die erste Frage ist die von 1972: Was nützt uns wirtschaftliches Wachstum, was kann uns wirtschaftliches Wachstum schaden? Ist fortgesetztes, unendliches materielles Wachstum denkbar, verantwortbar, wünschbar? Die zweite Frage ist: Ist die Art Wachstum, die wir seit dem Zweiten Weltkrieg bis in den Herbst 1973 gehabt haben, noch möglich? Schaffen wir das, auch wenn wir es wollen?

Nach der Ölpreiskrise hat die zweite Frage die erste weithin verdrängt. Nach der Ölpreiskrise – und da hat sicherlich die Bundesregierung ihren Anteil daran – ist die Angst vor uferlosem Wachstum bekämpft worden mit der Angst vor dem Ausbleiben des Wachstums. Man hätte aber auch fragen können: Wenn es wahr ist, daß uferloses Wachstum nicht nützlich sein muß, und wenn es überdies zweifelhaft ist, ob wir solches uferloses Wachstum zustande bringen, sogar wenn wir es wollten, was ist dann jetzt die richtige Politik? Die Polemik gegen das Nullwachstum ist wohl überwiegend der Versuch, die wirklichen Fragestellungen zu umgehen oder zu verdrängen. Wenn es wahr ist, daß die Wachstumsstatistik relativ wenig darüber aussagt, wie Menschen leben, wenn es wahr ist, daß die Menschen in New York, deren psychische Schwierigkeiten an den Gesichtern abzulesen sind, bei zwanzigmal höherem Pro-Kopf-Einkommen sicherlich nicht zwanzigmal besser leben als die Menschen in einem Dorf in Tansania, dann ist die Forderung nach einem maximalen Wachstum ebenso sinnlos wie die Forderung nach Nullwachstum. Die entscheidende Frage ist, finden wir einen Maßstab, von dem wir sagen können, was wachsen soll und was nicht? Gelingt es uns, davon wegzukommen, daß wir erst einmal Wachstum wollen und uns dann mit den positiven und negativen Folgen dieses Wachstums herumschlagen und fertig zu werden versuchen, oder schaffen wir es auf Grund einer vernünftigen Vorstellung von der wünschbaren Qualität der Lebensbedingungen, politische Entscheidungen darüber zu treffen, was wachsen soll und was nicht?

Duve: Ist dazu unsere Gesellschaft organisiert, daß wir solche Entscheidungen, selbst wenn wir sie wollten, institutionell treffen könnten?

Eppler: Diese Frage möchte ich mit einem vorsichtigen ja beantworten. Zumindest weigere ich mich, mit der Diskussion um die Instrumente für solche Entscheidungen die Diskussion über den Inhalt solcher Entscheidung abzuwürgen. Hier liegen auch meine Zweifel am Orientierungsrahmen 1985. Solange wir nicht einmal da, wo wir ohnehin politische Entscheidungen zu treffen haben, und zwar mit bereits vorhandenen Instrumenten, die Kriterien oder vielleicht auch den Mut haben, Entscheidungen zu fällen, hilft die Diskussion um Instrumente nicht weiter. Beispiel: Wohin das Wachstum in der Verkehrspolitik gehen soll, ist eine politische Entscheidung, die mit den bisher üblichen Instrumenten, etwa der öffentlichen Haushaltspolitik oder der Steuerpolitik, durchgesetzt werden kann. Die Frage ist nur, ob wir die Einsicht, den Mut und die Kraft dazu haben. Die Frage, was in unserem Gesundheitswesen wachsen soll, die Ausgaben für Gesundheitsaufklärung und Gesundheitsvorsorge, für vorbeugende Hilfe für gefährdete junge Menschen oder die Ausgaben für den Maschinenpark jeder ärztlichen Praxis, das muß hier und heute ohnehin entschieden werden, und zwar in Entscheidungsprozeduren, die wir schon längst haben. Ob wir Wachstum haben wollen in Form von hochkonzentrierten, kapitalintensiven, energieintensiven, gegen Störungen und Sabotage anfälligen Großtechnologien oder ob wir Wachstum haben wollen, in energie- und materialsparenden, transportsparenden, dezentralen Produktionsstätten, wird überwiegend in der Energiepolitik entschieden, und zwar mit den jetzt vorhandenen Instrumenten. Bei alldem fehlt es nicht an Instrumenten, sondern am Konsens, am gemeinsamen Willen, wenigstens innerhalb einer Partei, und am Mut, sich mit Interessen anzulegen.

Duve: Aber da kommen wir doch in das gleiche Problem des Entwicklungsministers Eppler, der sich irgendwann einmal seine Instrumente erkämpft hatte, und nun das, was er vorher nur sagen konnte, auch hätte tun können. Und in dem Moment, wo er es tun konnte, merkte er plötzlich, dagegen steht eine Machtkonstellation, und die würde bei zentralen Punkten dieser Gesellschaft, die die grundsätzliche Industriestruktur betreffen, noch viel stärker zurückschlagen. Sie würde sich einzelne herauspicken, könnte gar die Regierung aus dem Amt jagen – was weiß ich. Das heißt, hier wird man doch unmittelbar in Interessenkonstellationen, in Konflikte hineinkommen, die man bei der geringen Möglichkeit, überhaupt nur etwas zu vermitteln in die Bevölkerung, nur sehr schwer durchhalten können, so daß man möglicherweise die Macht, die Instrumente zu nutzen, sehr rasch verliert. Ist das nicht das entscheidende Problem?

Eppler: Es ist ein Problem, vielleicht das schwierigste, aber in diesem Zeitpunkt noch nicht das entscheidende. Solange wir uns etwa in der Sozialdemokratischen Partei noch nicht einig darüber sind, welche Verkehrspolitik die richtige ist, hat es keinen Sinn, darüber zu jammern, daß, falls wir es wüßten, andere uns daran hindern könnten. Dasselbe gilt für die Energiepolitik, gilt für die Gesundheitspolitik und viele andere Bereiche. Wenn es richtig ist – und ich glaube, es ist richtig –, daß jede Politik bewußter Wachstumssteuerung auf den Widerstand massiver Interessen stoßen muß, auch dann, wenn man gar keine neuen Instrumente einzusetzen braucht, dann ist eine Diskussion über zusätzliche Instrumente, ehe man deutlich sagen kann, wozu sie eingesetzt werden sollen, eher hinderlich. Das heißt, wenn man die Macht, genauer gesagt Gegenmacht, mobilisieren will gegen die Interessen, die eine vernünftige Wachstumssteuerung im Sinne von Lebensqualität verhindern wollen, dann kann man diese Gegenmacht nur mobilisieren, indem man öffentliche Meinung schafft für ein klares Konzept der Wachstumssteuerung. Und solange ich mit den Bürgern noch nicht darüber sprechen kann, aus welchen Gründen und wohin ich Investitionen im Energiebereich lenken will – in eine große Zahl von riesigen Kernkraftwerken, in Systeme der Abwärmenutzung, in Wärmedämmung oder in Kohlekraftwerke mit Wärme-Kraft-Kopplung, die über das Land zerstreut sind –, solange ich nicht in der Lage bin, Menschen für ein Konzept zu mobilisieren, weil ich nämlich keines habe, so lange empfinde ich das Jammern über mögliche oder auch wirkliche Gegenkräfte nicht hilfreich. Hier hat uns der Hamburger Energiebeschluß ein gutes Stück weitergebracht. Daher habe ich in Hamburg auch von einem gigantischen Fall von Investitionslenkung gesprochen – mit vorhandenen Instrumenten.

Duve: Meine in diesem Punkt ganz andere Meinung ist bekannt. Woran liegt es denn nun, daß auch die Linke in der SPD diese ungeheure Chance, daß sich die Bürger zunehmend mit solchen Fragen beschäftigen, daß dieses die Linke eher verschreckt, daß sie eigentlich die Wachstumsfrage ungern stellt? Woran liegt es, daß es bei der Beantwortung dieser Fragen innerhalb der Linken keinen Konsens gibt?

Eppler: Ich glaube, daß da bei manchen auch taktische Gründe vorliegen. Es ist in der Linken der SPD leichter, auch populärer, über zusätzliche Instrumente zu sprechen als darüber, nach welchen Kriterien diese Instrumente eingesetzt werden sollen. Trotzdem halte ich dieses für verhängnisvoll. Die öffentliche Debatte über die Investitionslenkung ist deshalb so katastrophal verlaufen für die Partei, weil nicht zu vermitteln war, wozu wir die verlangten Instrumente verwenden wollten. Wenn ich einem Arbeiter, einem Angestellten oder einer Bauersfrau erkläre, daß wir dafür sorgen müssen, daß nicht alle Industrie in bestimmten Ballungsgebieten konzentriert wird, was dort zu einer Überbelastung der Umwelt führt, während die jungen Leute auf dem Lande keine Arbeit finden – es sei denn, sie würden auch noch in das Ballungsgebiet ziehen oder sie würden jeden Tag hundert Kilometer mit dem Auto unterwegs sein –, dann verstehen sie, warum wir über Investitionslenkung reden. Wenn ich mit ihnen darüber spreche, wie man in ein Gebiet, wo durch die Umstellung der Uhrenindustrie auf Elektronik Hunderte von Facharbeitern, deren Väter und Großväter dort schon Feinmechaniker waren, ihren Arbeitsplatz verlieren, wie ich dahin eine Industrie bringe, die diese Fähigkeiten wieder verwenden kann, dann verstehen sie mich. Wenn ich mit Menschen darüber spreche, ob es denn gut sei, daß wir auf Grund technokratisch errechneter Wachstumsraten im Stromverbrauch so viele Kraftwerke bauen, daß schließlich, wenn ihre Kinder so alt sind wie sie jetzt, alle zehn Kilometer in diesem Lande ein Kernkraftwerk stehen müßte, dann sind sie bereit, mit mir darüber nachzudenken, wie man Investition anders lenkt. Die abstrakte Diskussion darüber, wie man lenken will – solange unklar ist, was man lenken will, warum man lenken will, wohin man lenken will –, dies hat unserer Partei eher geschadet.

Erhard Eppler
«Politik nach der Zäsur»
Vortrag am 15. April 1977 in Erkenschwick

These 1

Die wachsende politische Unsicherheit und Ratlosigkeit in der Bundesrepublik Deutschland hat ihren Ursprung nicht primär in der persönlichen Unzulänglichkeit des einen oder anderen Politikers.

Sie rührt im Kern daher, daß nach einer tiefen historischen Zäsur alte Rezepte nicht mehr greifen, neue Konzepte noch nicht hinlänglich konkret entworfen und nicht ausreichend politisch diskutiert sind.

Die besondere Sterilität der Diskussion zwischen den politischen Parteien erklärt sich aus der Tatsache, daß die SPD als Regierungspartei im Bund an eine Administration gebunden ist, die auf Fortschreibung gewohnter Handlungsweisen angelegt ist, während die CDU/CSU ihre Oppositionsrolle insofern nicht ausfüllt, als sie jeden weiterführenden Gedanken schuldig bleibt.

Dadurch wandern politische Entscheidungen ab zu Gerichten und Bürgerinitiativen. Impulse kommen oft nicht mehr aus Parlamenten und Regierungen, sondern von kleinen Gruppen, Außenseitern, Zeitschriften, Fernsehfilmen oder Büchern.

These 2

Es macht einen Unterschied, ob im Blick auf Veränderungen in der ersten Hälfte der siebziger Jahre von Tendenzwende oder von Zäsur gesprochen wird.

Tendenzwende als Schlagwort der Rechten meint: Nachdem progressive Reformitis sich totgelaufen hat, kehren die Menschen zurück zum bewährten alten. Das Reden von der Tendenzwende versucht das Grundgefühl: «So geht es wohl nicht weiter» in parteipolitische Münze umzuprägen: «Also laßt uns die Sozialisten zum Teufel jagen, dann geht es wieder richtig» weiter, wie früher.

Zäsur will sagen, daß in der ersten Hälfte der siebziger Jahre in der ganzen Welt Umbrüche stattfanden, die überall zum Umdenken zwingen, die vor allem den von der Rechten propagierten Weg zurück als absolut hoffnungslos erscheinen lassen. Zäsur meint, daß wir gezwungen sind, neue Wege zu gehen, weil die gewohnten ins Leere führen.

These 3
Anzeichen für die Zäsur sind:

a) Zum erstenmal ist der Mensch technisch in der Lage, die Lebensgrundlagen seiner Gattung zu zerstören. Daß dies durch Krieg möglich ist, wurde in den fünfziger Jahren erkennbar, daß es auch ohne Krieg geschehen kann, in der ersten Hälfte der siebziger Jahre.

b) Die Vorstellung, wissenschaftlich-technischer Fortschritt, umgesetzt in wirtschaftliches Wachstum, führe automatisch in eine humanere Zukunft, bricht vollends zusammen. Die Grundthese des Clubs of Rom, daß eine geradlinige Exprapolation gegebener Trends in Katastrophen führe, ist – bei berechtigter Kritik an Einzelergebnissen – nicht widerlegt worden.

c) Damit ist nicht die Idee des Fortschritts, wohl aber die seit mindestens zweihundert Jahren tragende Grundlage der Fortschrittsgewißheit zerstört. Es ist nicht erkennbar, wie sie wiederherzustellen wäre. Eine neue Definition des Fortschritts muß Kriterien dafür liefern, inwiefern Entwicklungen in Wissenschaft, Technik und Ökonomie dem Fortschritt oder dem Rückschritt dienen.

d) Die Einsicht, daß die natürlichen Lebensgrundlagen verletzlich und erschöpfbar sind, setzt bestimmten Formen wirtschaftlichen Wachstums Grenzen (Freisetzung von Wärme oder CO_2 durch Energieumwandlung, Erschöpfung von Rohstoffen, Störung ökologischer Kreisläufe). Daraus hat sich ein neues Umweltbewußtsein gebildet, das Natur nicht mehr als Ausbeutungsobjekt, sondern als unerläßliche Lebensgrundlage versteht.

e) Anlagen modernster Großtechnologie erzeugen heute weniger Gefühle der Bewunderung und des Stolzes als solche der Ohnmacht und der Angst, die bei Teilen der Bevölkerung bereits in aggressiven Widerstand umschlagen. Das Bedürfnis nach überschaubaren und kontrollierbaren Einheiten wird politisch relevant.

f) Zu der Frage, ob Wachstum in jedem Fall gut sei, kommt die andere, ob es im bisherigen Umfang möglich sei. Erhebliche Kaufkraft bei teilweise gesättigten Märkten in Industrieländern und minimale Kaufkraft bei nahezu unbegrenzten Bedürfnissen in Entwicklungsländern führen zu unausgelasteten industriellen Kapazitäten und Zurückhaltung der Investoren.

g) Zum erstenmal haben im Nord-Süd-Verhältnis Kräfte im Süden den Vormächten des Nordens ökonomisch (Ölpreis) und militärisch (Vietnam) ihren Willen aufgezwungen. Daraus ist ein Selbstbewußtsein der Völker des Südens erwachsen, das eine hinhaltende Taktik im Nord-Süd-Dialog als gefährlich und stärkeren Transfer von Ressourcen in den Süden als unausweichlich erscheinen läßt.

Diese und viele andere Faktoren haben ein neues Gesamtklima geschaffen, in dem, was jahrzehntelang als selbstverständlich hingenommen wurde (zum Beispiel Kernkraftwerke), erbitterten Widerstand hervorruft und was jahrzehntelang funktionierte (Globalsteuerung), nicht mehr greift.

These 4
Durch die Zäsur verändert der herkömmliche Fortschrittsglaube seine ideologische Funktion.

Weil die Systeme sich ohne ausreichenden Wachstum bedroht fühlen, wird naiver Fortschrittsglaube zum strukturkonservativen Argument. Die Überzeugung, alles werde sich schon einspielen, wird von denen vorgebracht, die um ihre Macht fürchten, wenn klarwerden sollte, daß sich nichts einspielt. (Filbinger: «Was die Technik entbindet, ist die Technik in der Lage zu beherrschen.») Fortschrittsglaube wird bemüht, um Verteilungskonflikten auszuweichen, Machtpositionen zu konservieren. Von daher meint die beliebte Bezeichnung liberal-konservativ heute meistens, daß altliberale Argumente zu strukturkonservativen Zwecken verwandt werden (klassisches Beispiel: *FAZ*). Dies bedeutet keine Abwertung der historischen Rolle des Liberalismus.

These 5
Fortschritt ist für Sozialdemokraten Steigerung der Lebensqualität. Steigerung der Lebensqualität bedeutet primär die Umsetzung der Grundwerte Freiheit, Gerechtigkeit und Solidarität in gesellschaftliche Wirklichkeit. Wachstum ist Fortschritt, sofern es zu dieser Umsetzung beiträgt, Wachstum ist Rückschritt, sofern es von Gerechtigkeit dispensiert, zur Beschränkung von Freiheit zwingt, gegen Solidarität (etwa mit der nächsten Generation) verstößt. Wachstum ist auch Rückschritt, wo es natürliche Lebensgrundlagen gefährdet oder zerstört.

These 6
Heute läßt sich vermitteln, daß das Bewahren von Werten die Änderung von Strukturen verlangt. Der elementare Wille, natürliche, aber auch geistige, ethische und politische Grundlagen eines humanen Lebens zu erhalten oder wiederherzustellen, kann gesellschaftsverändernde Kraft bekommen. Die konservativen Parteien der Bundesrepublik Deutschland sind heute eindeutig auf Erhaltung von Machtverhältnissen konzentriert. Es muß klarwerden, daß sie nicht einmal in der Lage sind, das zu bewahren, was Millionen von Bürgern, die sich selbst als eher konservativ einstufen (oder eingestuft haben) als bewahrenswert erscheint. Es ist einsichtig zu machen, daß der Weingärtner im Breisgau, die Hausfrau in Reutlingen, der Kirchengemeinderat in Heilbronn, aber auch die Arbei-

terin in Schwenningen etwas anderes bewahren wollen als Herr Filbinger. Gruppen, die sich bisher eher als konservativ eingestuft haben, können Bündnispartner für notwendige Strukturveränderungen werden. Wenn es nicht gelingt, wertkonservativen Strömungen ihren elementaren Gegensatz zu den Kräften deutlich zu machen, die nicht ohne Zynismus den letzten Aufguß eines unreflektierten Fortschrittglaubens für die Absicherung ihrer Macht mobilisieren, gibt es kaum eine Chance für strukturverändernde Mehrheiten. Es ist denkbar, daß sich der Erfolg Carters in den USA teilweise auf den Appell an wertkonservative Grundhaltungen zurückführen läßt.

These 7
Es ist geschichtlich nicht neu, daß unter Berufung auf alte, verschüttete Werte gegen verkrustete Machtstrukturen angegangen wurde (Renaissance, Reformation, Prager Frühling etc.). Auch die Arbeiterbewegung hat ihre Grundwerte nicht erfunden, sondern die bürgerlichen Grundwerte gegen bourgeoise Machtstrukturen ausgespielt.

In einer Zeit, in der die Zukunftssicherheit unwiederbringlich verlorenging, weil Fortschreibung keine Zukunft ergibt und nur gründliche Kurskorrekturen Zukunft eröffnen, wird Wertkonservatismus zur geschichtlichen Kraft. Die Mehrheitsfähigkeit der SPD hängt davon ab, ob sie zu dieser Kraft ein konstruktives Verhältnis gewinnt.

Der Progressive wird sich vom Wertkonservativen vor allem dadurch unterscheiden, daß er die Bezogenheit von Werten auf gesellschaftliche Konstellationen, die Mißbrauchbarkeit von wertkonservativen Haltungen zu strukturkonservativen Zwecken (Bescheidenheit, Treue, Dienst etc.) besser durchschaut und daß er in der Erhaltung von Werten nur einen Teil seiner permanenten Aufgabe sieht, Grundwerte durchzusetzen.

Es ist durchaus möglich, daß Menschen aus einem wertkonservativen Impuls durch einen gesellschaftskritischen Lernprozeß zu demokratischen Sozialisten werden.

These 8
Technokratien neigen heute zum Strukturkonservatismus, weil sie von Prämissen ausgehen, die sie nicht hinterfragen und daraus Sachzwänge ableiten, die eine Erhaltung bestehender Machtstrukturen selbstverständlich einschließen und damit garantieren. Dabei ist die Grenzlinie zwischen technokratischem Zwang zur Kontinuität und ökonomischen Interessen oft fließend (Energieversorgungsunternehmen, Elektroindustrie, Bürokratie der Wirtschaftsministerien etc.). Technokratien werden vor allem von solchen Bürgerinitiativen herausgefordert, die, wie in

Wyhl, aus einem wertkonservativen Ansatz heraus, technokratische Prämissen in Zweifel ziehen.

These 9
Es gibt auch innerhalb der SPD keine Alternativen zur Politik der Bundesregierung, sobald die Prämissen der Bundesregierung akzeptiert sind. Die Bundesregierung macht von ihren Prämissen aus konsequente und damit gute Politik. Jede Alternative muß bei den Prämissen ansetzen.

These 10
Daß Fortschreibung bestehender Trends und Anwendung herkömmlicher Rezepte keine Zukunft hat, zeigt sich exemplarisch, wo es um Arbeitslosigkeit, Energiepolitik, soziale Sicherung oder das Nord-Süd-Gefälle geht. In all diesen Fällen beginnen die sogenannten Sachzwänge damit, daß zur Lösung des Problems bestimmte Wachstumsraten als notwendig postuliert werden, ohne daß dieses Wachstum inhaltlich beschrieben würde. Die Formel von qualitativen Wachstum dient dabei bestenfalls als entschuldigende und verhüllende Leerformel, solange nicht gesagt werden kann, was wachsen soll und was nicht. Wer dieser Prämisse zustimmt, kommt zwangsläufig zu der heute praktizierten Politik. Hier liegt auch der Grund für die totale Alternativlosigkeit der Opposition im Bundestag.

These 11
Seit 1974 steigt in der Bundesrepublik die Produktivität pro Arbeitsstunde im Jahresdurchschnitt um 2 Prozent rascher als das Bruttosozialprodukt. Dies ist nicht allein die Folge einer normalen Rezession.

Die Enge der Märkte, die nach innen durch partielle Sättigungserscheinungen, nach außen durch begrenzte Zahlungsfähigkeit potentieller Kunden markiert ist, führt, zusammen mit einem relativ hohen Einkommensniveau, dazu, daß die Produktivität aus Gründen der nationalen und internationalen Konkurrenz rascher steigen muß, als die Produktion aus Gründen der Marktenge steigen kann. Es ist wenig wahrscheinlich, daß sie dies, bezogen auf den Durchschnitt eines Konjunkturzyklus, rasch wieder ändert. Dieser Vorgang führt in der Tendenz zur Freisetzung von Arbeitskraft.

These 12
In dieser Situation kann das bewährte Rezept, Investitionen zu fördern, aus zwei Gründen nicht wirken:

1. Die Investitionstätigkeit wird bei hohen Gewinnen und niedrigen

Zinsen nicht durch die Finanzierung, sondern durch die Ergiebigkeit der Märkte begrenzt.

2. Finden Investitionen statt, so müssen sie stärker auf die Einsparung von Arbeitsplätzen als auf Schaffung neuer Arbeitsplätze gerichtet sein. Dies führt, auch bei besserer Beschäftigung der Investitionsgüterindustrie, per Saldo zu weniger Arbeitsplätzen. Wer Arbeitslosigkeit dadurch bekämpfen will, daß er über Investitionsförderung eine Wachstumsrate anstrebt, die höher ist als der leichter kalkulierbare Zuwachs der Produktivität, dürfte sich unter diesen Umständen auf ein hoffnungsloses Rennen eingelassen haben. Dabei bleibt offen, inwiefern ein nicht näher definiertes Wachstum an anderer Stelle zusätzliche Probleme schafft, zu deren Lösung dann weiteres Wachstum gefordert wird.

These 13

Arbeitslosigkeit kann nicht wirksam bekämpft werden, solange Wachstum zum Ausgangspunkt jedes Konzepts gemacht wird. Andererseits führen die meisten Formen der Bekämpfung von Arbeitslosigkeit statistisch zu Wachstum.

Die Frage wäre also nicht, wieviel Wachstum wir brauchen, um Arbeitslosigkeit zu bekämpfen, wenn die Produktivität stärker steigen muß, als die Produktion steigen kann. Es geht darum, über Methoden zur Bekämpfung der Arbeitslosigkeit zu entscheiden. Erst dann wäre zu fragen, wie sich diese Methoden auf die Wachstumsstatistik auswirken.

Es geht also darum, Wachstum aus einer Konstanten zu einer abgeleiteten Variablen zu machen. Daher ist die Forderung nach Nullwachstum so wenig ergiebig wie die Forderung nach x- oder y-Prozent-Wachstum. Vollbeschäftigung ist ein originäres Ziel, das seine Rechtfertigung von keinem anderen Ziel abzuleiten braucht. Dieses Ziel muß unmittelbarer Ausgangspunkt politischen Handelns sein. Aus diesem Handeln kann sich Wachstum in verschiedener Größe und Richtung ergeben.

These 14

Wir befinden uns nicht auf der Talsohle einer Konjunktur, sondern am Ende des zweiten Jahres einer konjunkturellen Aufwärtsbewegung. Niemand weiß, wann diese Aufwärtsbewegung zu Ende ist. Es geht also nicht darum, Initialzündungen für die Konjunktur zu geben. Es ist auch nicht zu erwarten, daß öffentliche Investitionsprogramme sich aus künftig sprudelnden Quellen selbst finanzieren.

Daher führt Arbeitslosigkeit ebenso wie jede Form ihrer Bekämpfung dazu, daß sich der Produktivitätszuwachs der Wirtschaft nicht mehr voll oder überwiegend im Zuwachs der Nettorealeinkommen niederschlagen kann. Jede Bekämpfung, auch jede Nichtbekämpfung der Arbeitslosigkeit geht daher zu Lasten der Realeinkommenszuwächse der in Arbeit Stehenden.

Dies gilt für

a) Aufwendungen für den Unterhalt der Arbeitslosen,

b) für öffentliche Investitionsprogramme, auch wenn sie vorläufig über Kredite finanziert werden,

c) für Ressourcentransfer nach Süden, der direkt oder indirekt zu Aufträgen für unsere Industrie führt,

d) für mehr Humandienstleistungen (Bildung, Sozialwesen, Gesundheitsvorsorge etc.),

e) für jede Form der Arbeitszeitverkürzung (niedrigeres Rentenalter, längere Schulzeit, mehr Urlaub, weniger wöchentliche Arbeitszeit).

Nur die Form der Minderung von Realeinkommenszuwächsen ist verschieden. (Arbeitslosenversicherung, Steuern, Rentenversicherung, weniger Bruttolohn.)

Die Bekämpfung der Arbeitslosigkeit erfordert also ebenso die Solidarität der Arbeitenden wie die Versorgung der Arbeitslosen.

These 15

Jede der verschiedenen Methoden zur Bekämpfung der Arbeitslosigkeit hat verschiedene Auswirkungen auf die Wachstumsstatistik. Die Arbeitszeitverkürzung gleicht erhöhte Produktivität pro Arbeitsstunde durch weniger Arbeitszeit aus, wodurch das Wachstum gebremst wird. Förderung von Humandienstleistungen bedeutet Verlagerung von Arbeit in Bereiche, die der Rationalisierung kaum zugänglich sind, was mittelfristig zu geringeren Produktivitätszuwächsen führt. Investitionen zum Beispiel zum Zweck der Wasserreinigung schaffen Wachstum praktisch nur im Zeitpunkt der Investition, Ressourcentransfer nach Süden dürfte sich eher langfristig auf den Arbeitsmarkt auswirken. Erst wäre also zu entscheiden über Strategien zur Bekämpfung der Arbeitslosigkeit, dann wäre abzuschätzen, was dies für die Wachstumsstatistik bedeutet.

These 16

Vor die Wahl gestellt, inwieweit wir unseren – relativ kontinuierlichen – Produktivitätszuwachs verwenden zum Ressourcentransfer nach dem Süden, zum Ausbau einer zukunftsbezogenen materiellen Infrastruktur im Lande, zur Bereitstellung ausreichender Humandienstleistungen oder zur Verkürzung der Arbeitszeit (pro Arbeitsleben, pro Arbeitsjahr, pro Arbeitswoche) scheinen mir die ersten drei Möglichkeiten zeitlichen Vorrang zu haben vor der vierten. Man kann die vierte Variante nach den ersten drei, man kann die ersten drei kaum nach der vierten realisieren.

Auch innerhalb dieser Handlungsalternativen gibt es Entscheidungsspielräume. Auch bei der Form des Ressourcentransfers nach dem Süden, bei der Wahl der Schwerpunkte von Infrastrukturprogrammen und bei der Auswahl von Humandienstleistungen werden in jedem Fall Weichen dafür gestellt, was wachsen soll.

These 17

Auch über den künftigen Energieverbrauch kann erst entschieden werden, wenn klar ist, was wachsen soll und was nicht und was wir gegen Arbeitslosigkeit tun. Wie die einzelnen Strategien gegen Arbeitslosigkeit sich unterschiedlich auswirken auf die Wachstumsstatistik, so bedeuten sie auch Verschiedenes für den Energieverbrauch. Investitionsprogramme, Ressourcentransfer, Humandienstleistungen und Arbeitszeitverkürzung wirken sich auf den Energieverbrauch völlig verschieden aus.

Die Rechnung: um x Arbeitsplätze zu bekommen, brauchen wir y Prozent Wachstum, dazu z Prozent Energiezuwachs muß daher umgedreht werden: Um Arbeitslosigkeit zu beseitigen, müssen Maßnahmen ergriffen werden, die sich in x Prozent Wachstum und y Prozent Energiezuwachs auswirken.

Dies bedeutet, daß nicht die politische Entscheidung sich nach – mehr oder minder unsicheren – Prognosen richten kann, sondern die Prognosen sich ableiten müssen von politischen Entscheidungen.

These 18

Otto Brenner hat vor fünf Jahren nach Oberhausen den Kongreß über Lebensqualität einberufen. Dabei ging es um die Frage, was künftig wachsen solle und was nicht, vor allem um die Kriterien, von denen aus dies zu entscheiden sei. Das generelle Kriterium hat er Lebensqualität genannt. Inzwischen wurde dieser Begriff in verschiedener Weise durch Indikatoren präzisiert. Obwohl es keinen Gesamtindikator der Lebensqualität geben kann, kann mit diesem Begriff gearbeitet werden.

Es ist zum Beispiel unbestritten, daß der Arbeitsplatz Lebensqualität mitbestimmt. (Vorhandensein und Qualität des Arbeitsplatzes.) Entscheidend bleibt, ob politische Entscheidungen auf Wachstum zielen und die – positiven wie negativen – Folgen für die Lebensqualität als Schicksal hingenommen bzw. nachträglich korrigiert werden oder ob politisches Handeln auf Lebensqualität zielt und die Auswirkungen auf das Wachstum dann registriert werden.

These 19

Auch in der Energiepolitik geht es um eine neue Rangfolge. Man kann Energiezuwachs anstreben, weil er eine bestimmte Wachstumsrate x ermöglichen soll. Man kann aber auch die Frage stellen, welcher Energieverbrauch der Lebensqualität optimal dient. Wenn Kernkraftwerke – zu Recht oder zu Unrecht – Ängste erzeugen, wenn eine bestimmte Zuwachsrate des Stromverbrauchs eine Verdoppelung der Kapazitäten innerhalb von jeweils acht, zehn oder zwölf Jahren zur Folge hätte (Verachtfachung in dreißig Jahren), so muß *vor* der Entscheidung bedacht werden, was dies für die Lebensqualität von Millionen bedeutet. Dies muß abgewogen werden gegen die Vorteile zusätzlichen Stromverbrauchs (etwa für elektrische Heizung).

Zuwachsraten im Energieverbrauch können nicht einfach Prognostikern überlassen bleiben, die – ohne politische Vorgaben – errechnen, was vielleicht gebraucht würde, wenn politisch nichts geschieht, während anschließend mit politischen Mitteln durchgesetzt wird, was ohne politische Vorgaben errechnet wurde. Zuwachsraten im Energieverbrauch sind politische Entscheidungen, auch wenn sie sich technokratisch geben. Sie bestimmen die Entwicklungsrichtung einer Gesellschaft bis in ihre – mehr oder weniger energieintensive – Technologie, deren demokratische Kontrollierbarkeit hinein und damit bis zu den Freiheitsräumen für den Bürger und seine Zusammenschlüsse.

These 20

Die Frage, wie man Investitionen lenkt, wird dann dringlich, wenn klar ist, welche Investitionen man nach welchen Kriterien in welche Richtung lenken will. Die Frage nach dem Was muß und wird münden in die Frage nach dem Wie. Wo über das Wie diskutiert wird, ohne daß das Was und das Warum geklärt ist, werden die Widerstände unüberwindlich.

Eine Partei, die längst vorhandene Mittel der Investitionslenkung (öffentliche Haushalte, Steuern etc.) nicht einsetzt, weil sie nicht weiß, was wohin zu lenken wäre, muß erst inhaltliche Kriterien erarbeiten, ehe sie die Öffentlichkeit davon überzeugen kann, daß neue Instrumente nötig sind.

In der Energiepolitik geht es um einen gigantischen Fall von Investitionslenkung, der in Quantität und Wirkung alles in den Schatten stellt, worüber bislang diskutiert wurde. Je nachdem, ob wir Hunderte von Milliarden in neue Kernkraftwerke stecken oder in rationellere Nutzung von Energie, verändert sich unsere Gesellschaft. Wer sich hier vorschnell auf Sachzwänge (Notwendigkeit von Wachstum etc.) beruft, wird schwerlich klarmachen können, wozu er neue Instrumente der Investitionslenkung braucht.

These 21

Auch im Nord-Süd-Verhältnis läßt sich die Behauptung nicht aufrechterhalten, wir müßten vor allem das eigene Wachstum fördern, dies komme auch den Entwicklungsländern zugute. Im Blick auf die letzten fünfzehn Jahre erweist sich dies rein empirisch als falsch.

Seit beginn der sechziger Jahre hat sich der Anteil der Entwicklungshilfe an dem Bruttosozialprodukt der großen Industrieländer stetig vermindert, bis 1977 praktisch halbiert.

Industrielle Ballungszentren (in den Industrieländern, aber auch in den Entwicklungsländern selbst) brauchen die finanziellen Ergebnisse ihres Wachstums, um mit den Folgen des Wachstums fertig zu werden. Daher ist von den mehr als 100 Prozent Wachstum in den Industrieländern seit Beginn der sechziger Jahre kein einziges Prozent für Entwicklungshilfe übriggeblieben.

Auch hier hat die politische Entscheidung Vorrang. Politisch geht es nicht darum, eigenes Wachstum zu fördern, damit für andere etwas abfällt, sondern eine Entscheidung über Umfang und Form von Ressourcentransfer zu treffen und dann festzustellen, welche – positiven oder negativen – Folgen dies für unser Wachstum hat.

These 22

Vernünftiges Haushalten mit knappen Ressourcen ist ein Gebot der Solidarität mit der nächsten Generation und mit den Ländern der Dritten und Vierten Welt.

Solidarisches Haushalten muß daher ein eigenständiges Ziel sozialdemokratischer Politik werden.

Dies bedeutet praktisch:

a) Bereitschaft, die Preise für knappe Rohstoffe auf einem relativ hohen Niveau zu stabilisieren.

b) Priorität für alle Maßnahmen der Energieeinsparung, auch über die Preise.

These 23

Unter diesem Aspekt ist eine Verkehrspolitik, die auf den Individualverkehr setzt, weder verantwortbar noch beliebig lang durchzuhalten.

Je mehr Kraftfahrzeuge, desto rascher wird Erdöl knapp, desto größer der Spielraum für Erhöhung des Ölpreises. Je höher der Ölpreis, desto fragwürdiger der Individualverkehr.

Von daher erscheint es ratsam, die Umlegung der KfZ-Steuer auf die Mineralölsteuer rasch anzupacken.

Das Argument, eine Erhöhung der Benzinsteuer reize die Ölproduzenten zur Erhöhung des Ölpreises, ist

a) empirisch fragwürdig (die drastische Erhöhung der Benzinpreise in fast allen europäischen Ländern hat auf die Erhöhung des Ölpreises weniger Einfluß gehabt als die Erhöhung des Ölkonsums),

b) logisch wenig überzeugend. (In jedem Fall wird es zu einer Drosselung des Ölverbrauchs über die Preise kommen. Die Frage ist, wer von dem nutzbaren Spielraum für Preiserhöhungen Gebrauch macht.)

Da eine Erhöhung des Benzinpreises über den Ausgleich für die Kfz-Steuer hinaus besonders Bezieher kleiner Einkommen trifft, kann sie gekoppelt werden mit einer Senkung der Lohnsteuer. (Die Probleme, die dabei in der föderativen Struktur der Bundesrepublik Deutschland liegen, sind lösbar.)

In der Geschwindigkeitsbegrenzung auf Autobahnen muß die Bundesrepublik sich dem Handeln der anderen europäischen Länder anschließen.

These 24

Die gesetzliche Grundlage unserer Stromversorgung aus dem Jahre 1935 muß in der Richtung geändert werden, daß

a) Stromerzeugung durch Industriebetriebe nicht abgewürgt, sondern gefördert wird,

b) Stromtarife nicht mehr zu zusätzlichem Stromverbrauch anreizen.

Die endgültige Entscheidung über den Bau neuer Kernkraftwerke ist erst zu fällen, wenn auf der Grundlage politischer Prioritätsentscheidungen zuverlässige Bedarfsprognosen vorliegen und die technischen Risiken zureichend geklärt sind.

These 25

Wir sind nicht an den Grenzen des Sozialstaates, aber an einer Wendemarke der Sozialpolitik angelangt. Das Netz sozialer Sicherung muß erhalten bleiben. Es darf nicht dadurch aus seiner Verankerung gerissen werden, daß zu viele hineinfallen und zu wenige es halten. Sozialpolitik muß künftig vor allem darauf zielen, daß weniger Menschen zu früh in das soziale Netz fallen und dort liegen bleiben.

Sozialpolitik und Gesundheitspolitik müssen ihren Akzent stärker auf Vorbeugung, Vorsorge, Aufklärung, Beratung, offene Hilfen legen. Dazu gehört auch eine gerechtere Verteilung der Primäreinkommen mit der Wirkung, daß der Umfang der Sekundärverteilung eingeschränkt wird.

These 26

Die Rentenversicherung muß auch für den Fall funktionsfähig gemacht werden, daß geringere Wachstumsraten den heutigen Finanzierungsplänen den Boden entziehen. Dazu ist nötig, daß die realen Renteneinkommen nicht mehr ausschließlich prozentual wachsen und damit auch die Leistungen der Sozialhilfe reduziert werden. Die verschiedenen Methoden (Sockelbeträge neben geringeren prozentualen Erhöhungen, Rentenbesteuerung etc.) müssen offen und gründlich diskutiert werden.

These 27

Im Gesundheitswesen muß der Kampf gegen krankmachende Faktoren in Arbeitswelt, Wohnwelt, Umwelt, Bildungswesen, Verkehr, vor allem im Gesundheitswesen selbst erst Priorität erhalten. Dies bedeutet auch eine Akzentverlagerung von der technisch perfekten Apparatur zur arbeitsintensiven Humandienstleistung, vom chemischen Präparat zum partnerschaftlichen Gespräch zwischen Patient und Arzt.

These 28

Weniger Ungleichheit bei Primäreinkommen ist nicht nur nötig, um das System sozialer Sicherung bei der Sekundärverteilung zu entlasten. Folgende weitere Gesichtspunkte sprechen dafür, daß Einkommenspolitik viele andere politische Wege blockieren oder öffnen kann:

a) Nur bei einkommensschwachen Schichten gibt es einen Bedarf an langlebigen Konsumgütern, der über die Ersatzbeschaffung hinausgeht.

b) Steuerung des Konsums an knappen Ressourcen muß scheitern, wenn dadurch Güter für ganze Schichten unerreichbar werden.

c) Versuche eines Ausgleichs zwischen Nord und Süd verlangen weniger Ungleichheit in Nord und Süd.

d) Überbezahlte Positionen im Dienstleistungsbereich reduzieren dort die Zahl der finanzierbaren Arbeitsplätze.

e) Der Konkurrenzdruck im Bildungswesen ist kaum zu verringern, solange im Bildungswesen auch nur Vorentscheidungen darüber fallen, ob ein junger Mensch Anwartschaft auf ein Hilfsarbeitereinkommen oder das Fünf- bis Fünfzehnfache eines solchen Einkommens erlangt.

These 29

Obwohl der öffentliche Dienst nicht die krassesten Einkommensunterschiede aufweist, müssen dort Signale für eine gerechtere Einkommensverteilung gesetzt werden. Dies kann geschehen durch Ausweitung der nichtprozentualen Anteile bei Erhöhung von Löhnen und Gehältern, aber auch durch Überprüfung von Stellenkegeln und automatischen Vorrückungen. Die Einkommensrelationen zwischen bestimmten Gruppen von Ärzten und vergleichbaren Berufen müssen entzerrt werden, weil sonst neue Forderungen zu weiteren Ungerechtigkeiten führen. Teile von Diätenregelungen für Abgeordnete sind zu ändern, damit, wo es um gerechtere Einkommensverteilung geht, die moralische Berechtigung von Parlamentariern nicht bestritten werden kann.

These 30
Keiner der hier geforderten Schritte kann getan werden, wenn nicht eine breite öffentliche Diskussion den Boden vorbereitet hat. Die These, eine Regierungspartei könne nur Probleme aufgreifen, deren Lösung sie schon parat hat, droht dazu zu führen, daß keine Lösungen erarbeitet werden, weil die Diskussion darüber nicht geführt wird. Gerade wenn eine sozialdemokratisch geführte Bundesregierung in vielfacher Weise blockiert wird durch den Koalitionspartner und durch eine Mehrheit der Opposition im Bundesrat, ist offensive Politik nur noch denkbar, wenn das öffentliche Bewußtsein verändert wird.

Nur der Druck der öffentlichen Meinung kann die Bundesratsmehrheit oder doch einzelne Landesregierungen zur Zustimmung bewegen.

Daher steht die SPD vor einer doppelten Aufgabe: Die Bundesregierung zu stützen und gleichzeitig Entscheidungen vorzubereiten, die gegenwärtig in dieser Bundesregierung noch nicht durchsetzbar oder auch noch nicht wünschenswert erscheinen. Der Eindruck der Ratlosigkeit bei Regierung und Opposition, das trotzige Beharren auf Methoden, deren Fragwürdigkeit nicht mehr bestritten wird, fordert Phantasie und Solidarität der Partei heraus. Beides zusammen wirksam werden zu lassen, ist nicht ohne Risiko. Dieses Risiko zu scheuen, dürfte noch gefährlicher sein. Es wäre die Aufforderung zur Resignation.

VII. Globale Nöte – lokale Antworten

Duve: Wie kommt es, daß die führenden Politiker aller Parteien sich den Fragen, die wir im vorigen Gespräch diskutiert haben, nur durch einen massiven Druck der Straße stellen? Erst die gewaltsame Auseinandersetzung um Brokdorf konnte dazu führen, daß ein Mann wie, sagen wir, Genscher sich vielleicht einen wachstumskritischen Aufsatz durchlesen läßt. Wo mag diese Blockade im Bewußtsein der Politiker gegenüber offenkundigen Problemlagen liegen?

Eppler: Einmal darin, daß regierende Politiker gebunden sind an Verwaltungsapparate, die auf Fortschreibung von Bestehendem, Gewohntem, von Eingespieltem angelegt sind. Die Vorlagen, die ein Minister bekommt, sind meist Fortschreibungen oder auch nur Wiederholungen dessen, was aus demselben Referat seit Jahren gekommen ist. Der zweite Grund liegt darin, daß der Zeithorizont, in dem Politiker denken, immer kürzer wird. In der Bundesrepublik liegt er von Landtagswahl zu Landtagswahl, nicht mehr von Bundestagswahl zu Bundestagswahl. Sogar in einem Jahr wie 1977, in dem zufällig keine größere Wahl stattfand, waren schon die vier Landtagswahlen dieses Jahres 1978 im Visier. Parteien und Regierungen, die in Monaten denken, vielleicht denken müssen, werden nicht dazu neigen, Entscheidungen zu treffen, die kurzfristig Widerstand wecken, aber langfristig nötig sind. Schließlich gibt es mächtige Interessen, die am Bestehenden hängen und die sich bemerkbar zu machen wissen. Wenn man überlegt, mit welchen Mitteln eine so kleine Gruppe wie die Ärzteschaft Regierungen und Parteien unter Druck setzen kann, dann versteht man, wie widerwillig und meist nur, wenn es gar nicht mehr anders geht, Politiker an Strukturreformen herangehen. Aber eben weil das so ist, muß es ein paar Leute geben, die unentwegt an diesem Brett bohren und damit ein Bewußtsein schaffen, das schließlich auch solche schwierigen Entscheidungen mehrheitsfähig, vielleicht sogar als Wahlschlager, erscheinen lassen.

Duve: Von daher wäre natürlich zu sagen, daß objektiv auch alle, die sich relativ gewaltsam einer Maßnahme entgegenstellen, diesen Bewußtseinsdruck auch den lernunwilligen, desinteressierten, pragmatischen Politiker fördern.

Eppler: Das ist eine ihrer Funktionen. Deshalb habe ich nie zu denen gehört, die meinten, Bürgerinitiativen abqualifizieren zu sollen.

Duve: Ihr erstes größeres Buch hieß: ‹*Wenig Zeit für die Dritte Welt*›. Alles, was eben gesagt wurde, ist ja auf einen langen Zeithorizont ausgelegt. Wieviel Zeit hat diese Industriewelt, wenn Grenzen in dreifacher Hinsicht – Grenzen der Belastbarkeit des Menschen, Grenzen der Belastbarkeit der Natur und Grenzen seiner Ressourcen – erkennbar werden. Die zunehmende Konfrontation zwischen solchen, die glauben, die Zeit reicht nicht aus, und solchen, die mit Macht das Alte durchsetzen wollen, ist erkennbar. Kann die Demokratie das überleben?

Eppler: Das ist durchaus möglich, es ist sogar wahrscheinlich, daß solche Konfrontationen entstehen. In der Energiepolitik arbeite ich daher seit Jahren darauf hin, die Weichen neu zu stellen, ohne daß die totale Konfrontation unsere Demokratie in Gefahr bringt. Deshalb ging ich auch in Hamburg auf einen Kompromiß ein, der die Regierung einbindet. 1971 hatte ich mein Büchlein über die Dritte Welt überschrieben: ‹*Wenig Zeit für die Dritte Welt*›. Gemeint war einmal, daß die Verschränkung und Verquickung von Krisen in der Dritten Welt in verhältnismäßig kurzer Zeit zu Katastrophen führen muß, wenn keine Kurskorrektur erzwungen wird, daß also wenig Zeit für die Dritte Welt bleibt. Inzwischen ist mir klargeworden, daß wir selber nicht mehr genug Zeit haben. Ich weiß, wie schwierig es ist, dieses Gefühl des Zeitdrucks zu vermitteln, daß nicht leicht etwas zu bewegen ist durch die Frage, was in zehn oder fünfzehn Jahren mit uns, und vor allem unseren Kindern, geschehen soll.

Duve: Warum der dramatische Titel Ihres Buches?

Eppler: Bei diesem Buch, geschrieben in den ersten Monaten des Jahres 1975, ging es mir einmal darum, völlig unpolemisch die Position darzustellen, von der aus es mir nicht mehr möglich war, in der Bundesregierung zu bleiben. Gleichzeitig wollte ich für eine Politik plädieren, die nicht mehr auf den großen Aufschwung hofft, nicht mehr Reformen verschiebt, bis der große Aufschwung wieder das große Geld bringt, sondern begreift, daß die Krisen, mit denen wir es jetzt zu tun haben, keine Konjunkturkrisen sind. Die Grundthese dieses Buches war: nicht erst Krisenmanagement, dann wieder Reformen – da könnten wir lange warten –, sondern jetzt Krisenmanagement durch Reformen. Ich bin ganz sicher, daß diese These sich durchsetzen wird, weil einmal der große Aufschwung nicht kommt, und wir zum anderen zu dieser Art von Reform gezwungen werden. Typisches Beispiel ist das Kostendämpfungsgesetz für das Gesundheitswesen. Ich bin nicht der Meinung, daß dieses Gesetz schon so weit geht, wie wir auf diesem Gebiet gehen müßten, aber es zeigt, daß allein von der Finanzierung her die Reformen erzwungen werden. Auch bei den Renten werden wir, nachdem wir lange genug auf die heilsame Wirkung hoher Wachstumsraten gewartet haben, zu einem Krisenmanagement durch Reform gezwungen sein.

Duve: Ich bin nicht so sicher, ob bei uns Reformen erzwungen werden – es kann natürlich auch sein, daß die Konfrontation zwischen den Änderungswilligen, Problembewußten auf der einen Seite und dem Weitermachenwollen auf der anderen Seite so gewaltsam wird, daß eigentlich die Bürger gar keine Chance mehr haben, Reformen direkt oder indirekt zu erzwingen, sondern daß sich das Gebilde Verfassungsstaat schleichend verändert. Da er formal zwar weiterbesteht, daß aber die Diffamierungskampagnen gegen die Reformwilligen zum Anwachsen der undemokratischen Rechten führt, so daß der Verfassungsstaat sehr Schaden nimmt, dann findet Reformdruck eigentlich nicht mehr statt, sondern umgekehrt, jeder Reformdruck oder jeder Veränderungsdruck wird beantwortet mit staatlichem Gegendruck unter dem Gesichtspunkt der Inneren Sicherheit.

Eppler: Ich will das nicht ausschließen, aber dieses wäre ein Weg zu einer Gesellschaft und zu einem Staat, in dem ich nicht leben möchte. Ich halte das auch nicht für zwingend. Ich glaube, daß der Politiker, der heute seinen Bürgern offen sagt, daß es zwar so nicht weitergeht wie bisher, daß er aber die jetzt notwendige Richtung erkennen und weisen kann, sich politisch durchsetzen wird. Für mich ist insoweit Jimmy Carter ein Beispiel. Ich behaupte nicht, daß Carter in allem die richtigen Schritte tut, ich behaupte nur, daß seine ursprüngliche Ausstrahlungskraft in dieser gründlich durchgerüttelten, amerikanischen Gesellschaft darauf beruhte, daß die Menschen spürten: Der Mann weiß, was er will, er meint auch, was er sagt, und er verlangt von uns, daß wir ihm helfen, damit es weitergeht. Die Widerstände, die er hervorruft, werden ihn nicht zu Fall bringen, höchstens der Eindruck, er wisse doch wohl nicht so genau, was er wolle.

Duve: Nun sind sie natürlich durch das Fegefeuer «Watergate» gegangen; Watergate und Vietnam – dramatische Beschäftigung mit der eigenen Situation und Infragestellung bisheriger absolut gesetzter Selbstgerechtigkeiten. Bei uns ist es aber umgekehrt. Bei uns kommen ununterbrochen Signale der Selbstgerechtigkeit aus den großen politischen Zentren auf den Bürger zu: Daß alles richtig läuft und immer wieder die Formulierung, daß wir der reichste, beste Staat, der je auf deutschem Boden war, sind, das heißt, die notwendigen Selbstzweifel, die ein Volk wahrscheinlich durchlaufen muß, dann ein radikal neues Programm zu akzeptieren, haben wir nicht. Je stärker unsere Konfliktlagen werden, um so selbstgerechter scheinen die mindestens veröffentlichten Signale, die der Bürger wahrnimmt.

Eppler: An der Stelle bin ich etwas optimistischer, denn der Tatbestand, daß alle politischen Parteien in den letzten zwölf Monaten rasch an Vertrauen beim Bürger verloren haben, zeigt, daß die Menschen auch bei uns diese Art von selbstgefälligem Reden an den Problemen vorbei, dieses laute Pfeifen im dunklen Walde, diesen Versuch, durch forsches Auftreten die eigene Ratlosigkeit zu verbergen, durchschauen. Ich meine zu spüren, daß es für denjenigen, der hier eine andere Sprache spricht, der nicht Katastrophen an die Wand malt, aber doch deutlich macht, was in Zukunft noch geht und was sicher nicht mehr geht, eine reelle Chance hätte.

Duve: Kommt man an den Bürger heran? Ist nicht die Medienlandschaft so vermachtet, daß es relativ leicht ist, heute einen einzelnen herauszubrechen, der neue Wege gehen will?

Eppler: Einen einzelnen sehr wohl, aber kaum eine große Partei oder eine Regierung, die schließlich auch über Apparate der Information verfügt.

Duve: Hier haben wir ja eine bestimmte Schwierigkeit, den Druck des Auslands. Wir sind still und leise nicht nur im staatlichen Bereich, sondern auch im gewerkschaftlichen Bereich, im Handelsbereich, überall in den internationalen Institutionen nicht nur der Zahlmeister, sondern auch derjenige geworden, der wesentlich bestimmend ist. Ich glaube, in fast allen europäischen Gewerkschaftsverbänden, auch Weltgewerkschaftsverbänden, ist jeweils ein Deutscher Vorsitzender oder Präsident. In Europa, wir haben es am Beispiel der Entwicklungspolitik schon mal gesehen, sind die Deutschen doch sehr mächtig. Haben wir in der Regierungszeit Schmidt nicht ein globales Auftreten an den Tag gelegt, das ganz anders ist als die optimale Kombination von Anerkennung und Friedensbegeisterung bei Willy Brandt? Sind wir da nicht in eine neue Gefahrenzone gekommen? Zusätzlich kommt ja noch in diese Phase die negative Beurteilung unserer inneren Sicherheit der zielenden Politik. Selbst Baader-Meinhof-Prozesse sind in der liberal-konservativen Presse des Auslands als unfair dargestellt worden. Sind wir heute als Deutscher in Europa, in der Welt anders? Stehen wir anders da als in der Zeit der ersten sozial-liberalen Koalition?

Eppler: Das sind zwei verschiedene Fragen. Die eine ist: Können wir uns als eine Industrienation, die einen immer noch wachsenden Teil ihres Bruttosozialprodukts im Export erwirtschaftet und also noch wesentlich enger –, als etwa die Vereinigten Staaten oder die Sowjetunion –, mit dem Welthandel verflochten ist, innere Strukturreformen leisten, ohne unsere Konkurrenzfähigkeit und damit unsere Lebensfähigkeit zu gefährden? Ich würde darauf antworten: Jedenfalls mehr als jedes andere Land, denn unsere Konkurrenzfähigkeit auf den Weltmärkten ist nach wie vor erstaunlich groß. Dies bei einem kontinuierlich steigenden Kurs der Deutschen Mark, der bei wirtschaftlichen Schwierigkeiten im Lande zuerst einmal fallen würde. Gerade weil wir eine so starke Position im Handel haben, weil wir nach wie vor gewaltige Außenhandelsüberschüsse erzielen, glaube ich, daß wir einen gewissen Spielraum für innere Reformen haben. Die zweite Frage ist: Wie hat unsere politische Position sich verändert? Ich gestehe gern, daß in den acht Wochen, in denen ich der Regierung Schmidt angehört habe, Töne lautgeworden sind, etwa gegenüber Europa, gegenüber Entwicklungsländern – keineswegs nur oder überwiegend vom Bundeskanzler – die mich erschreckt haben. Es hat zumindest zu Beginn dieser Regierung – später hat sich dies gebessert – eine leicht burschikose Form von nationalem Egoismus gegeben, von dem natürlich abzusehen war, welche Folgen er im europäischen und übrigen Ausland haben würde. Auch unser Verhalten gegenüber Entwicklungsländern, etwa in Nairobi 1976, hat so etwas wie den häßlichen Deutschen zumindest in Konturen sichtbar gemacht. Und einige Äußerungen von Politikern der CDU und CSU zur Rassenpolitik im südlichen Afrika werden wir noch in vielen Jahren vorgehalten bekommen. Andererseits: Eine Bundesrepublik Deutschland mit ihrer wirtschaftlichen Kraft und ihrer inneren Stabilität, die einsieht, daß es in ihrem eigenen langfristigen ökonomischen und politischen Interesse liegt, den Dialog mit der Dritten Welt nicht zu bremsen, sondern voranzutreiben, eine Bundesrepublik, die innerhalb Europas den Marshall-Plan für Südeuropa nicht nur zum Thema macht, sondern mit konkreten Angeboten eigener Beiträge vorantreiben würde, eine solche Bundesrepublik hätte nach wie vor Chancen, einen guten Platz in der Gesellschaft der Staaten zu finden.

Duve: Die innere Entwicklung der Bundesrepublik läuft auf die achtziger Jahre zu. Erhard Eppler ist in Baden-Württemberg, die föderative Verfassung wird zur Zeit kritisiert, nicht zuletzt auch deswegen, weil die Union diese Verfassung für einen parteipolitischen Bundesaspekt nutzt. Müssen wir in unserem föderativen Aufbau etwas umbauen, um das zu tun, was Sie für unbedingt notwendig halten? Wir haben ja doch da einige Probleme.

Eppler: Ich sehe gar keine Möglichkeit, weder von der Verfassung her noch von den Kräfteverhältnissen, an der föderativen Struktur dieser Republik Wesentliches zu ändern. Ich halte es nicht für realistische Politik, über diese föderative Struktur etwa im Bereich der Finanzverfassung zu jammern. Sicher ist, daß eine Bundesregierung, die sich einer Blockade im Bundesrat gegenübersieht, ihre Absichten nur noch durchsetzen kann, wenn sie auch die Länderregierungen unter einen Druck der öffentlichen Meinung setzen kann, wenn sie Meinungen, Stimmungen, Trends der öffentlichen Meinung erzeugen kann, die stärker sind als die Widerstände der einen oder anderen Landesregierung.

Duve: Da hatten wir in den sechziger Jahren mit der Ostpolitik und ihrer Vorbereitung einen interessanten Vorläufer, das heißt, damals ist ja öffentliche Meinung vorbereitet worden, etwa durch das Engagement der Kirchen oder auch der Gewerkschaften. Nicht durch politische Parteien oder Regierungen. Ist bei der neuen Fragestellung nicht zunehmend zu beobachten, daß die großen gesellschaftlichen Organisationen, die Gewerkschaften, aber auch die Kirchen vor allem, sich nicht mehr als Speerspitzen beteiligen, wie noch vor zehn Jahren? Gerade diese Organisationen könnten durch die Vermarktung des öffentlichen Bewußtseins durch die Medien und die rechtskonservative Presse dadurch unterlaufen, daß sie selber solche Bewegungsimpulse anbringen.

Eppler: Das gilt vielleicht für die institutionellen Spitzen dieser Großorganisationen; es gilt nicht für diese Organisationen selbst. Die Diskussion zum Beispiel darüber, was denn nun wachsen soll, wachsen kann und was nicht, ist in den meinungsbildenden Gruppen der evangelischen Kirche schon weiter als in den Parlamenten. Vielleicht gibt es in manchen Führungsgremien heute weniger Mut und Bereitschaft, sich zu exponieren, Neues zu wagen, Widerstände zu wecken, Konflikte durchzustehen. Aber an der jeweiligen Basis, auch der Gewerkschaften, ist vielleicht die Diskussion schon weiter, als die Spitzen glauben.

Duve: Aber wir haben doch erlebt, daß diese Spitzen dann, wenn ihnen zum Beispiel evangelische Studentengemeinden nicht mehr paßten, die etwa solche Fragen weiterdiskutierten, zum Teil sogar mit staatlichen Institutionen diese evangelischen Studentengemeinden und ihre Pfarrer so sehr an den Rand drückten, daß von daher nichts mehr kommen konnte mangels Masse. Sie waren dann gar nicht mehr artikulationsfähig.

Eppler: Ich will jetzt nicht in das Horn derer stoßen, die mit den evangelischen Studentengemeinden abrechnen wollen. Aber die Differenzen, die es zwischen evangelischen Studentengemeinden einerseits und Kirchenleitungen und Synoden auf der anderen Seite gegeben hat und gibt, beziehen sich sicher nicht auf das, was wir bisher diskutiert haben. Die Art, wie etwa die Württembergische Synode mit den Studentengemeinden umging, ist durch nichts zu rechtfertigen. Eine ganz andere Frage ist, ob das, was in manchen Studentengemeinden heute diskutiert wird, wirklich weiterführt. Oft habe ich den Eindruck, daß da vieles phantasielos wiedergekaut wird, was andere vorgekaut haben.

Duve: Wir haben seit einiger Zeit eine zunehmende resignative Hoffnungs- und Zukunftslosigkeit unter den jugendlichen Schülern und unter den Studenten. Die Vorstellung, daß man sie nicht braucht, daß sie, was immer sie lernen, keine Garantie haben, es mal auszuüben. Wie kann man über diese hier diskutierten Fragen Zukunftsfreude, Zukunftshoffnung wieder in diese Generation bringen? Die studentische Revolte, die man sich heute vorstellen müßte, wäre ja eine Revolte nicht des Aufbruchs, sondern eine Revolte des psychischen und sozialen Zusammenbruchs. Die Jugend glaubt zu spüren, daß an ihnen derzeit kein Bedarf ist. Wie kann man das durchbrechen?

Eppler: Es gibt wohl zwei Gründe, warum unter der jüngeren Generation Hoffnungslosigkeit aufkommt. Der eine ist, daß diese jungen Menschen nicht wissen, in welche Zeit sie hineinwachsen und überdies das Gefühl haben, daß uns dies ziemlich gleichgültig ist. Der zweite Grund liegt darin, daß sie für sich, jeder individuell, sehr begrenzte Berufs- und Entfaltungschancen sehen. Wenn es uns nicht gelingt, ein einigermaßen plausibles Bild einer zukünftigen Gesellschaft zu entwerfen, in der es klar umreißbare Chancen für die jüngere Generation gibt, dann bin ich nicht sicher, ob diese Hoffnungslosigkeit nicht zu einer Resignation führt, die gefährlicher sein kann als die Rebellion der späten sechziger Jahre. Es entsteht da eine Sprachbarriere, hinter der sich eine besondere Welt bildet, eine Gegen-Welt, ein Getto, aus dem es vielleicht Ausbruchsversuche gibt, mit dem aber der Kontakt abgebrochen ist, und auch die vielen, die sich anpassen, achselzuckend oder zynisch, werden unsere Gesellschaft nicht eben erfreulicher machen.

Die Bücher kosten nur noch
ein Fünftel ihres früheren Preises …

Wider die Resignation

I

Nach einer Umfrage des *stern* blicken 55 Prozent der Bundesbürger mit Hoffnungen ins neue Jahr. Ende 1975 waren es fast gleich viele, im Oktober 1977, als Hanns Martin Schleyer umgebracht wurde, waren es nur 38 Prozent. Immerhin, was die unmittelbare Zukunft angeht, sind die Deutschen nicht pessimistisch.

Auf die Frage, ob das Leben der Menschen leichter oder schwerer werde, antworten jetzt 60 Prozent, es werde immer schwerer, nur noch 11 Prozent meinen, es werde leichter. 1968 war das Zahlenverhältnis, das jetzt bei 60 : 11 liegt, noch bei 44 : 31. Und so antworten auf – die sicher sehr unpräzise – Frage, ob sie an den Fortschritt glaubten, 39 Prozent mit ja und 35 Prozent mit nein. Noch 1972 sagten 60 Prozent ja und nur 19 Prozent nein. Aus einem Verhältnis von 3 : 1 wurde eines von 1 : 1.

Hier ist ein Bewußtseinswandel im Gange, der mit dem zu tun hat, was ich seit einigen Jahren die Zäsur in der ersten Hälfte der siebziger Jahre nenne. In dem Abschnitt «Die Erschütterung des Fortschrittsglaubens», den übrigens Richard Löwenthal zum Diskussionspapier der Grundwertekommission beigesteuert hat, wird dies so gesagt: «An die Stelle des Vertrauens in die wohltätige Automatik des wissenschaftlichen, technischen und ökonomischen Fortschritts ist so einerseits die Ungewißheit über seine Fortsetzbarkeit in der Zukunft, andererseits die Sorge um die zerstörerischen Begleiterscheinungen einer unkontrollierten technisch-ökonomischen Entwicklung getreten. Die verlorene Zukunftsgewißheit, die aus beiden Wurzeln stammt, bestimmt heute als geistige Unterströmung das Klima jeder politischen Diskussion.»

Kurz: die meisten Menschen zweifeln daran, daß es so weitergehen kann wie bisher, und sie zweifeln überdies daran, ob es denn gut wäre, wenn es so weiterginge. Dem ist nicht damit zu begegnen, daß man einfach so tut, als gäbe es diesen Bewußtseinswandel nicht, als müsse nur der Bundespräsident oder der Bundeskanzler ein paar optimistische Reden halten und der eine oder andere Kritiker ein paar Bücher oder Aufsätze weniger schreiben. Eine Partei, die auf die Wiederherstellung des Glaubens an jene «wohltätige Automatik» setzen wollte, geriete bald ins Abseits. Die Wiederholung alter Formeln schafft keinen Optimismus, sondern Langeweile und Resignation, vor allem bei vielen Jungen. Sie glauben uns nicht mehr, was wir sagen, und – schlimmer noch – sie glauben nicht einmal mehr, daß wir selbst glauben, was wir sagen.

II

Seit einigen Jahren hören unsere Bürger an jeder Jahreswende, man hoffe auf eine Wachstumsrate von 4 oder 5 oder 6 Prozent. Erreiche man diese Wachstumsrate, so könne die Arbeitslosigkeit reduziert, die vorgesehene Rentenerhöhung realisiert werden. Leider sei dies aber nicht sicher, ja nicht einmal wahrscheinlich. Die Bundesregierung tue alles, was in ihren Kräften liege, um das Wachstum zu forcieren, aber zaubern könne eben niemand. Und der Sachverständigenrat beschwört in seinem Jahresgutachten die Gewerkschaften, doch ja keine größeren Lohnforderungen anzumelden, denn nur wenn die Kosten sänken, könne genügend investiert und exportiert werden, nur dann gebe es genug Arbeit. Nur: Was tun wir, wenn eine niedrige Lohnerhöhung die Mark weiter aufwertet? Das erschwert dann den Warenexport und erleichtert den Kapitalexport. Gut, eine stabile Währung hat ihre beträchtlichen Vorteile, aber wird sie die Arbeitslosigkeit beseitigen?

Es ist ein hoffnungsvolles Zeichen, daß wenigstens einer der fünf oder weniger Weisen sich zu einem Ausbruchsversuch aus dem Gedankengehäuse seiner Fachkollegen aufgerafft hat. Es ist Gerhard Scherhorn, dessen Minderheitsmeinung endlich die Zweifel artikuliert, die manchen plagen, wenn er moderne Wirtschaftsgutachten liest, vor allem solche vom vergangenen Jahr. Scherhorn findet, daß sich doch mehr geändert habe, als seine Kollegen zugeben wollen:

«Anders als die Mehrheit sehe ich aber deutliche Anzeichen für einen Wandel nicht nur in den objektiven Bedingungen der weiteren Wohlstandszunahme, sondern auch in den subjektiven Vorstellungen über Art und Ausmaß des erstrebten Wohlstandswachstums.»

Scherhorn bezweifelt, daß der technische Fortschritt so viele Arbeitsplätze neu schafft, wie er vernichtet, und findet, daß ein großer Teil der Bevölkerung immer weniger bereit ist, «für höheren materiellen Lebensstandard Berufsarbeit zu leisten».

Aber die entscheidende Einsicht formuliert Scherhorn so:

«Die Zuwachsraten der Produktion liegen unter denen der Produktivität, und es wächst der Zweifel, ob die Nachfrage nach Industrieprodukten künftig wieder Zuwachsraten erreichen wird, die so weit über der Produktivitätszunahme liegen, daß ausreichend viele Arbeitskräfte beschäftigt werden können.»

Solche Zuwachsraten der Produktion seien weder auf dem Binnenmarkt noch im Export zu erwarten. Kurz: Der Wettlauf zwischen der Steigerung der Produktivität und dem Wachstum der Produktion ist ein hoffnungsloses Unterfangen. Wahrscheinlich muß die Produktivität, wenn wir international konkurrenzfähig bleiben sollen, rascher steigen, als die Produktion bei der Enge der Märkte wachsen kann. Von daher kann der Versuch, die Produktion über die Produktivität hinaus zu steigern – und darauf läuft alles hinaus, was in den letzten Jahren gefordert und versucht wurde –, nur immer neue Frustration bringen. Kein Wunder, daß – nach *stern* – jetzt 61 Prozent der Bundesbürger meinen, wir müßten eben mit einer Million Arbeitslosen leben, während noch im April 1976 nur 33 Prozent damit rechneten. Der große Aufschwung, auf den viele nun seit vier Jahren warten, ist nicht in Sicht. Wir sind nicht in einem Konjunkturtal, sondern im dritten Jahr einer Aufwärtsbewegung, wie sie eben nach der Zäsur möglich ist. Und eine Fiskalpolitik, die jetzt mit den Mitteln der Globalsteuerung gegen Rezession kämpft, wird in einige Verlegenheit kommen, wenn es wirklich wieder eine Rezession geben sollte.

III

Müssen wir auf diese Weise Resignation erzeugen? Ich meine: nein: Wenn es stimmt, daß die Produktivität der Produktion davonläuft, dann ließe sich ja auch so argumentieren: Unsere Wirtschaft ist nicht krank, sie ist eher zu gesund. Andere Industrieländer – zum Beispiel im Osten – wären froh, sie hätten unsere Sorgen. Die Mark ist stabil, unsere Devisenreserven sind hoch, die Zahlungsbilanz ist in Ordnung, die Inflationsrate sinkt, die Einkommen sind hoch, die Sozialeinkommen höher denn je. Ein Wachstum von 3 Prozent ist auch nicht einfach nichts, es entspricht in absoluten Größen 6 Prozent in der Mitte der sechziger Jahre. Und daß unsere Produktivität rascher steigt, als die Produktion steigen kann, ist schließlich nicht nur ein Übel. Andere Industrieländer würden sich die Finger schlecken, würde ihre Produktivität so rasch zunehmen. Sie veranstalten ganze Kampagnen, um eben dies zu erreichen.

Wenn der Produktivitätszuwachs Arbeitskräfte freisetzt, so ist dies nach C. F. Weizsäcker «nur so lange ein Unglück, als man es für ein Unglück hält». Es ist eine Last, aber auch eine Chance, die Chance, entweder Arbeit zu leisten, die bisher nicht geleistet – und finanziert – werden konnte, oder weniger zu arbeiten. Die Chance, Richtung und Inhalt von Wachstum zu bestimmen, darüber zu entscheiden, was wachsen soll und was nicht. Es ist die Chance, Weichen zu stellen, Politik zu machen.

Natürlich tritt da die Heerschar derer auf den Plan, die mißverstehen, sei es, daß sie in ihren Denkkategorien gefangen sind, sei es, daß sie mißverstehen wollen, weil eine globale Wachstumspolitik ihren Interessen entspricht. Auch Scherhorn weiß das:

«Es ist nicht einfach, eine Gegenposition unmißverständlich darzulegen. Das Mißverständnis, das fast automatisch auftritt, erwächst aus dem Vorurteil, jedes Argument gegen eine Politik des verstärkten Wachstums laufe letzten Endes auf Bevormundung hinaus; auf Entzug von Chancen; auf Schaffung vollendeter Tatsachen, bevor noch die Präferenzen der Menschen sich Geltung verschafft haben. Dieses Vorurteil hält viele davon ab, sich der Diskussion über die Inhalte künftigen Wachstums zu stellen, weil sie schon die Fragestellung unangemessen finden. Es spricht aber vieles dafür, daß über die Inhalte künftigen Wachstums auch dann entschieden wird, wenn man diese Fragestellung ausdrücklich nicht zuläßt. Die Entscheidung, über die Nebenfolgen einzelner Technologien erst nachzudenken, wenn sie eingetreten sind, oder die Entscheidung, die Gestaltung der Städte und Landschaften den je einzelnen Bauherren und Architekten zu überlassen, beeinflußt die Chance der freien Wahl zwischen alternativen Lebensformen anders, aber nicht weniger als die Entscheidung, die Einführung neuer Technologien an Auflagen über die Vermeidung bestimmter Nebenfolgen zu binden oder Regeln für die äußere Form von Bauwerken im Verhältnis zu ihrer jeweiligen Umgebung aufzustellen. Jede Entscheidung, die heute über das künftige Wachstum getroffen wird, schränkt spätere Wahlchancen ein. Eine Entscheidung für Wachstum schlechthin gibt es nicht; sie bestimmt stets zugleich auch über die Art des künftigen Wachstums mit.»

Wir fällen heute Entscheidungen darüber, was wachsen soll, indem wir uns einreden lassen, da gebe es nichts zu entscheiden. Noch genauer: Wir überlassen anderen die Entscheidung, und zwar denen, die uns einreden, da gebe es politisch nichts zu entscheiden, wir gefährdeten die Freiheit, wenn wir die Entscheidung nicht ihnen überließen.

IV

Wenn wir argumentieren: Wir haben keine Wirtschaftskrise, unsere Wirtschaft ist gesund, rasch zunehmende Produktivität ist vor allem eine Chance, dann muß gesagt werden, an welchen Schwerpunkten zusätzliche Ressourcen eingesetzt werden sollen, wo wir Wachstum wollen. Vielleicht könnten sich Sozialdemokraten auf folgende Punkte einigen:

1. Wir wollen, wie in Hamburg beschlossen, die Option Kernenergie offenhalten und gleichzeitig versuchen, eine neue Option zu öffnen, nämlich die, ohne Kernenergie auszukommen.

Dies bedeutet Investitionen in Fernwärmenetze, Wärme-Kraft-Koppelung, neue Kohletechnologien. Es bedeutet Ausbau der Erdgasnetze, neue Bemühungen um Erdgaslieferungen (zum Beispiel aus Algerien), Förderung von Wärmedämmung und Sonnenkollektoren. Das 4,3-Milliarden-Programm der Bundesregierung weist diesen Weg.

Die Erhöhung der Heizölsteuer ist in diesem Paket konsequent: eine Maßnahme, die zum Energiesparen anregen soll, finanziert die anderen Maßnahmen mit demselben Ziel. Deshalb muß alles getan werden, damit dieses Programm in der Sache nicht endgültig an der parteipolitischen Borniertheit der Herren Filbinger und Albrecht scheitert.

2. Ressourcen müssen gelenkt werden in die Erneuerung unserer Stadt- und Dorfkerne. Auch hier können mit begrenzten öffentlichen Mitteln beträchtliche private Investitionen angestoßen werden, die überdies meist arbeitsintensiv sind. Gut sanierte und renovierte Stadt- und Dorfkerne können auch die Flucht in die Außenbezirke und damit einen Autoverkehr verhindern helfen, der nur noch um den Preis der Landschaftszerstörung zu bewältigen ist.

3. Wachsen muß, was in der Verkehrspolitik dazu dient, mit Energie, Landschaft, Nerven und Gesundheit von Menschen schonend umzugehen. Dazu gehört alles, was die Bundesbahn leistungsfähiger macht, vor allem im Güterverkehr, was Güter von der Straße wieder auf die Schiene bringt. Beim Personenverkehr wäre ein Zustand anzusteuern, bei dem praktisch jeder, der dies wünscht, über sein Auto verfügen kann, es aber nur da benutzt, wo es wirklich bequemer und billiger ist als öffentliche Verkehrsmittel. Dies bedeutet Investitionen in den öffentlichen Personennahverkehr, auch wenn sie betriebswirtschaftlich nicht überall rentabel sein sollten.

(Eine Umlegung der Kfz-Steuer auf die Mineralölsteuer könnte diesen Prozeß fördern.) Auch der Lärmschutz bedarf hoher Investitionen.

4. Wachsen muß, was den Entwicklungsländern hilft. Könnten sie bei uns kaufen, was sie kaufen möchten, so gäbe es bei uns keine Arbeitslosigkeit, sondern Überbeschäftigung. Allerdings: nicht alles, was die dort herrschenden Schichten kaufen möchten und produzieren, entspricht auch den Grundbedürfnissen der nahezu zwei Milliarden Menschen, denen zu helfen wäre. Daher müssen wir, gemeinsam mit Fachleuten aus der Dritten Welt, Geräte, Maschinen, Fahrzeuge und landwirtschaftliche Methoden entwickeln und, zumindest zeitweilig, exportieren, die den Bedürfnissen der jeweiligen Länder besser entsprechen als unsere kapitalintensiven Produktionsmethoden. Wenn dabei auch für uns Anregungen zu dezentralisierter, weniger kapital- und energieintensiver Produktion abfallen, so wäre dies doppelt zu begrüßen: einmal, weil dadurch dem Eindruck entgegenzuwirken wäre, wir wollten anderen minderwertige Technologie aufreden, zum anderen, weil unsere hochkonzentrierte, kaum noch überschaubare und höchst verletzliche Großtechnologie immer wieder durch Alternativen herausgefordert werden muß.

5. Während sich die Nachfrage nach Konsumgütern in vielen Bereichen immer mehr auf Ersatzbeschaffungen beschränkt, ist der Bedarf an Dienstleistungen, die unmittelbar am Menschen zu erbringen sind (Humandienstleistungen), nicht annähernd gedeckt. Dies gilt für kulturelle Dienstleistungen (besonders berufliche und musische Bildung), für Sport

und Gesundheitsvorsorge, für den Dienst an psychisch Gefährdeten und Kranken, für die Jugendarbeit und die Altenbetreuung, für den Strafvollzug, Bewährungshilfe und Polizei, für Beratungsdienste aller Art.

Nur wenn wir hier eine klare politische Entscheidung treffen, kann aus den geburtenstarken Jahrgängen die Zahl von jungen Menschen dafür ausgebildet werden, die gebraucht wird.

Ein Teil dieser Dienstleistungen kann privat finanziert werden, bei anderen – etwa in der musischen Bildung – wird eine Mischfinanzierung möglich sein, ein beträchtlicher Teil bedarf der öffentlichen Finanzierung, sogar dann, wenn private Träger die Dienstleistung anbieten.

Da solche Dienstleistungen sich niemals in der Weise rationalisieren lassen wie die Produktion, wird ein wachsender Anteil von Humandienstleistungen gesamtwirtschaftlich zu einer geringeren Steigerung der Produktivität führen, also in der Tendenz zu einem neuen Gleichgewicht zwischen Produktions- und Produktivitätszuwachs.

6. Schließlich gibt hoher Zusachs der Produktivität die Chance zur Verkürzung der Arbeitszeit. Wie immer man die Arbeitszeit reduziert, sei es bezogen auf ein Arbeitsleben, Rentenalter, zehntes Schuljahr, ein Arbeitsjahr (Urlaub) oder eine Arbeitswoche, die Zahl der Arbeitnehmer nimmt zu, denen mehr Freizeit so wichtig ist wie mehr Reallohn.

V

Noch nie in der Geschichte hat es auf längere Sicht wirtschaftliches Wachstum gegeben, weil die Menschen meinten, sie müßten Wachstum haben. Primär waren immer politische, kulturelle, religiöse Antriebe. Sicher, sie kamen meist aus den herrschenden Schichten, und sie haben nicht immer Glück gebracht. Aber die alten Ägypter wollten nicht Wachstum haben, sondern Pyramiden bauen, die Babylonier wollten durch Bewässerungssysteme ihre Ernährung sichern, die Mönche des Mittelalters haben Wälder gerodet und Seen angelegt und Klöster gebaut, und die Siedler in Amerika wollten eine Heimat in der Neuen Welt gründen. Das alles hat wirtschaftliches Wachstum bewirkt, ohne daß es den Begriff Wachstum gab. Wachstum ist eine abgeleitete, keine primäre Größe, Wachstum kann nicht Ziel, sondern nur Nebenprodukt von Prozessen sein, die anderswoher ihre Ziele und Triebkräfte nehmen. Wir müssen uns – und wir können es auch – entscheiden, wie wir leben wollen, welche Pyramiden unsere Generation bauen will. Tun wir dies, dann werden wir feststellen, daß die gegenwärtig sinkende Nachfrage nach Arbeitskraft tatsächlich nur so lange ein Unglück ist, wie wir es selbst für ein Unglück halten. Nur dann bewirkt sie Resignation.

Wer immer nur «Wachstum» will, ohne zu sagen welches, dem werden die Ökonomen und Technokraten schon sagen, was er zu tun hat.

Und er wird es schließlich tun, er wird sich, auch wenn ihm dabei nicht wohl ist, den so geschaffenen Sachzwängen fügen. Politik, die bewußt darüber entscheidet, was im Interesse der Menschen und ihrer Lebensqualität wachsen soll, löst Kontroversen aus, stößt auf Widerstände, auf Gegenmacht, geht Risiken ein, aber sie mobilisiert auch Engagement und Hoffnung.

Schließlich die stereotype Frage: Und wer soll das bezahlen? Meine Antwort: Dieselben Arbeitgeber und Arbeitnehmer, die heute und morgen die Arbeitslosen unterhalten oder die staatlichen Programme finanzieren müssen. Was immer wir tun oder auch unterlassen, unsere Form der Arbeitslosigkeit zu beseitigen, ein Teil des Produktivitätszuwachses wird entweder für den Lebensunterhalt einer wachsenden Arbeitslosenzahl oder für die Schaffung von Arbeitsplätzen ausgegeben werden, oder er wird in Form von mehr Freizeit ausbezahlt. Was immer wir tun oder lassen, es kann sich nicht mehr der ganze Zuwachs der Produktivität in Steigerung der Reallöhne niederschlagen. Ob wir das Rentenalter herunter und die Rentenversicherungsbeiträge hinaufsetzen, ob wir das zehnte Schuljahr obligatorisch einführen, ob wir mehr Dienstleistungen anbieten, mehr Kredite für Entwicklungshilfe bereitstellen, mehr Anreize zum Energiesparen schaffen oder mehr für Bundesbahn und öffentlichen Nahverkehr investieren, immer wird dies genauso finanziert wie die Arbeitslosigkeit selbst: aus der rasch wachsenden Arbeitsproduktivität, die sich nur noch teilweise in höheren Realeinkommen niederschlagen kann.

Und wenn die Tarifpartner die wöchentliche Arbeitszeit reduzieren, dann wird eben von Anfang an ein Teil der Produktivitätszunahme nicht in Geld ausbezahlt. Wie auch immer, teurer wird eine solche Politik nicht als eine Globalsteuerung, die immer wieder zweistellige Milliardenbeträge auswirft, um das Wachstum zu fördern, und doch eine Million Arbeitslose übrigläßt.

Sicher, auch bei einer solchen Politik ließen sich am Jahresende in der Statistik Wachstumsraten ablesen. Aber das ließe sich dann in einem Einspalter im Wirtschaftsteil abhandeln. Politisch interessant wäre, was wir aus unseren Chancen gemacht haben, was die Menschen von der zusätzlich geleisteten Arbeit sehen und wie dabei die Zahl der Arbeitslosen – und vielleicht noch wichtiger – der hoffnungslosen Jungen zurückgegangen ist.

Resignation ist kein historisches Gesetz. Sie ist Ausdruck der Tatsache, daß wir neue Aufgaben mit veralteten Rezepten und vor allem veralteten Denkgewohnheiten angehen. Die Menschen spüren, daß Fortschreibung des Herkömmlichen keine Zukunft mehr ergibt. Also müssen wir ihnen sagen, welche Zukunft wir wollen.

Der naive Glaube an die Automatik des Fortschritts ist dahin. Er kommt nicht wieder. Gerade deshalb müssen wir zeigen, wie Fortschritt trotzdem, gegen alle Gefährdungen, durchzusetzen ist. Dabei verändert sich Aufgabe und Qualität von Politik. Nur eine Politik, die entscheiden will, was wachsen soll, kann Resignation überwinden. Und nur wenn wir mit der Resignation fertig werden, hat die Freiheit in unserem Land eine Chance. Sie könnte sterben, weil, wo keine Zukunft ist, die Mächte der Vergangenheit sich einnisten. Mut zur Zukunft entsteht nicht, wenn wir Optimismus fordern oder auch mimen. Er entsteht, wenn wir aus den Denkschablonen ausbrechen, die, noch mehr als die Realität, Pessimismus erzeugen.

VIII. Grundwerte – Von der Glaubwürdigkeit in der Politik und vom Beten beim Essen

Duve: Erhard Eppler, Sie sind kurze Zeit nach Ihrem Rücktritt nach Baden-Württemberg zurückgegangen. Sie sind dann Oppositionsführer geworden und machen jetzt Politik in Filbingers Musterländle. Niemand hat Ihnen große Chancen zugebilligt, Wahlen zu gewinnen, also in absehbarer Zeit Ministerpräsident von Baden-Württemberg zu werden. Das war ja ein schwerer Schritt, zumal er seinerzeit noch begleitet war von der Entscheidung, eventuell noch zu einer großen UNO-Tätigkeit zu gehen, und das mußte abgewogen werden. Ist dieser Schritt richtig gewesen?

Eppler: Mir ist meine Zeit zu schade, nachträglich immer wieder darüber zu grübeln, ob die eine oder andere Entscheidung richtig war. Tatsache ist, daß ich schon 1973 im Februar – also während ich noch in Bonn Minister war – hier zum Landesvorsitzenden gewählt wurde und daß ich damals den Freunden versprochen habe, daß, falls sie mich als Spitzenkandidaten für die Landtagswahl haben wollten, ich mich nicht drücken würde. Natürlich war auch mir geläufig, daß mindestens in dieser politischen Atmosphäre vom April 1976, wo ja auch die Bundespartei nicht übermäßig populär war, eine Ablösung Filbingers in Baden-Württemberg äußerst unwahrscheinlich war. Ich habe das auch vor der Wahl gesagt und war dann über das Wahlergebnis nicht sehr erstaunt. Natürlich hatte für mich die Leitung von UNICEF oder eine andere Position im UN-Bereich etwas Verlockendes. Ich hätte anknüpfen können an meine Tätigkeit in der Bundesregierung und wohl auch an die Wirkungen, die diese Tätigkeit gerade bei den Vereinten Nationen gehabt hat. Aber es hätte doch bedeutet, aus der deutschen Politik auszusteigen – wahrscheinlich definitiv. Dies wiederum wäre ein Akt der Resignation gewesen. Es ist wahrscheinlich immer noch leichter, etwas in Bewegung zu bringen von einer nationalstaatlichen oder auch regionalen Basis aus als gewissermaßen von oben her über die Vereinten Nationen.

Duve: Von New York nach Dornstetten und Stuttgart. Warum hat die Sozialdemokratie es so schwer in Baden-Württemberg?

Eppler: Sie hat es immer schwer gehabt. Das hängt in Württemberg mit dem Pietismus zusammen, der von Hause aus gegen jedes politische Engagement ist, im Zweifelsfall sich aber doch konservativ orientiert. Es hängt mit der Industriestruktur zusammen, mit den vielen kleinen und mittleren Betrieben, in denen ein ganz anderes Verhältnis zwischen Arbeitgeber und Arbeitnehmer herrscht als in Großbetrieben.

Duve: Also, die Gefahr der großen Multis ist hier gar nicht so.

Eppler: Nun, wir haben ja auch einige Multis, aber geprägt ist dieses Land von Betrieben zwischen zehn und fünfhundert Beschäftigten, die zum Teil noch nicht einmal einen Betriebsrat haben, wo häufig die

Gewerkschaften noch nie Fuß gefaßt haben, wo der einzelne sich noch voll mit den Interessen des Betriebes identifiziert, wo die politische Meinung des Unternehmers häufig nicht ohne Belang ist für die politische Meinung des Arbeiters.

Duve: Und die von Ihnen gesehenen Gefahren und Probleme unserer Gesellschaft, die Widersprüche, werden dann ja wohl in diesem Land relativ weniger stark erfahren und von den Menschen begriffen; denn eigentlich lebt es sich ja doch wohl in Baden-Württemberg nach wie vor relativ gut. Viele andere Bundesländer im Norden beneiden die spezifische Wachstumsrate in Baden-Württemberg – auch die spezifische Ausgewogenheit seiner Industriestruktur. Könnte es nicht sein, daß Sie gerade hier besonders wenig Ansatz haben, das, was Sie denken, auch zu vermitteln?

Eppler: Ich glaube nicht. Einmal habe ich festgestellt, daß in der Partei hier die Bereitschaft, auf meine Gedanken einzugehen, in den letzten Jahren rasch gewachsen ist. Zum anderen ist jene Haltung, die ich mit wertkonservativ umschrieben habe, die also einsieht, daß man bestimmte Werte, von der unzerstörten Landschaft über das historische Stadtbild bis hin zur Gesundheit unserer Kinder, nur noch erhalten kann, indem man gegen den Willen mächtiger Interessengruppen Veränderungen erzwingt, hier durchaus verständlich zu machen. Jedenfalls gehöre ich zu diesem Land, alle meine Wurzeln sind hier, ich bin in diesem Land geboren, aufgewachsen, ich möchte hierbleiben, und solange meine Partei das Gefühl hat – und ich auch –, daß ich hier einen Dienst leisten kann, werde ich dies tun.

Duve: Also nicht Zwischenstation bis zur Rückkehr nach Bonn, sondern Aufgabe hier, mit dem Ziel, die CDU abzulösen.

Eppler: Seit ich denken kann, habe ich mich immer auf die Aufgabe konzentriert, die mir gestellt war, und nicht darüber spekuliert, was ich irgendwann auch noch tun könnte. Jetzt geht es für mich darum, die Partei in Baden-Württemberg zusammenzuhalten, ihr Selbstbewußtsein zu stärken, in ihr eine lebendige Diskussion in Gang zu halten, von dieser Partei aus Impulse auch an die Gesamtpartei und an die öffentliche Meinung in der Bundesrepublik weiterzugeben. Wenn dies gelingt und wenn im Laufe der Jahre der Druck der beherrschenden Mehrheitspartei im Lande zunehmend empfunden wird, halte ich die Arbeit hier nicht für chancenlos.

Duve: Aber es würde natürlich auch bedeuten, daß die Frage der Gemeinsamkeit Friedrich Naumann in Baden-Württemberg wieder zu stellen ist, nämlich innere Logik eines Zusammengehens von Sozialdemokratie und von Freien Demokraten. Ist der Weg von der Bangemannschen FDP nicht grundsätzlich und auf Dauer ein Stabilisierungsfaktor für die Union?

Eppler: Ich weiß nicht, ob es so etwas wie Bangemannsche FDP hier gibt. Im übrigen ist meine große Sorge vor allem die, daß diese FDP gar nicht mehr die Kraft hat, mit uns zusammen eine Wende zu erzwingen, so daß die Verantwortung, die auf uns liegt, noch ein bißchen größer wird.

Duve: Das heißt, sie schafft die 5 Prozent nicht.

Eppler: Nein, es geht darum, ob sie es schafft, der CDU das abzunehmen, was man ihr abnehmen muß, um sie hier unter die absolute Mehrheit zu drücken. Im übrigen bin ich inzwischen einfach zu alt, um in bestimmten Positionen ein Ziel zu sehen. Meine Möglichkeiten zu wirken, etwas in Gang zu setzen, sind heute als Landes- und Fraktionsvorsitzender in Baden-Württemberg, natürlich auch als Mitglied des SPD-Präsidiums und Vorsitzender der Grundwertekommission sicherlich nicht geringer als in der Position des Bundesministers. Mir geht es nicht um äußere Insignien der Macht, sondern um politische Wirksamkeit, und solange eine solche politische Wirksamkeit in der jetzigen Position möglich ist, werde ich in ihr meine Arbeit tun, keineswegs seufzend, sondern gerne.

Duve: In alldem, was jetzt für Sie zu tun ist, liegt ja doch sehr viel Hoffnung und Sicherheit, auf der richtigen Seite zu sein – das braucht man ja wohl auch als Politiker –, aber kann es nicht sein, daß die Entwicklung Ihnen zwar recht gibt in den Krisenerscheinungen, daß aber in den taktischen Weichenstellungen Leute Ihrer Richtung und Ihrer Art zu problematisieren ins Aus gestellt werden?

Eppler: Ich glaube nicht, daß dies passieren wird, aber wenn es geschehen sollte, würde mich das nicht schrecken. Rechnen muß ich mit dieser Möglichkeit seit vielen Jahren.

Duve: Sie würden deshalb nicht Ihr Politikverständnis oder Ihre grundlegende politische Philosophie verändern?

Eppler: Nein! Mir ist es heute zum Beispiel auch völlig gleichgültig, ob jemand, der meine Gedanken aufnimmt – innerhalb oder außerhalb der Partei –, sich dabei auf mich bezieht. Manchmal ist es mir sogar recht, wenn er es nicht tut, weil er sich dann vielleicht die eine oder andere Schwierigkeit erspart. Mir geht es wirklich, um mit Dietrich Bonhoeffer zu reden, nicht darum, wie ich mich heroisch aus der Affäre ziehe oder gar, welche staatliche Funktion ich ausüben kann, sondern wie eine künftige Generation weiterleben soll. Schließlich habe ich selber vier Kinder, und solange ich noch meine, bei aller Selbstkritik, daß ich etwas tun kann, was nicht so einfach von einem anderen getan werden könnte, so lange fühle ich mich durchaus wohl.

Duve: Sie sind Vorsitzender der Grundwertekommission der Sozialdemokratischen Partei und haben sich ja gerade zu Wertfragen, wertorientierter Politik, wertgebundener Politik geäußert, auch in Ihrem Buch. Eine der größten Verwundungen der SPD, und dadurch auch inzwischen Verwundbarkeiten, ist ja der Aspekt, daß wir Jüngeren sehen, es gab eine Generation, es gibt eine Generation in der SPD, in der es Vertreter gibt, die es mit der Werthaltung nicht so ernst nehmen – ich denke an Albert Oswald in Hessen oder andere –, wo die Frage der Lauterkeit, des persönlichen Verhaltens in der Politik als wertegebundenes Verhalten, wohl nicht gesehen wurde; denn es gibt ja, wie wir immer wieder aus Gesprächen mit solchen Politikern wissen, kein Unrechtsbewußtsein.

Eppler: Ich möchte mich als Vorsitzender der Grundwertekommission ganz sicher nicht als eine Art moralischer Instanz mißverstehen. Sittliche Normen kann man zumindest in einer Partei nicht predigen, sondern allenfalls im eigenen Leben gelegentlich sichtbar machen.

Duve: Aber gehören sie nicht zum Leben der Partei?

Eppler: Nicht zu der Aufgabe der Grundwertekommission. Die Grundwertekommission soll in meinem Verständnis nicht etwa darüber lamentieren, daß die sogenannten sittlichen Grundlagen unserer Gesellschaft ins Wanken gekommen sind, zumal es nicht nur einen Abbau, sondern auch eine Verwandlung von Normen gegeben hat. Wir denken darüber nach, welche technologischen oder ökonomischen Prozesse menschliche Selbstverwirklichung – und dies ist wohl immer solidarische Selbstverwirklichung – erschweren oder fördern können. Vor allem wollen wir deutlich machen, was hier und heute, nach dem Umbruch der frühen siebziger Jahre, die uralten Grundwerte dieser Partei – nämlich Freiheit, Gerechtigkeit und Solidarität – bedeuten, wie sie umzusetzen sind in Politik, wie sie als Handlungsmaxime unserer Partei für jedermann erkennbar werden können. Die Frage, wie sich ein Sozialdemokrat in öffentlichen Ämtern zu benehmen hat, warum er sich damit abfinden muß, wenn die Menschen an ihn schärfere Maßstäbe anlegen als an andere, darüber ist im Parteivorstand zu reden, nicht in der Grundwertekommission.

Duve: Ja, aber darüber hinaus – was sind denn in einer Gesellschaft, in der die Werte relativiert wurden durch Sozialwissenschaftler, durch die Betonung des Ökonomischen, daß die Werte sozusagen zeitbezogen sind, daß das Festhalten an alten Werten möglicherweise soziale Umwälzung verändert. Was sind denn Werte – und sie werden doch sehr stark von dem einzelnen auch als sittliche Normen verstanden? Wie würden Sie – Sie haben es ja gemacht – sich an das Problem Grundwerte in der Politik heranmachen, und aus welchen Quellen kann wertbezogene Politik kommen? Ich denke hier vor allem an die Funktion der Kirchen.

Eppler: Als Vorsitzender der Grundwertekommission habe ich mich immer dagegen gewehrt, die Herkunft, die Begründung der Grundwerte zum Gegenstand unserer Arbeit zu machen. Warum für mich Freiheit, Gerechtigkeit oder Solidarität Werte sind, die durchzusetzen sich lohnt, geht die Partei letztlich nichts an. Natürlich lassen sich diese Werte aus christlicher Ethik ableiten, aber auch aus der Französischen Revolution oder aus dem Ansatz von Marx oder Lasalle. Die Partei hat danach nicht zu fragen. Natürlich sind Grundwerte nichts, was zeitlos am Sternenhimmel aufgehängt wäre. Freiheit muß heute gegen andere Kräfte erstritten und gesichert werden als vor hundert oder zweihundert Jahren. Solidarität war für Sozialdemokraten vor hundert Jahren vor allem das Zusammenstehen im Kampf um gleiches Recht und gleiche Chancen, heute sprechen wir sogar von Solidarität mit der Dritten oder Vierten Welt, auch wenn daraus noch keine überzeugende Politik geworden ist. Für mich haben die Grundwerte vor allem eine Funktion für die Glaubwürdigkeit unserer Politik. Ich bin auf dem Kirchentag in Berlin noch einmal darin bestärkt worden, daß unser parlamentarisch-demokratisches System steht und fällt mit der Glaubwürdigkeit seiner Repräsentanten. Glaubwürdigkeit wird gerade von dieser ganz jungen Generation, die ich in Berlin erlebt habe, verstanden als ein Mindestmaß an Übereinstimmung zwischen proklamierten Grundwerten, politischem Reden, politischem Wollen, politischem Handeln und persönlichem Lebensstil. Auch in der profansten Alltagspolitik, auch in sehr pragmatischem Handeln muß noch etwas von unseren Grundwerten durchschimmern, erkennbar werden, daß hier ein bißchen mehr Gerechtigkeit oder Solidarität anvisiert wird, daß es da um die Freiheit für alle geht. Glaubwürdigkeit entsteht auch dadurch – aber das kann man nicht in Papieren fordern oder auf Parteitagen beschließen, das kann man nur selbst versuchen –, daß im alltäglichen Handeln, im persönlichen Lebensstil etwas vom politischen Wollen transparent wird. Wenn ich den Begriff des «solidarischen Haushaltens» eingeführt habe, Haushalten mit den Ressourcen dieser Welt im Blick auf die anderen, wenn dabei das Haushalten mit Energie eine zentrale Rolle spielt, dann kann ich mich nicht jeden Morgen in Dornstetten mit dem Mercedes abholen lassen, sondern dann muß ich eben morgens um 7 Uhr 20 in den Zug steigen, der nach Stuttgart fährt, auch dann, wenn ich dreißig Minuten früher aufstehen muß. Wenn ich der Meinung bin, daß wir Sonnenenergie nutzen sollten, dann muß ich das wohl selber einmal probieren, auch dann, wenn es sich vielleicht noch nicht voll auszahlt. Wenn man der Meinung ist, daß es nicht für jedes Wehwehchen auch ein unfehlbares Pillchen gibt und daß Gesundheit auch ein Stück eigener Verantwortung ist für sich selbst und für andere, dann muß man versuchen, entsprechend zu leben. Wenn man vom Wert des Sports redet, sollte man auch Sport treiben. Ich behaupte nicht, daß ich schon so weit wäre, wie ich gern sein möchte, ich sage nur, daß ohne diesen Versuch einer Verbindung von politischem Postulat und persönlichem Verhalten Glaubwürdigkeit gegenüber den Jungen nicht mehr hergestellt werden kann. Darauf aber ist unsere Form von Demokratie angewiesen.

Duve: Ist nicht Glaubwürdigkeit das Ergebnis eines Bezugs auf Grundwerte?

Eppler: Eben, das versuche ich mit dem Stichwort vom «solidarischen Haushalten» auszudrücken. Solidarisches Haushalten wäre ein vernünftiger Umgang mit den Ressourcen die wir haben, Rohstoffen, Energien, ökologischen Kreisläufen, Landschaften, aber auch mit den Menschen. Solidarisch, weil immer im Blick bleiben soll, was unser Verhalten für andere bedeutet. Wenn unser Ölverbrauch dazu führt, daß die Ölpreise tendenziell rascher steigen und dadurch in manchen Entwicklungsländern nicht einmal mehr das Öl für die einfachsten Wasserpumpen zur Bewässerung bezahlt werden kann, dann bedeutet solidarisches Haushalten auch den Versuch, hier in diesem Land eben weniger Öl zu verbrauchen. Das ist dann einerseits eine politische Aufgabe, dafür die Anreize zu schaffen, aber auch eine Aufforderung an jeden einzelnen. Eben dieses kann man nur vormachen.

Duve: Aber würde nicht solidarisches Haushalten unseren Konjunkturzyklus, der ein solches konjunkturfremdes Element kaum aushält, hemmen?

Eppler: Das muß nicht sein. Daß ich Sonnenkollektoren auf mein Dach bauen ließ, hat natürlich Wachstum geschaffen, hat Arbeit geschaffen. Aber eben in der Weise, wie ich es für richtig halte. Ich meine, wir sind jetzt an einem Punkt angekommen, wo das Reden über Werthaltungen unerträglich wird, wenn nicht gleichzeitig der Versuch erkennbar wird, sie selbst zu praktizieren.

Duve: Sind Sie einer derjenigen, der glaubwürdig bleiben wird. Solchen Politikern wird ja leicht vorgeschrieben, sie handelten unter einer gewissen Selbstgerechtigkeit, einer Koketterie möglicherweise. Es ist fast unmöglich in einem Ministerkollegium, daß einer mal sagt: «Ich möchte ein ganz kleines Auto haben.» Dann wird dieses fast schon zu einem unsolidarischen Verhalten, weil man sagt: «Du willst ja doch nur Punkte sammeln.» Wie läßt sich – und das führt mich zurück zu dem Rücktritt – in einer Gesellschaft, die diese Werte nicht mehr vermittelt und in der ja jeder möglichst für sich kämpfen soll (das wäre ja auch konjunkturgerecht), so eine andere Haltung grundsätzlich noch als positiv und nicht doppelbödig darstellen? Tritt man da nicht geradezu in ein dramatisches Loch einer unter Wertlosigkeit leidenden Gesellschaft?

Eppler: Ich gebe gern zu, daß die Gefahr der moralinsauren Selbstgerechtigkeit immer und überall lauert und aus summa moralitas sehr rasch die summa immoralitas werden kann. Deshalb habe ich mich nicht dagegen gewehrt, daß ich weiterhin einen Mercedes 250 als Dienstwagen habe. Aber ich habe diesen Dienstwagen im Jahre 1977 nur noch etwa für knapp die Hälfte der Kilometer gebraucht, die bisher üblich und selbstverständlich waren. Alles in allem: Die Gefahr, daß das politische Fordern und das persönliche Handeln auseinanderklaffen und dadurch der Vorwurf der Heuchelei entsteht, erscheint mir noch größer als die Gefahr, daß die Verbindung von politischem Programm und persönlichem

Lebensstil ihrerseits unsolidarisch, taktlos oder gar humorlos wird. Im übrigen: Bei alldem ist Verzicht für mich das falsche Stichwort. Ich meine, daß wir bei solidarischem Haushalten schließlich nicht schlechter leben, sondern besser. Mehr Freiheit, größere Distanz gegenüber Möglichkeiten des Konsums kann bewirken, daß das Leben nicht ärmer, sondern gelöster, reicher und angenehmer wird.

Duve: Jemand, der im Grundsätzlichen anders ist als der etwas burschikos halböffentliche Konsens über die doppelte Moral der Politik, kann es bei dieser Art der Medien nicht leicht haben. So einer kann in erstaunlich kurzer Zeit an den Rand des Konsensfeldes der Gesellschaft gedrängt werden. Er kann sehr schnell zum Außenseiter gestempelt, ja, zum gefährlichen Außenseiter stigmatisiert werden, ohne daß er selber sehr viel Chancen hat, dagegen etwas zu tun. Haben Sie davor Angst?

Eppler: In dieser Gefahr bin ich ja immer wieder gewesen, heute sogar etwas weniger als vor einigen Jahren. Aber ich gehe dieses Risiko ganz bewußt ein. Ich versuche, das Abgedrängtwerden zu verhindern, so lange und so gut ich es kann. Aber die Angst davor ist für mich kein Handlungsmotiv mehr. Ich bin nun einmal so, wie ich geworden bin. Und gerade die Kanten, an denen sich mancher Journalist stößt, will ich gar nicht abschleifen, und andere Kanten, die ich gerne abschleifen möchte, stören die Medien wieder nicht. Nein, ich versuche, meine Identität zu wahren und so, wie ich bin, politisch zu wirken, und zwar in der SPD. Bisher ist es immer noch gutgegangen, und ich habe vielen, vor allem Willy Brandt, dafür zu danken, daß es gutgegangen ist. Aber auch, wenn das einmal nicht mehr gutginge, würde ich es aushalten.

Duve: Dazu gehört natürlich dann die gemeinsam lebende Familie, dazu gehört auch die Möglichkeit, sich nicht nur zu beschäftigen, sondern sinnvoll zu leben. Da Sie Zeit Ihres Lebens den Garten gebraucht haben, haben Sie also Tageserfüllungsmöglichkeiten. Hat dies auch etwas mit der Glaubwürdigkeit zu tun?

Eppler: Angst vor Langeweile gibt es bei mir nicht. Im Gegenteil, es gibt manchmal eine Art Zorn darüber, wieviel ich von dem, was ich tun möchte, nicht tun kann. Ob das nun Gartenarbeit ist, das Wandern oder die Bücher, die ich gerne lesen möchte, die Bach-Platten, die ich gerne hören möchte, die Gespräche, die ich gerne führen möchte, oder auch die Aufsätze oder Bücher, die ich gerne schreiben möchte. Es ist sicher übertrieben, wenn ein Mensch sagt, er habe keine Angst. Aber ich habe schon so viel an politischer Diffamierung hinter mich gebracht, daß es viel dicker nicht mehr kommen kann.

Duve: Sie leben da übrigens so ähnlich wie Jochen Steffen, der ja auch sehr massiv verfemt wurde. Verglichen mit einer ganzen anderen Reihe von Spitzenpolitikern in einer sehr heilen, privaten Welt. Sie leben in einer heilen, mittelkleinen Stadt, die fast eher ein großes Dorf ist; Sie leben auf dem Lande, Ihre Kinder sind um Sie und gesund, Ihre Ehe, wenn ich das sagen kann, scheint mir jedenfalls intakt zu sein, ganz anders intakt als die der meisten Politiker, die extrem belastet sind und auch meistens relativ rasch nur deshalb gelegentlich zu Ende sind, aber aus formalen Gründen dann nicht zu Ende gebracht werden. Sie leben in einer heilen Welt und gelten als der Warner vor dem Unheil. Von Politikern, die persönlich in einer ziemlich kaputten Welt leben, wird zumeist eine sehr heile Welt in der Öffentlichkeit, also eine heile, politische, ökonomische, soziale Welt der Bundesrepublik dargestellt. Und Ihnen wird gerade vorgeworfen, daß Sie, wo doch alles so glücklich sei, immerfort Kassandra spielen wollten.

Eppler: Ich will jetzt nicht darüber sprechen, wie heil die Welt ist, in der ich lebe. Ich glaube nicht, daß es heute noch irgendwo so etwas wie die heile Welt gibt, vielleicht hat es die nie gegeben, und vielleicht ist das auch gut so. Aber es gibt ja verschiedene Grade von unheiler Welt. Jedenfalls habe ich noch ein Gefühl dafür, was zerstört werden könnte, von den natürlichen Lebensgrundlagen über die Grundlagen eines demokratischen Rechtsstaates bis hin zu ethischen Lebensgrundlagen.

Duve: Das wäre aber konservativ, dieses Gefühl zu haben und deshalb zu kämpfen.

Eppler: Mag sein, nur ist dies ein Wertkonservatismus, der auf Veränderung drängt. Unsere natürlichen Lebensgrundlagen werden gerade dann gefährdet, wenn wir nichts verändern und einfach so weiterwursteln. Unsere Demokratie wird ruiniert, wenn sie keine Zukunftsperspektive hat. Unsere ethischen Lebensgrundlagen sind dann gefährdet, wenn wir einfach an bestimmten Klischees bürgerlicher Moral festhalten, ohne zu fragen, was freies und gleichzeitig solidarisches Leben heute im Gegensatz zu früher bedeutet. Wertkonservatismus will die Veränderung von Strukturen im Namen gefährdeter Werte.

Duve: An Ihrem Tisch wird gebetet zu den Mahlzeiten. Wenn eines der Kinder es ablehnen würde mitzubeten, würden Sie das tolerieren, oder würden Sie um dieses gemeinsamen Lebens willen doch sehr darauf sehen, durch Überzeugung die anderen zu bestimmen?

Eppler: Die Liberalität, die in unserer Familie herrscht, ist wohl kaum mehr zu überbieten. Das Verhältnis unserer Kinder zur Kirche ist, vorsichtig ausgedrückt, sehr unterschiedlich. Ich denke gar nicht daran, die Kinder deshalb zu bedrängen. Der Ton, der bei uns herrscht, würde dies auch kaum zulassen. Das gilt natürlich auch für das Tischgebet.

Duve: Es kommen natürlich noch andere Fragen: Angst davor, daß die Kinder mal ganz ausscheren, sich in der Großstadt verlieren.

Eppler: Bisher sind uns solche größeren Sorgen erspart geblieben. Unsere Kinder haben, soweit ich das sehe, ein Höchstmaß an Freiheit. Aber gerade deshalb ist das Elternhaus, die Mutter mehr als der Vater, doch eine Anlaufstelle oder gar ein mehr oder weniger bewußter Orientierungspunkt.

Duve: Haben Sie ihre Jugendfreunde kritisiert? Haben Sie Angst gehabt vor . . .?

Eppler: Ich habe keinem meiner Kinder versucht, einen Freund oder eine Freundin auszureden, einfach weil es keinen Sinn hat. Im übrigen, wenn aus meinen Kindern etwas Ordentliches wird, dann bin ich daran ziemlich unschuldig, nachdem ich sie fünfzehn Jahre lang so sträflich vernachlässigt habe, wie Politiker dies tun müssen.

Duve: Ironischerweise setzt die Tätigkeit des Politikers eine familiär ausgerichtete Arbeitsteilung ganz altmodischen Stils voraus. Es ist gerade für die Politikerfrau schwerer, wenn sie Kinder hat, sich außerhalb des Haushalts zu verwirklichen, denn sie ist besonders viel an Abenden und an Wochenenden gefordert, den Haushalt weiterzuführen.

Eppler: Und vor allem für die Kinder dazusein, für die der Vater keine Zeit hat. Das ist eine der Paradoxien, die übrigens auch meine Frau empfindet und die natürlich auch zu Spannungen führen muß.

Duve: Wenn Ihre Frau sich nicht verwirklicht sieht und sich bloß wiederfindet in der jahrelangen Tätigkeit als Mutter und Hausfrau, würde es nicht zu dieser Glaubwürdigkeit, von der wir gesprochen haben, gehören, dann auch mal an einem Punkt, möglicherweise für einige Zeit, das politische Geschäft auch deshalb einzustellen, um der Frau eine Chance zu geben? Ich stelle die Frage eigentlich mehr an mich als an Sie.

Eppler: Mir würde es sogar Spaß machen, mich ein oder zwei Jahre ganz um die Kinder zu kümmern, wobei das vor wenigen Jahren noch sehr viel sinnvoller gewesen wäre als heute, wo mir bald alle vier über den Kopf gewachsen sind, aber leider ist die Politik ein Geschäft, aus dem man nicht für ein oder zwei Jahre aussteigen und dann wiederkommen kann.

Duve: Gut, mit dem Risiko . . .

Eppler: Das wäre dann kein Risiko, sondern eine Sicherheit. Man kann nicht sagen, wählt mich zur Abwechslung als Landesvorsitzenden für zwei Jahre ab, damit ich mich um die Kinder kümmern kann, und dann wählt den, den ihr an meiner Stelle wählt, in zwei Jahren wieder ab, weil ich dann wiederkommen will.

Duve: Ist das nicht ein Konstruktionsfehler in der Politik der Männer, daß das unmöglich ist?

Eppler: Das mag ein Konstruktionsfehler sein, aber er hängt natürlich damit zusammen, daß Politik mit Macht zu tun hat und also im Machtkampf stattfindet. Da kann man nicht einfach zwei Jahre aussteigen und dann wiederkommen. Wenn dies ein Konstruktionsfehler ist, dann ein irreparabler.

An Stelle einer Schlußbemerkung
Und da bohre ich nun wieder an demselben Brett
Christen im demokratischen Staat

Man sagt mir nach, ich könne gelegentlich ungehalten, unwirsch, sogar unhöflich reagieren. Das ist immer schlecht, aber gelegentlich hat es seine Gründe. Zum Beispiel dann, wenn ein Versammlungsleiter, ein Pfarrer oder Akademieleiter einen Vortrag etwa so einleitet: Erhard Eppler spricht heute in seiner Eigenschaft als . . . Und dann kommt irgendeine Funktion: Vorsitzender der Grundwertekommission seiner Partei oder Synodaler, Kirchentagspräsident oder Buchautor, Mitglied des SPD-Präsidiums, Landespolitiker oder Entwicklungspolitiker.

Das klingt dann so, als ob sich eine Person zerlegen ließe, in allerhand Eigenschaften, je nach Auditorium müsse auf eine andere Taste gedrückt werden, damit auch die richtige Musik kommt. Das mag oft nicht so gemeint sein, aber es ärgert mich.

Warum?

Weil es immer derselbe Mensch ist – und sein muß –, der da spricht, handelt, entscheidet, sich engagiert oder zurücktritt, sich sorgt oder sich freut. Ein politisches Geschäft, bei dem es nur um Posten, Machtpositionen, taktische Vorteile ginge, wäre mir langweilig, mir wäre dafür meine Zeit zu schade, die jämmerlich kurze Zeit, die Gott mir zum Wirken gegeben hat. Am Ende dieser Zeit werden viele sagen, vielleicht zu Recht, wie viele Fehler ich gemacht, wie oft ich mich geirrt, wie vielen Menschen ich Unrecht getan, wie viele ich unnötig verletzt habe. Aber sie sollen nicht sagen: er hat es nicht versucht – fehlsam und widersprüchlich, wie Menschen sind –, überall derselbe zu sein: in seiner Kirchengemeinde, in seiner Partei, in seinem persönlichen Lebensstil, in der Synode oder im Kirchentag. Wer mit mir zu tun hat, muß sich damit abfinden, daß ich eine Identität habe, keine trotzig behauptete, starre, unveränderliche, aber eben doch, wie jeder Mensch, eine unverwechselbare. Und das heißt: wer mich im Kirchentag haben will, kann nicht damit rechnen, daß ich den Sozialdemokraten in der Garderobe abgebe, und wer mich in der SPD haben will, muß mit dem evangelischen Christen rechnen, der gelegentlich ein trockenes Nein parat hat, beharrlich fragt, worauf wir denn nun hinauswollten? Und wer meine Bücher liest, soll das Recht haben zu fragen, was denn der Autor selbst tut, um Energie zu sparen, um solidarisches Haushalten zu praktizieren, was er tut, in seiner Freizeit, in seinem Garten, im Gebrauch seines Dienstwagens. Wenn mir jemand sagt, dem Grundwertepapier der SPD sehe man an, daß da

Christen mitgewirkt hätten, dann ist meine Antwort: Na und? Natürlich darf ich als Sozialdemokrat – und als Christ! – keinem meiner Parteifreunde etwas zumuten, wozu sein Gewissen nein sagen muß; aber wer mich zum Vorsitzenden einer Kommission wählt, der muß wissen, wen er wählt, also jemanden, der viel von Karl Marx gelernt hat, der aber versucht, vom Neuen Testament her zu leben, zu denken und zu handeln.

Kurz: ich bin nicht demokratischer Sozialist, obwohl ich Christ sein will, sondern weil ich – und niemand muß mir dies nachtun – so am ehesten meine tun zu können, was ein Christ heute tun sollte. Und ich bin nicht evangelischer Christ, obwohl ich in der Politik bin. Umgekehrt wird ein Schuh draus: wäre da nicht immer ein Stachel, der wohl mit Glauben zu tun hat, so hätte ich mich längst aus den Widerwärtigkeiten und Widerlichkeiten des politischen Geschäfts davongestohlen.

In der Entwicklungspolitik, die ich sechs Jahre versucht habe, mit vielen Kompromissen und Halbheiten, ohne dic es in der Politik nicht abgeht, wollte ich einiges von dem umsetzen, was von der Weltkirchenkonferenz in Uppsala 1968 ausging, was in deutschen Kirchen über unser Verhältnis zur Dritten Welt gedacht, gesagt und gebetet wurde. Mehr als einmal in diesen sechs Jahren stand ich vor der Frage, ob dies denn einen Sinn habe, ob nicht die Machtstrukturen in Wirtschaft und Administration das Unterfangen einer halbwegs solidarischen Entwicklungspolitik hoffnungslos erscheinen ließen. Und immer wieder machte ich weiter, so lange wenigstens, wie kleine, oft winzige Schritte nach vorn gelangen. Erst als ich dazu keine Chance mehr sah, meinte ich, gehen zu müssen. Und ich habe es nicht bereut.

Dann suchte ich eine Arbeit, in der ich weiterwirken konnte, ohne entweder meine Identität oder die Solidarität zu opfern, die ich auch meiner Partei schuldig bin. Es gelang, weil Freunde geholfen haben. Und da bohre ich nun wieder an demselben Brett, nur von der anderen Seite, von der innerpolitischen.

Kurz: der Christ im demokratischen Staat, der demokratische Politiker in der Kirche, das sind nur Seiten einer Medaille, keiner glänzenden, aber eben einer und derselben. Daß eine solche Existenz voller Spannungen ist, mag dem einen ermüdend, dem anderen faszinierend erscheinen, es ist beides. Der Versuch christlicher Existenz im politischen Geschäft lebt von der Überzeugung, daß wir es nicht nötig haben, ängstlich um das Heil der eigenen Seele zu kreisen. Wir sind auf Gnade angewiesen für das, was wir politisch tun ebenso wie für das, was wir versäumen. Daraus entspringt eine Freiheit, die Mut macht, eine Freiheit, die allerdings auch Konflikte schafft, die einen Politiker unbequem macht. Es spricht für meine Partei, daß sie viele solcher unbequemer Leute erträgt.

Anhang
Zwei Texte zum Terrorismus

Erhard Eppler
Andacht für den Ausschuß Kirche – Staat – Gesellschaft am 8. November 1977 in Saarbrücken

I

Ich möchte unserer Andacht ein Wort aus dem Alten Testament zugrunde legen. Es stammt aus der ersten Rede des Zophar an den verzweifelten Hiob:

«Du sprichst: meine Rede ist rein, und lauter bin ich vor Deinen Augen.

Ach, daß Gott mit Dir redete und täte seine Lippen auf und zeigte Dir die Tiefen der Weisheit – denn sie ist wunderbar für jede Erkenntnis –, damit Du weißt, daß er noch nicht an alle Deine Sünden denkt» (Hiob 11, 4–6).

Härter kann man den jammernden Hiob wohl nicht zurechtweisen. Zophar sagt nicht nur: Hör auf mit Deinem Selbstmitleid. Laß mich in Frieden mit Deiner Selbstrechtfertigung. Er sagt: Wenn Gott mit Dir redete, dann würdest Du erkennen: was Du zu erdulden hast, ist nur ein Teil dessen, was Du verdient hättest.

Dies gibt Zophar jenem Mann zu bedenken, von dem Gott zum Satan gesagt hat, er sei fromm, rechtschaffen und gottesfürchtig, er meide das Böse, es sei seinesgleichen nicht auf Erden. Und doch rechtfertigt Gott seinen Knecht Hiob erst, als er begriffen hat, was Zophar ihm gesagt hat.

Von uns kann man beim besten Willen nicht behaupten, es gebe in Sachen Gottesfurcht, Frömmigkeit und Rechtschaffenheit nicht unseresgleichen auf Erden. Und doch können wir in deutschen Zeitungen lesen, in unser Land sei plötzlich wieder das Böse eingebrochen. Und das kann doch nur heißen: Beim Terrorismus sei eine neue metaphysische Qualität am Werk, hier breche das Böse in eine Gesellschaft ein, der dann doch wohl eine grundsätzlich andere Qualität zugesprochen sein müßte, also die des Guten. Von da ist es dann nicht weit vom Kampf der Gottesstreiter wider den Satan.

Niemand wird bestreiten, daß im Handeln der Terroristen abgründige Bosheit sich austobt. Aber wollen wir wirklich, wie Hiob, uns ins Selbstmitleid retten, ein Selbstmitleid, das in unserer Geschichte schon mehr als einmal furchterregende Folgen hatte? Warum werden ausgerechnet wir heimgesucht, wir, so hadern wir mit Gott und unseren Nachbarvölkern, die wir uns doch zum erstenmal in unserer Geschichte einen soliden, stabilen demokratischen Rechtsstaat aufgebaut haben?

Christen wissen, daß sich gut und böse nicht psychologisch oder soziologisch weginterpretieren lassen. So berechtigt alle Hinweise darauf sind, wie Menschen zu Verbrechern gemacht werden und welche Verantwortung wir alle dafür tragen, es ändert nichts daran, daß es nicht nur das sogenannte Böse, sondern wirklich das Böse gibt. Aber dieses Böse ist nichts, was urplötzlich in eine heile Welt einbricht, sondern es ist eine Dimension unserer Welt, eine Dimension, an der wir teilhaben. Das war wohl der Grund für den beißenden Spott, mit dem Karl Barth nach dem letzten Krieg das Wort eines deutschen Theologen quittierte, er habe den Dämonen ins Auge geschaut.

Nein, wenn schon über das Böse geredet werden muß, dann wollen wir uns lieber an Zophar halten: «Ach, daß Gott mit Dir redete, damit Du weißt, daß er noch nicht an alle Deine Sünden denkt.»

II

Vor einiger Zeit geschah in unserem Land folgendes: eine Gruppe von Zeitschriftenwerbern stellte fest, daß ein junger Mann im Team, in dem er offenkundig unterdurchschnittlichen Erfolg hatte, den Verdienst der anderen drückte. Aus Angst vor den Prügeln der Kollegen begann der junge Mann, durch Fälschungen Erfolge vorzutäuschen. Rasch ertappt, wurde er von seinen Kollegen zusammengeschlagen. Seine Angst wuchs, er fälschte wieder. Schließlich schlugen sie ihn tot.

Was muß dieser junge Mann gelitten haben. Welche Angst muß ihn getrieben haben. Vielleicht hätte es einen Ausweg aus seiner Not gegeben: der junge Mensch fand ihn jedenfalls nicht; niemand hat ihm diesen Ausweg gewiesen. Er wurde totgeschlagen, weil er, um im Jargon zu bleiben, nicht brachte, was man von ihm erwartete.

Die ihn umbrachten, waren sicher nicht von Geburt zum Mörder bestimmt. Und doch hat offenbar keiner so viel mitzuleiden vermocht, daß er dem Morden Einhalt geboten hätte.

Dies ist nicht *das* Gesicht unserer Gesellschaft, aber es ist eines der Gesichter unserer Gesellschaft. Es ist das Gesicht der totalen Konkurrenzgesellschaft. Es ist ein böses Gesicht, das doch wohl etwas zu tun hat mit der Fratze, die heute unser Volk ängstigt.

III

Für Mord gibt es keine Entschuldigung, aber Erklärungen gibt es mehr, als uns lieb sein kann.

Wie viele Jahre haben wir mit angesehen – und unsere Kinder mit uns – wie jeden Abend aus Vietnam das Ergebnis des *body-counting*, des Leichnamzählens bekanntgegeben wurde: heute wurden 83 oder 67 oder

149 Vietcong getötet. Und dies, wie es sich heute gehört, durch Bilddokumente verdeutlicht. Heute schämt sich die mächtigste Nation der Erde dieses grausamen Krieges, und damals schämten sich bei uns viele Junge, weil die Älteren sich nicht schämen wollten.

Wir leben in einer Welt, und wir haben uns fast daran gewöhnt, wo in vielen Ländern gesetzlose Gewalt gesetzlose Gegengewalt hervorruft. Wahrscheinlich ist noch nie in der Geschichte, nicht einmal im Mittelalter, soviel gefoltert worden wie heute. Die Zahl der Länder, in denen Menschen einfach verschwinden, wenn sie unliebsam sind, nimmt zu. Dort, vor allem in Lateinamerika, ist jener Mythos von der revolutionären Gewalt entstanden, auf den die Terroristen sich ausgerechnet gegenüber dem Staat des Grundgesetzes berufen wollen. Und wir erleben es in diesen Tagen, wie Christen mundtot gemacht werden, die sich noch nicht damit abfinden wollen, daß im südlichen Afrika nur Gewalt der Mehrheit zu ihrem Recht verhelfen kann. Was ist das für eine Welt, in der Kenneth Kaunda, einer der ganz wenigen christlichen Staatsmänner unserer Zeit, daran zweifelt, ob es für das südliche Afrika noch einen friedlichen Ausweg gibt?

Und vor allem: was haben wir, eine mächtige Industrienation, in den letzten zwanzig Jahren getan, um etwas von dem Unrecht abzubauen, das die Gewalt zeugt und nährt? Sicher, wir können auch nicht alles tun, aber haben wir auch nur getan, was wir hätten tun können? Haben wir unsere Phantasie, unsere Wirtschaftsmacht eingesetzt, um Nord und Süd einander näher zu bringen, oder sind wir jetzt dabei, die Chance einer konstruktiven Südpolitik dadurch endgültig zu vertun, daß die Diskussion über Entwicklungshilfe zu einer nach Süden verlängerten Terrorismusdebatte wird?

IV

Wir stehen fassungslos vor einer Brutalität, der Menschenleben nichts mehr gilt, nicht das fremde und oft nicht das eigene. Aber eben: vielleicht haben wir es bei den Terroristen zu tun mit der letzten, grausigen, wahnwitzigen Konsequenz einer menschlichen Abstumpfung, an der wir selbst Anteil haben.

Ich will etwas vorlesen aus einem Büchlein, das zu Beginn dieses Jahrzehnts entstand. Die Einleitung hatte ich überschrieben: «Dekade der Gewalt?»

«Ostpakistan – Bengalen – Bangladesch – das sind für Europäer Bilder des Schreckens: aufgeblähte Kinderleichen im Schlamm des abziehenden Hochwassers, erschossene Rikscha-Fahrer in Dacca, Choleraleichen auf der Straße. Was sagen dagegen Zahlen, die keiner sich vorstellen kann? Hunderttausend Tote – oder waren es dreimal soviel, die ertranken, fünfmal soviel, die im Gemetzel umkamen?

Das Echo aus Europa wird von einer Katastrophe zur anderen nicht leidenschaftlicher, sondern resignierter: Ist das vielleicht eine Welt, wo Menschenleben weniger wert sind?»

Und am Schluß dieser Einleitung heißt es:

«Inzwischen ist weiter Blut geflossen, im Krieg zwischen Indien und Pakistan. Niemand wird Krieg rechtfertigen können. Aber können wir uns moralisch entrüsten über jenes Wort eines Inders, Krieg sei immer schlimm, aber für den indischen Subkontinent gebe es noch Schlimmeres als Krieg? Flüchtlingselend, Überbevölkerung, Hunger, Krankheit, Arbeitslosigkeit und vor allem Hoffnungslosigkeit, Verzweiflung – all das kann einen Grad erreichen, wo der Übergang zur nackten Gewalt niemanden mehr wundert. Es gibt viele Circuli vitiosi in der Dritten Welt. Sollten die siebziger Jahre einen weiteren hinzufügen: Verzweiflung führt zu Gewalt, Gewalt stört und zerstört den Aufbau und erzeugt noch mehr Verzweiflung?

Es gibt kluge Leute in der westlichen Welt, die dies wenig anficht: solche Katastrophen ließen sich lokalisieren, meinen sie, die Industrienationen störten sie nicht.

Abgesehen davon, daß es – nach Georges Bernanos – Dinge gibt, bei denen sich schließlich der Magen umdreht, wenn sich das Gewissen nicht regt, ist die Rechnung reichlich unsicher. Werden die siebziger Jahre zur Dekade der Gewalt, so bleibt auch Europa keine Insel der Seligen.»

Wir haben die Dekade der Gewalt bekommen, und wir haben wenig dagegen getan. Es gibt wenig Anzeichen dafür, daß die nächste Dekade weniger gewalttätig wird. Vielleicht ist es schon zu spät, daran Entscheidendes zu ändern. Aber wir können alles noch schlimmer machen, wenn wir uns nun, wie Hiob, selbst bemitleiden und selbst rechtfertigen wollen. Sicher, was manche unserer Nachbarn heute über uns reden und schreiben, ist ungerecht und oft auch unsinnig. Auch von dem, was Zophar, Bildad oder Eliphas dem Hiob vorwarfen, mußte Hiob vieles als ungerecht oder selbstgerecht empfinden.

Aber je mehr wir uns verhärten, desto weniger werden unsere Nachbarn uns verstehen, und je weniger sie uns verstehen, desto mehr könnten wir uns verhärten. Und was wird dann aus Europa? Und wenn aus Europa nichts wird, was wird aus den Deutschen?

V

Wir sprechen wieder viel von Grundwerten und meinen damit oft nur jenen sittlichen Minimalkonsens, ohne den keine Gesellschaft auf die Dauer leben kann. Und es stimmt ja, daß da manches nicht mehr selbstverständlich ist, was wir in dem Vierteljahrhundert nach 1945 wieder für selbstverständlich hielten: daß Mord Mord ist, daß es Mittel gibt, die jeden Zweck entheiligen, daß der Mensch nicht Teil der Wegwerfgesellschaft werden dürfe.

Nur: mit der Beschwörung von Grundwerten ist wenig getan. Junge Menschen, die an dieser Gesellschaft zweifeln, finden solche Beschwörung eher komisch oder gar zynisch.

Wenn es uns nicht gelingt, einen Lebensstil zu finden, der überzeugt, einen Lebensstil für Christen in einer Welt voller Chancen und Gefahren, einen einfachen Lebensstil, nicht einfach im romantischen Sinn Ernst Wiecherts, aber eben doch konzentriert auf einfaches, auf solidarisches Haushalten mit dem, was uns anvertraut ist, von der Umwelt bis zu den Menschen um uns herum, wenn es uns nicht gelingt, durch unser Tun zu zeigen, was jedes Leben uns wert ist, dann kann die Debatte über Grundwerte nur zusätzliche Verwirrung stiften.

Was uns jetzt an gesetzloser Gewalt begegnet, darf uns zornig, aber nicht trotzig oder gar wehleidig machen, es darf uns herausfordern, aber nicht dazu, uns gegenseitig anzuklagen, sondern uns selbst zu prüfen.

Hiob lebte nach seiner Errettung, so hören wir, noch hundertundvierzig Jahre und starb alt und lebenssatt. Aber erst, als er verstanden hatte: daß Gott noch gar nicht an alle seine Sünden gedacht hatte.

Rede im Landtag, Stuttgart, 10. Oktober 1977 «Bekämpfung des Terrorismus in Baden-Württemberg»

I

Die Fraktionen dieses Hauses waren sich einig, daß das Plenum des Landtags erst dann abschließend über die Bekämpfung des Terrorismus debattieren sollte, wenn der Landtag in Gestalt seines Untersuchungsausschusses mehr Licht in die Stammheimer Vorfälle gebracht hat.

Es war allein die Landesregierung, die diese Debatte zu diesem Zeitpunkt wollte, und wenn ich richtig sehe, dann war es innerhalb der Landesregierung allein das Staatsministerium.

Herr Ministerpräsident, es wäre ein Akt des Respekts vor dem Parlament gewesen, wenn die Exekutive sich in diesen Wochen darauf beschränkt hätte, dem Untersuchungsausschuß all die Informationen zu geben, die er zu seiner Urteilsbildung braucht und auf Grund eigenen Rechts verlangt.

Sie, Herr Ministerpräsident, sind von Anfang an einen anderen Weg gegangen. Sie haben – entgegen der Bitte der drei Parteivorsitzenden in Bonn – die CDU-Landtagsfraktion davon abgebracht, mit uns zusammen einen Untersuchungsausschuß zu beantragen. Sie haben darauf gedrängt, daß der Untersuchungsausschuß nicht mit seiner Arbeit beginnen sollte, ehe der Ständige Ausschuß über den Bericht der Landesregierung beraten hatte. Und nachdem der Ständige Ausschuß getan hat, was allein der Sachlage angemessen war, nachdem der Ständige Ausschuß Ihren Bericht dem Untersuchungsausschuß überwiesen hatte, wollen Sie nun heute die große Debatte. Und Sie beginnen diese Debatte mit einer Rede, die Sie teilweise wörtlich schon im Bundestag gehalten haben und die keine neue Information enthält. Ob dies alles im Interesse Ihrer Regierung lag und liegt, werden wir am Ende dieser Debatte wissen. Daß Ihre Taktik nicht im Interesse dieses Bundeslandes und nicht im Interesse der Bundesrepublik Deutschland liegt, wissen wir schon jetzt.

Wir alle haben unsere eigenen Gedanken und Gefühle bei manchem, was uns heute im Ausland unterstellt wird. Trotzdem kommen wir an der Feststellung nicht vorbei: Seit der Gründung dieser Republik hat es kein Ereignis gegeben, das dem Ansehen der Deutschen in der Welt so geschadet hätte wie die Vorgänge in Stammheim. Was auch immer die subjektive Verantwortung von einzelnen sein mag, hier ist unermeßlicher Schaden angerichtet worden, und zwar nicht nur bei Leuten, die uns ohnehin übel wollen.

Und dieser Schaden wird irreparabel, wenn Sie, Herr Filbinger, nicht aufhören, entgegen parlamentarischem Brauch, am Untersuchungsausschuß vorbei eine Rechtfertigung betreiben, die draußen nur zum Anlaß für neue Verdächtigungen genommen wird. Je mehr Sie, meine Herren von der Regierung, in einer parteitaktisch motivierten Vorwärtsverteidigung der öffentlichen Meinung Ihre Version der Dinge aufzudrängen versuchen, um so mißtrauischer wird man draußen werden. Und lassen Sie mich hinzufügen: Je mehr Sie sich zur falschen Zeit verteidigen, um so mehr klagen Sie sich an.

Für den unbeteiligten Beobachter sind Sie, Herr Ministerpräsident, in dieser Angelegenheit nicht Richter, sondern Betroffener. Und deshalb bedaure ich, daß Sie, Herr Ministerpräsident, durch diese Debatte die Abgeordneten der CDU-Fraktion in eine Position der vorschnellen Rechtfertigung gedrängt haben. Denn dies erhöht nicht die Überzeugungskraft eines Berichts des Untersuchungsausschusses.

Ihre voreiligen Vermutungen und Entschuldigungen schaden uns allen. Auch nach Ihren eigenen Angaben sind alle Selbstmorde und auch der Selbstmordversuch in Stammheim mit Waffen und Gegenständen unternommen worden, die nicht in den Zellen hätten sein dürfen. Begreifen Sie denn gar nicht, wie makaber dann Ihre Entschuldigung klingen muß, Selbstmorde ließen sich nun einmal nicht verhindern? Und das von einer Administration, die in einer dramatischen Nacht, in der das Schicksal von mehr als hundert Menschen sich direkt oder indirekt entscheiden mußte, einen einzigen Vollzugsbeamten, dazu einen Assistenten aushilfsweise, von 18 Uhr bis 6 Uhr 30 im siebten Stock in Stammheim wachen läßt, und zwar so weit weg von den Zellen, daß er nicht einmal Schüsse hören konnte! Dabei ist noch nicht einmal ausgeschlossen, daß die letzte Hemmung der Entführer von Hanns Martin Schleyer eben durch die Nachricht aus Stammheim beseitigt wurde. Und wenn die Selbstmorde mit einer Absicht verbunden waren, dann doch mit der, andere zu enthemmen. Es mag sein, daß auf die Dauer ein Selbstmord nicht zu verhindern ist. Aber war es wirklich unvermeidlich, daß zu *diesem* Zeitpunkt mit *diesen* Waffen und Instrumenten *drei* Gefangene sich gleichzeitig töten mußten? Sie wissen doch, wie schwer dies mit all seinen ungewöhnlichen Begleitumständen argwöhnischen Beobachtern zu vermitteln ist.

II

Es gibt in diesem Hause ein gemeinsames Interesse – oder müßte es geben –, zuerst den Verdacht von dieser Republik zu nehmen, den Verdacht, hier gehe es zu wie in einer Geschichtsepoche, die keiner von uns zurück wünscht.

Dies ist das übergeordnete Interesse. Deshalb haben wir den Justizminister und die Regierung gegen jeden Verdacht in Schutz genommen, hier sei Schlimmeres im Spiel als administratives Versagen.

Aber in diesem übergeordneten Interesse liegt es, daß da nichts Mysteriöses übrigbleibt, daß da nicht auf Jahrzehnte immer neue Versionen angeboten werden können.

Sie, Herr Ministerpräsident, haben immer wieder anderen vorgeworfen, sie würden nationale Interessen nicht ausreichend beachten. Dann müßten Sie auch wissen: das nationale Interesse an einer vollständigen und glaubhaften Klärung der Stammheimer Vorgänge wiegt unendlich viel schwerer als die Frage, wer in Stuttgart Ministerpräsident ist oder bleibt.

Es geht nicht um die Selbstrechtfertigung des einen oder anderen, es geht um den Ruf dieser Republik. Und dazu brauchen wir ein einmütiges, überzeugendes Votum des Untersuchungsausschusses und bis dahin Ihre Zurückhaltung.

Es hilft niemandem, auch Ihnen nicht, wenn Sie Ihre Mutmaßungen so lange wiederholen, bis manche sie für Fakten halten. Sie haben schon im Bundestag darauf verwiesen, daß dies alles nicht hätte geschehen können, wenn der Gesetzgeber die Überwachung der Verteidigungsgespräche beschlossen hätte. Woher wissen Sie das? In drei Jahren haben 2210 Verteidigergespräche stattgefunden, also etwa zwei pro Tag. Und da soll es nicht möglich gewesen sein, mit den Metallsuchgeräten Pistolenteile auszumachen? Und wenn dies nicht möglich war, warum sollte dann ein Richter, dessen Aufgabe es gar nicht sein kann, jede Bewegung eines Anwalts zu beobachten, warum sollte dann ein Richter verhindern können, daß ein Anwalt einem Häftling etwas zusteckt?

Sie können nicht dauernd neue Gesetze verlangen, weil Sie die bestehenden nicht ausreichend zu nutzen verstehen. Der Gesetzgeber hat in einer für viele bedrückende Eile ein Kontaktsperregesetz erlassen, das auch unsere Fraktion für unerläßlich hält. Aber wodurch ist denn dieses Gesetz in Mißkredit geraten? Dadurch, daß es in Stammheim auf mehr als einem Weg umgangen werden konnte, und dabei waren diese Wege noch gar nicht besonders raffiniert. «Gesetz und Ordnung» war bisher Ihre Parole. Jetzt propagieren Sie «Gesetze statt Ordnung», neue Gesetze an Stelle eines geordneten Vollzugs der bestehenden.

Es waren keine Sozialdemokraten, es war Herr Strauß, der die Frage nach den Sicherheitsvorkehrungen für den Arbeitgeberpräsidenten aufwarf. Niemand von uns weiß, wie das Tonband entstanden ist, auf das Strauß sich beruft. Aber nachdem seine Vorwürfe in der Welt sind, müssen sie geklärt werden, und zwar von der Regierung, die den Schutz Schleyers übernommen hatte.

III

Wir mußten erwarten, daß Sie, Herr Ministerpräsident, das letzte versuchen würden, um nicht als der Mann von *law and disorder* in die Annalen dieses Landes einzugehen. Aber die Energie, mit der Sie nun aus Ihrem Glashaus heraus die Steinschleuder betätigen, kann nur zu einem Haufen von Scherben führen.

Nicht nur Herr Rommel hat Ihnen klarzumachen versucht, daß es jetzt darauf ankommt, die Terroristen zu isolieren, ihnen keine Helfer zuzutreiben. Dies ist nur möglich, wenn die Grenze zwischen Kritik, notfalls unsinniger und ungerechter Kritik einerseits und krimineller Gewalt andererseits, exakt und scharf gezogen wird.

Herr Ministerpräsident, Sie haben seit Jahren und bis zum heutigen Tag das Gegenteil getan. Wenn alle jene, die Sie und manche Ihrer Freunde im Laufe der letzten Jahre zu Sympathisanten des Terrorismus erklärt haben, wirklich den Terroristen helfen würden, dann wäre dieser Staat kaum mehr zu retten.

Unsere Universitäten sind kein Sympathisantensumpf, den es auszutrocknen gilt. Daß Sie nun die Abschaffung der verfaßten Studentenschaften als Beitrag zur Terroristenbekämpfung anbieten, ist das letzte Salz in die offenen Wunden der Hochschulen. Sie schaffen damit eine Verbitterung, die aus manchem jungen Demokraten einen Gegner dieses Staates machen könnte.

Daß ein Verbot der K-Gruppen den Terrorismus nur stärken kann, hat Ihnen fast die gesamte Presse vorgerechnet. Sie kümmern sich nicht darum, weil wahrscheinlich die Demoskopen die Popularität einer solchen Maßnahme festgestellt haben. Es ist gesicherte Erkenntnis, daß sogar diese Gruppen, deren Ziele sich wirklich nicht mit unserer Verfassung vertragen, Distanz zum Terrorismus wahren. Ob sie das noch tun, wenn sie in den Untergrund abgedrängt werden, ist zumindest offen.

Sie erklären jetzt, mit diesen radikalen Gruppen könne eine geistig-politische Auseinandersetzung nicht mehr geführt werden. Soll dies heißen, daß Sie die Auseinandersetzung mit den verschiedenen Spielarten des Kommunismus allein der Polizei überlassen wollen? Wir leben nun einmal in einer Welt, in der es eine Unzahl von kommunistischen Schattierungen gibt. Und wenn wir hier als einziges Land in Europa meinen, wir könnten eine geistige Auseinandersetzung durch Verbote ersetzen, dann dürfen wir uns nicht mehr wundern, wenn wir uns schließlich in Europa isoliert wiederfinden.

Auch die Ahnenreihen, die gelegentlich aufgemacht werden, sind recht willkürlich.

Der Denkansatz von Karl Marx hat in den letzten hundert Jahren unzählige Menschen in Deutschland und anderswo in der verschiedensten Weise zu politischem Handeln veranlaßt. Diese Menschen, wo immer sie standen, haben sich auch durch zweimal zwölf Jahre der Unterdrückung, der Gewalt von oben, nie zur gesetzlosen Gegengewalt verführen lassen. Sie blieben immer dabei, daß Gewalt und Mord nur Unheil stiften können, daß es Mittel gibt, die jeden Zweck entheiligen. Wenn jetzt, nach mehr als einem Jahrhundert, ein paar Dutzend Terroristen sich unter anderem auch auf Marx berufen wollen, dann sagt dies über diese Terroristen viel, über Marx nichts aus.

IV

Was da in der zweiten Hälfte der sechziger Jahre hervorgebrochen ist, war viel zu elementar, als daß es der eine oder andere Hochschullehrer hätte in Gang setzen können.

Die Bewegung, deren versprengter, abartiger, mörderischer Ausläufer die Leute um Baader und Ensslin waren oder sind, ging rund um den Globus. Deshalb sagt es auch wenig, daß diese Bewegung in der Bundesrepublik mit dem Auslaufen einer zwei Jahrzehnte währenden Regierungszeit der CDU zusammentraf. Was uns damals alle überraschte, was uns alle geistig völlig unvorbereitet traf, war in Berlin und Heidelberg nicht viel anders als in Berkeley oder Tokio, in Bangkok oder Paris, in Rom oder Buenos Aires. Nur eines kann man mit Sicherheit sagen: Die Studentenbewegung war nirgendwo die Folge übereilter Reformen. Und auch die Lehrer, die diese Generation in der Schule unterrichtet haben, waren nirgendwo Revolutionäre.

Wir haben damals nicht begriffen, was da vor sich ging. Heute würde ich die Deutung wagen: der Ursprung der Bewegung war nicht eine Ideologie, sondern ein Lebensgefühl, das nachher in den Ideologien seinen Ausdruck suchte, die auf dem Markt waren.

Und dieses Lebensgefühl, dem ich zuerst – fassungslos – 1962 in Harvard begegnet bin, läßt sich vielleicht in wenigen einfachen Sätzen beschreiben:

«Wir glauben euch nicht mehr, daß es einfach so weitergehen kann. Was ihr da macht, hat keine Zukunft. Jedenfalls keine, in die wir hineinwachsen wollen.»

Daß dieses Grundgefühl sich bald in vielen Schattierungen marxistischer und pseudo-marxistischer Dogmatik Ausdruck verschaffte, hatte doch wohl damit zu tun, daß wir, die fassungslosen Demokraten, außer dem Hinweis auf unsere Leistungen und Erfahrungen wenig zu bieten hatten. Wahrscheinlich hat dieses Grundgefühl die Studentenrevolte überlebt und kommt heute bei vielen jungen Menschen immer neu und anders zur Sprache, sei es in Bürgerinitiativen gegen Kernkraftwerke, sei es in Ansätzen neuer Religiosität, sei es in den vielfältigen Fluchtversuchen in Alkohol oder Drogen, deren ohnmächtige Zeugen wir sind.

Was wir vor zehn Jahren diesem Lebensgefühl entgegengesetzt hatten, war – und da schließe ich mich voll ein – in erschreckender Weise unangemessen. Denn es verstärkte nur noch jenen Eindruck phantasieloser Selbstgefälligkeit, den diese jungen Leute ohnehin von uns hatten. Lassen Sie mich hier gestehen: Erst als ich mit der Nase auf die nahezu auswegslosen Probleme von über zwei Milliarden Menschen gestoßen wurde, dämmerte mir, daß, wie so häufig in der Geschichte, die Gefühle der jungen Generation doch mehr mit der Wirklichkeit zu tun hatten, als die Älteren wahrhaben wollen.

V

Natürlich müssen wir alle einiges falsch gemacht haben, wenn die Bewegung schließlich solch schreckliche Irrläufer haben konnte. Aber nicht dies werfen wir Sozialdemokraten uns vor, daß wir uns dann doch der Diskussion mit diesen überwiegend studentischen Rebellen gestellt haben, sondern daß wir es zu spät, zu wenig engagiert und nicht ausreichend vorbereitet getan haben. Nicht dies ist unser Versagen, daß wir versucht haben – und insgesamt nicht ohne Erfolg –, aus einem Sprengstoff für die Gesellschaft einen Treibstoff für ihre Veränderung zu machen – unser Versagen ist, daß uns dies nicht überzeugender, durchschlagender gelungen ist.

Ich habe absichtlich nur von unserem Versagen gesprochen. Aber daraus ergibt sich von selbst, daß andere über ihr Versagen nachzudenken haben.

Die Methode des Abschottens, des Abdrängens, des Wegschiebens und Ausschließens, des Verbots und der Exkommunikation war und ist sicher nicht hilfreicher als das, was wir versucht haben. Man kann nicht den politisch wachsten und aktivsten Teil einer jungen Generation an den Rand der Gesellschaft oder über den Rand der Gesellschaft hinausdrängen, ohne daß dies verheerende Folgen haben muß. Das gilt damals und das gilt heute.

Wir haben da noch einen weiten Weg vor uns. Sie, Herr Ministerpräsident, beschwören jetzt den Grundkonsens der Demokraten. Dieser Grundkonsens ist niedergelegt in der Verfassung, die wir miteinander formuliert und beschlossen haben. Vor beinahe drei Jahrzehnten haben sich die deutschen Demokraten zusammengetan und haben sich vorgenommen: nie wieder wird in diesem Land die eine Partei der anderen ihre demokratischen Rechte streitig machen. Nie wieder wird der Staat zum Selbstzweck werden. Dies soll ein freies Land sein, der freie Bürger soll sein Kennzeichen sein.

Wir wollen wetteifern darin, Freiheit zu verwirklichen, erlebbar zu machen, jeder auf seine Weise. Wir wollen darüber streiten, wer der Freiheit besser dienen kann, nicht darüber, wer von uns die Freiheit will, und gegen wen von uns sie gerettet werden müsse. Und deshalb, Herr Filbinger, war die Parole, mit der Sie – als erster – vor knapp zwei Jahren die Atmosphäre unseres Landes vergiftet haben, die Kündigung eben des Grundkonsenses, den Sie jetzt beschwören.

Sie sprechen davon, unsere Schüler sollten weniger zu Kritik und Konflikt als zur sittlichen Verantwortung erzogen werden. Als ob dies Gegensätze wären! Ethisches Reifen, ethisches Lernen geschieht in den Konflikten, in denen wir uns zu bewähren haben. Sittliche Haltungen lassen sich nicht predigen, sie lassen sich nur leben. Wie sollen unsere Kinder zur sittlichen Verantwortung erzogen werden, wenn eine christliche Partei so mit dem Achten Gebot umgeht, wie Sie es mit Ihrer Zitatensammlung getan haben?

Der Ruf nach den Grundwerten wird um so lauter, je weniger klar wird, was wir damit meinen. Sicher, in den letzten Jahren nimmt die Gewalt auf dieser Erde in dem Maße zu, wie der Wert des einzelnen Menschen abnimmt. Aber was haben wir dagegen getan? Was haben wir getan, als wir und unsere Kinder jeden Abend im Fernsehen hörten – und sahen – daß heute wieder 63, 79 oder 223 Vietcong getötet worden seien. Heute schämen sich die Amerikaner dieses Krieges, haben wir uns geschämt, oder mußten sich unsere Kinder schämen, weil wir uns nicht geschämt haben?

Und was haben wir dafür getan, um zu verhindern, daß im südlichen Afrika die Mehrheit ihre primitivsten Menschenrechte nur noch mit Gewalt glaubt erringen zu können? Haben nicht Sie, Herr Ministerpräsident, noch vor zwei Jahren gesagt, wir müßten zusammen mit jenem Land die Freiheit verteidigen, das jetzt wegen seiner Unterdrückungspolitik im Sicherheitsrat der UN einstimmig verurteilt wurde? Und da werfen Sie jetzt in Ihrer Rede anderen falsch verstandene Freiheit vor?

Es könnte sein, daß die Zukunft der zweiten deutschen Demokratie davon abhängt, wie wir auf die Herausforderung des Terrorismus antworten. Geben wir zu, daß wir die Antwort noch nicht haben. Wehren wir uns gegen allzu simple, allzu populäre Antworten. Fangen wir an, uns selbst zu prüfen. Und bereiten wir uns vor auf einen Dialog, der weit über das hinausführt, was die Regierung heute vorgetragen hat und was die Opposition ihr erwidern kann.

Aber eines ist schon heute klar: wir müssen alles vermeiden, was diese Republik dem Bild annähern könnte, das die Terroristen uns vermitteln wollen.

Sie wollen die in Angst erstarrte, die durch Verdächtigung gelähmte, die am Rechtsstaat verzweifelnde Republik.

Wir wollen die Gesellschaft, die aus der freien Diskussion ihre Dynamik erhält, die offene Gesellschaft, die jeden Tag beweist, daß sie sich innerhalb der Grenzen und mit den Mitteln verändern kann, die unsere Verfassung vorschreibt. Wir wollen die Gesellschaft, die sich vor den bedrängenden Fragen junger Menschen nach ihrer und unser aller Zukunft nicht drückt, die sogar aus dem Eingeständnis des Nichtwissens die Impulse nimmt, ohne die gültige Antworten nie erwachsen.